# 嬰兒命名就用這一本

用姓名學大師的絕學、幫自己的寶貝命名

黃恆堉、李羽宸◎合著

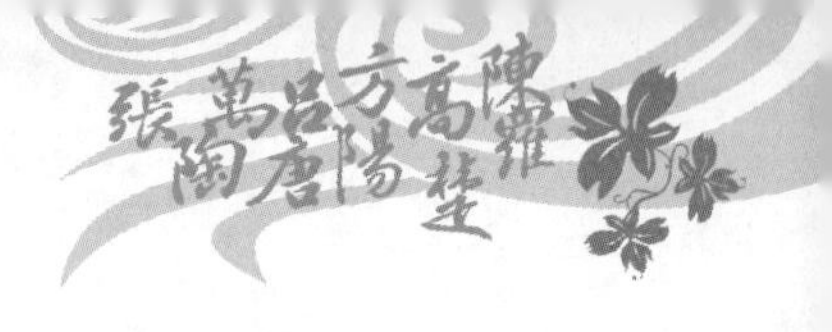


【作者序】

# 輕鬆學會論名與命名　幫自己的小孩取好名

俗語說：「天下父母心」，不論已為人父母者，或是將成為父母者，都會關心小孩「姓名」問題，畢竟孩子的名字將會跟隨他一輩子，而且如此深切的融入於日常生活中，甚至於影響其心靈的成長。有句話說的好：一個偉人要留傳千古，還是需靠姓名來記錄。可見姓名的重要，身為父母的我們當然不能不用心的來為孩子取個好名，希望藉由此書能釐清父母的疑惑，進而更有效幫助現代父母完成為孩子命名的使命。

在此做簡單的詮釋：

Q：姓名到底會影響一個人命運幾%呢?

A：根據統計；約略5%～15%跑不了，因為影響命運的因素很多種，如常說的：一命、二運、三風水、四積德、五讀書……命（天時）

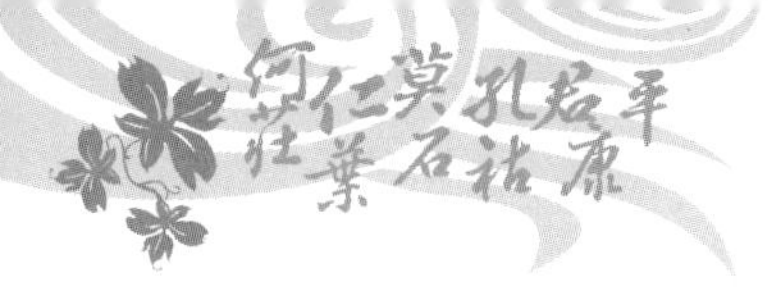

約佔40％的影響力（這是無法改變的），至於人和及地利約佔60％（這是可改變的），取一個好名，也就是能在這60％中多分個10％左右，那就很值得了。

Q：在華人世界，孩子出生後有幾％的人會參考坊間姓名學書籍來命名或改名？

A：大概有70～80％左右，現代人孩子生得少，身為父母相對更重視孩子的名字，因為孩子是父母心中的寶貝，是未來的希望，當然一定要為孩子命個好名。

Q：在華人世界裡有幾％的人在孩子出生後會請老師命名？

A：預估有50％，因為怕自己不專業，所以直接請老師命名，相對這些人也會購買一本或多本姓名學的書籍回去研究，看看老師所命的名字是否符合多種姓名學派之理論。

Q：如果購買一本姓名學書籍回來研讀；能不能為孩子命出一個好名字呢？

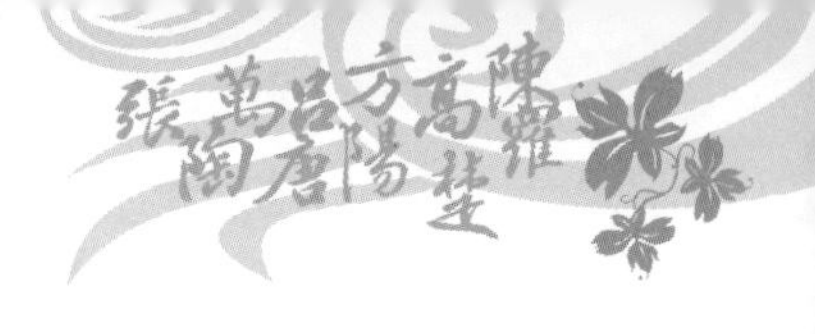


A：那就必須注意您購買的姓名學書籍，所提供的資料是否符合好的格局，各生肖喜用字，以及每個文字好壞及字義解說，還有姓名筆劃數吉凶選擇，如果以上四種重要資料都有兼顧，那就是一本好書，（您現正在看的這本）真正符合這四種結構，只要您按章節一一查閱自然可以找到屬於您最佳的名字。

Q：坊間那麼多姓名學派別，讓人總覺得不夠完整，到底那一派最好呢？

A：當然每一派都各有其優點，但站在老師與當事者角度，名字若能符合較多學派的學理，當然愈好。據統計坊間最多老師採用的四種學派：是（1）三才五格派。（2）十二生肖喜用派。（3）八十一數筆劃派。（4）補八字學派。本書就是針對上述四種派別做詳盡的論述，提供您最容易的方式找到您喜歡且適用的名字。

Q：我們從來沒有接觸過姓名學，看完這本書就能學會嗎？

A：依照以往編書的技巧方式，應該能很輕鬆就能學會（作者已出版過

20多本命理著作，這本是第三本姓名學著作）。

作者已將本書收錄了坊間四大學派之精華，且很有系統的編排在各章節中，只要您依書本中介紹的方式研讀，應該很容易上手。

正確的命名步驟：例如

第一：您可以用本書所附贈的姓名學軟體輸入出生年月日，馬上就可以得知八字喜用神與忌神，先天是欠缺那種五行，如所缺之五行能用姓名五行補上，就是補運的一種方式。例如喜神為木就可在命名的三才五格中的人格及總格取用木（筆劃個位數1.2），如果喜用神為火（3.4）當然就取火，如果是土就取（5.6），如果是金就取（7.8），如果是水就取（9.0），依照此方法就是等於運用了補八字學派方法去彌補先天八字五行的欠缺。

第二：您可以直接到本書第八章第二節找出姓名最佳筆劃數與格局，便可輕鬆完成很繁瑣的命名過程。

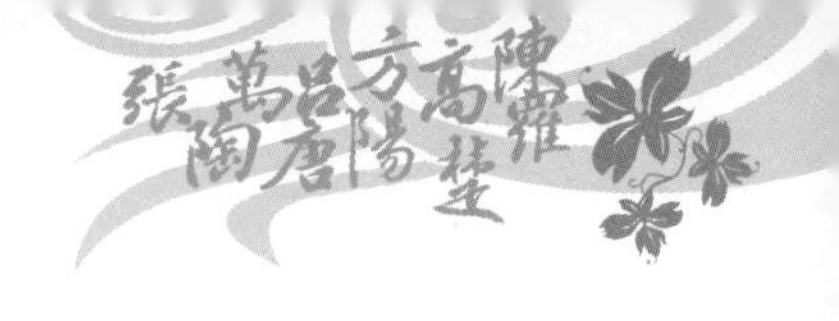

第三：如何找到符合個人生肖的筆劃字，可參考五、六、七章有非常詳細說明，本書都已經將各生肖可用及忌用之字分類清楚。

第四：再到第八章第一節您已選好的字，看看該字的形、音、義ＯＫ不ＯＫ，當然能找到喜歡且搭配生肖喜用字，這樣將會是完美無缺的組合。

第五：若能善用本書所附贈電腦命名軟體，幫您算出最佳筆劃數之組合，讓您不會發生任何人為錯誤。（開發一套軟體要花很長時間，且需花幾十萬的開發費）。現在只要買書就送給您。

第六：要為小孩命名或幫自已及親友改名之前，請到第八章第三、四節了解一些命名改名之步驟，這樣循序漸進，就能學會姓名學。

綜合以上的論述，相信坊間姓名學書籍中還沒有哪一本書，能夠提供如此完整的論述，其它版本沒有的，作者已全盤考量整理在這一本，這確實是一本好用的工具書，它能讓您輕鬆學會基礎論名與命名，期待本書的出版能

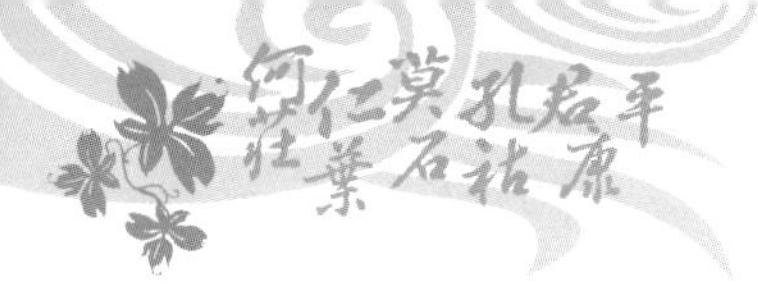


真正幫助您。謝謝您、感恩您。

基於負責態度我們誠心的提供窗口，讓您看完本書若有任何的見解，歡迎來電諮詢及分享，最後敬祝各位朋友心想事成，平安如意。

台中市五術教育協會　理事長　黃恆堉

2012年於台中市吉祥坊　04-24521393

吉祥坊易經開運中心網址：www.abab.com.tw

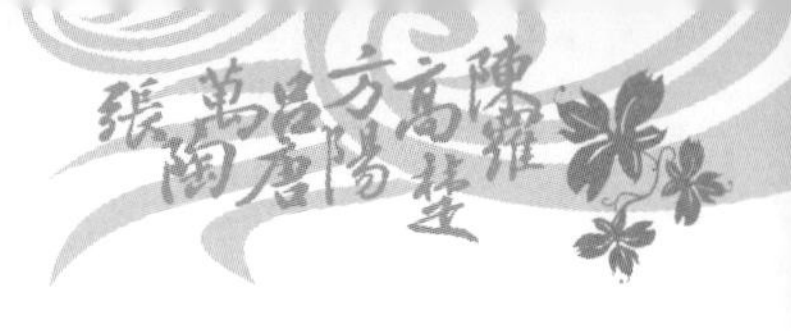

【作者序】

# 幫自己的小孩取名並不難

一歲出場亮相，十歲功課至上，二十歲春心蕩漾，三十歲職場抗戰，四十歲身體漸胖，五十歲老當益壯，六十歲打打麻將，七十歲常常健忘，八十歲搖搖晃晃，九十歲迷失方向，一百歲掛在牆上。朗朗上口，言簡意賅，道出人生第一件大事，就是「出場亮相」，為子女撰取一個吉祥開運的好名。

名者—父母所賜，以正其體，是為天，而定心意；字者—恩師所貺，以表其德，是為地，而崇仁義；號者—自己所愛，以潤其身，是為人，而寓情懷。故知姓名乃父母長輩之所賜，無論是託人命名或自己取名，無非是冀望自己的心肝寶貝，掌上明珠，能夠成龍成鳳，平安順利。

男子二十歲舉行加冠禮時取字，女子十五歲舉行笄禮時取字，以表示對本人尊重或供朋友稱呼，現今引申為老師或師父對學生或弟子的厚愛所賜與之稱呼。目前使用最多最廣的就是別號，或者稱之為藝名或別名，時常呼喊稱呼其

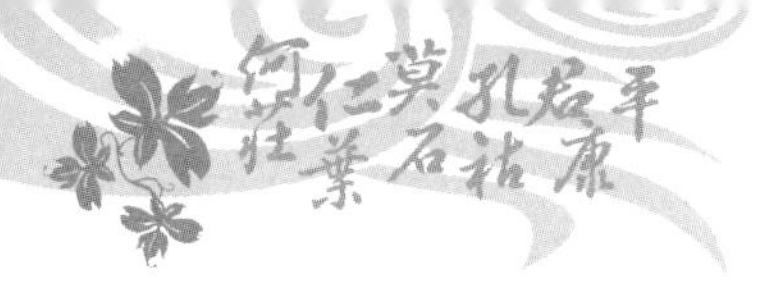

別號的人越多，累積磁場的能量就越強，縱使沒有更改身分證上的姓名，其呼叫的靈動力已經超越原來的名字，當下很多老師或師父亦復如是。

古人有云：「遺子千金，不如教子一藝；教子一藝，不如賜子佳名。」使其終生受用，光耀門楣。只是姓名學派多不勝數，舉凡筆劃派、三才五格派、天運五行派、補八字派、十二生肖派、格局派、卦象姓名派、形音義派、倉頡姓名派、九宮姓名派、十神姓名派、數碼靈動派、陽宅四格派……等。若要各派面面俱到，根本無法命名，是故筆者將歷史最悠久以及大家最熟悉的「八字派」、「八十一數理劃數」、「三才五格派」，配合時下最通用的「十二生肖姓名學派」，加上非常實際而且好用的「姓名格局派」，以最淺顯易懂的編輯方式，讓各位讀者能夠選擇吉祥劃數，配合文字的意義與特性來命名或改名。

但是對於沒有研究或學習五術命理的讀者們，姓名的個別派門都有其獨到之處，各有所長與所短，常常覺得命名是要以八字為主，還是以生肖為主，以筆劃數為要或是以三才五格為用……等等，不一而足。在還未接觸到此書之前，仔細想一想！要幫人命名或改名，不僅是非常的困難，也非常的困惑。如

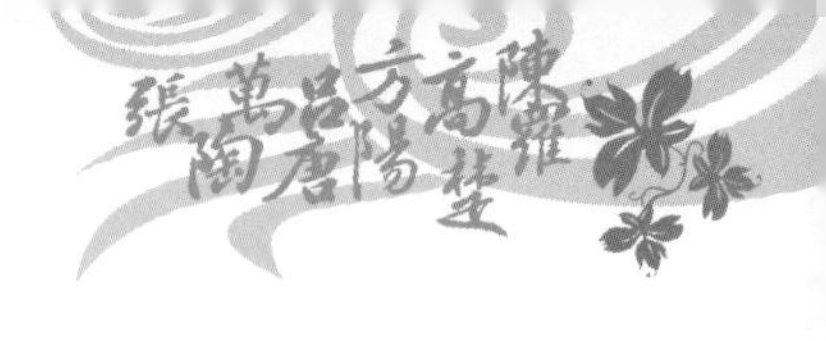


今只要依循本書的命名與改名程序，配合姓名單字「字義真傳」的解釋，則要撰取一個動聽流暢，吉祥如意的好佳名，將不再是難事。

後學也自從別號取為：羽宸（羽扇綸巾，宸遊四方，每週三～五天，在全省各地從事陽宅堪輿與規劃，樂在其中，怡然自得），是故本書特別強調「字形」、「字音」、「字義」的重要性。坊間姓名書籍何其多，琳瑯滿目，目不暇給，濫竽充數者有之，艱深難懂者有之，今後當您擁有這本姓名學的工具書，命名或改名，將不再是您的夢魘，而且會是輕而易舉，駕輕就熟的事。

本書最適合初學者以及學過姓名學的讀者使用，甚至會是命理老師的工具書，因為從來沒有任何一位老師，會將個別的「字義」，寫得如此鉅細靡遺，清清楚楚。本書是在經過多次的修改，去蕪存菁之後，以簡單易懂的文字，循序漸進的條理，筆劃吉凶的運用，生肖喜忌的好壞，姓名格局的意涵，做為命名的基礎，讀者一定能在此書，得到非常滿意，而且意想不到的收穫。

台南市天壇天公廟，中堂懸掛「一」字橫匾，「一」字四周刻文由右上角逆時針寫著：「世人枉費用心機，天理昭彰不可欺，任爾通盤都打算，有餘

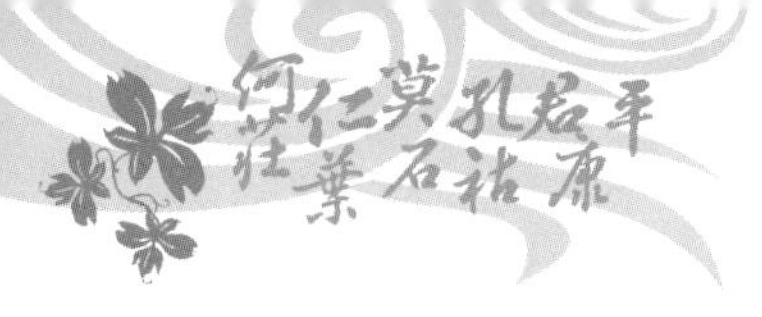


殃慶總難移，盡歸善報無相負，盡歸惡報誰便宜，見善則遷由自主，轉禍為福亦隨時，若猶昧理思為惡，此念初萌天必知，報應分毫終不爽，只爭來早與來遲。」其中的寓意：「人有千算，天有一算」，也就是人算不如天算，若行壞事，而沒有報應，則天理何在？命理何存？是故開運的五大法門：「一命、二運、三風水、四積德、五讀書。」除了撰取好名之外，行善積德，必定能夠添福添壽矣！

本書付梓旨在教導對於姓名學不得其門而入的讀者，祈使每位讀者都能夠深得其用，自助而助人。最後謹以《中國五術教育協會》三尊保護神：謙虛、尊重、禮讓，與大家共勉，祝福大家、謝謝大家，感恩！感恩！再感恩！

高雄市五術教育協會　理事長　李羽宸
辛卯年孟冬謹序於吉謙坊命理開運中心
網址：www.3478.com.tw　0930-867707

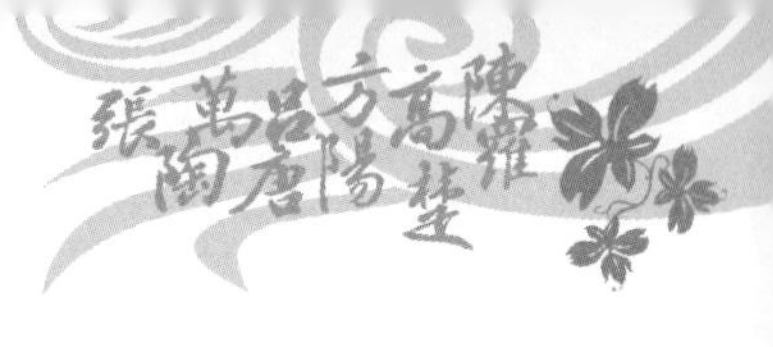


【作者序】輕鬆學會論名與命名　幫自己的小孩取好名 002
【作者序】幫自己的小孩取名並不難 008

## 第一章 如何爲寶貝取一個好名字

第一節　問題（一）種瓜得瓜，種豆得豆 024
第二節　問題（二）為什麼要命一個好名 026
第三節　問題（三）命一個好名字能不能為命運加分呢？ 027
第四節　問題（四）命一個好名字需要看八字嗎？ 028
第五節　問題（五）好名可留芳百世但壞名也會遺臭萬年？ 029
第六節　問題（六）命名改名到底要用那一派？ 030
第七節　問題（七）什麼是八十一數姓名學？ 032
第八節　問題（八）什麼是三才五格派姓名學？ 035
第九節　問題（九）什麼是十二生肖姓名學？ 037
第十節　問題（十）命名該考慮的各種條件 038
第十一節　避免使用與家族長輩同字或同音之名 044
第十二節　改名之後身份證是否需要更改 045

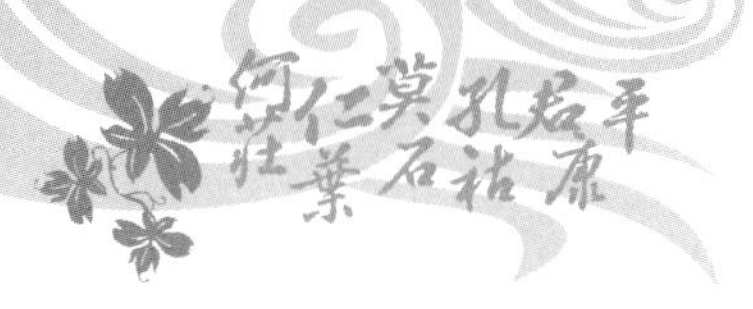


第十三節　嬰兒命名與改名的要訣　046

第二章　論姓名，您必須懂的五行概念

第一節　天干地支五行的基本常識　051

第二節　地支的刑、沖、會、合、害、破　056

第三章　三才五格數理學開運原理

第一節　筆劃數姓名學五行之定論　066

第二節　八十一劃數【吉】【凶】靈動解析　074

第三節　三才五格對應關係　093

第四節　用三才五格八十一數姓名學論名（實際案例）　103

第四章　各種格局（型局）派姓名學

各種姓名結構型態　109

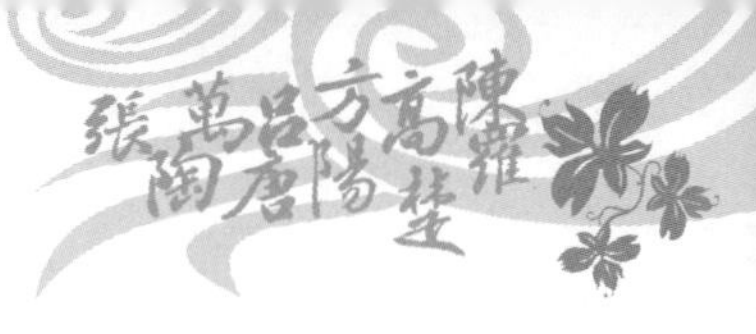


## 第五章 生肖姓名學，論名與命名之原理


第一節 姓名與十二生肖主客體之關係 126
第二節 姓名拆解架構以及運勢分析 128
第三節 男女忌用字形解析及選擇 134
第四節 十二生肖的特性解說 136
第五節 各種生肖所屬字體範例 138
第六節 各種文字五行之特性及屬性範例 140
第七節 各種生肖喜歡或不喜歡之字型及字義例 143


## 第六章 十二生肖（姓氏）的喜忌字庫


第一節 各生肖生的人與各姓氏之關係 150


## 第七章 十二生肖（流年）的喜忌字庫


第一節 子（鼠）生的人與流年喜用文字參考字庫 164
第二節 子（鼠）生的人與流年忌用文字參考字庫 167

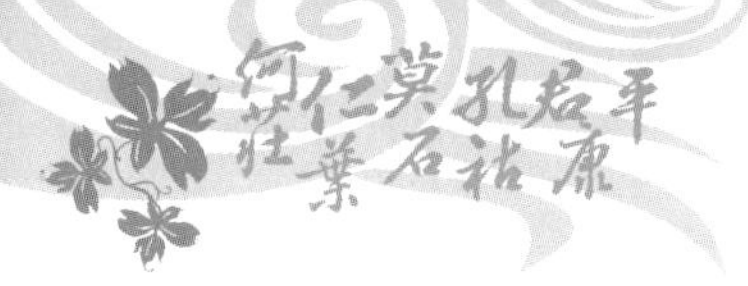

第三節　丑（牛）生的人與流年喜用文字參考字庫　170
第四節　丑（牛）生的人與流年忌用文字參考字庫　172
第五節　寅（虎）生的人與流年喜用文字參考字庫　175
第六節　寅（虎）生的人與流年忌用文字參考字庫　178
第七節　卯（兔）生的人與流年喜用文字參考字庫　181
第八節　卯（兔）生的人與流年忌用文字參考字庫　184
第九節　辰（龍）生的人與流年喜用文字參考字庫　188
第十節　辰（龍）生的人與流年忌用文字參考字庫　191
第十一節　巳（蛇）生的人與流年喜用文字參考字庫　195
第十二節　巳（蛇）生的人與流年忌用文字參考字庫　198
第十三節　午（馬）生的人與流年喜用文字參考字庫　201
第十四節　午（馬）生的人與流年忌用文字參考字庫　204
第十五節　未（羊）生的人與流年喜用文字參考字庫　208
第十六節　未（羊）生的人與流年忌用文字參考字庫　210
第十七節　申（猴）生的人與流年喜用文字參考字庫　213
第十八節　申（猴）生的人與流年忌用文字參考字庫　215
第十九節　酉（雞）生的人與流年喜用文字參考字庫　218

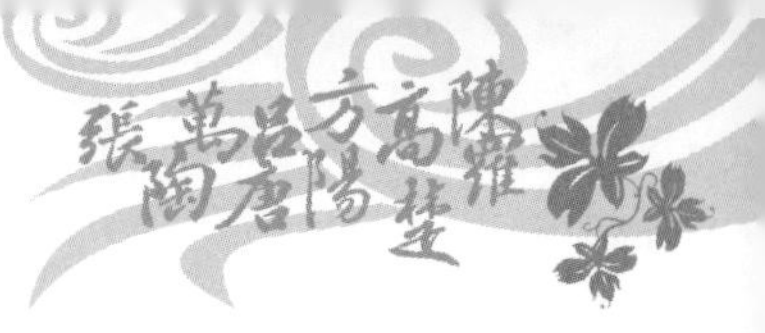


第二十節　酉（雞）生的人與流年忌用文字參考字庫　220
第二十一節　戌（狗）生的人與流年喜用文字參考字庫　223
第二十二節　戌（狗）生的人與流年忌用文字參考字庫　225
第二十三節　亥（豬）生的人與流年喜用文字參考字庫　228
第二十四節　亥（豬）生的人與流年忌用文字參考字庫　230
第二十五節　用生肖姓名學論名（實際案例）　234

第八章　命名資料庫

第一節　姓名學單字釋義真傳　238
第二節　各姓氏最佳筆劃組合一覽表　301
第三節　命名、改名原則　324
第四節　開運改名上表疏文　326

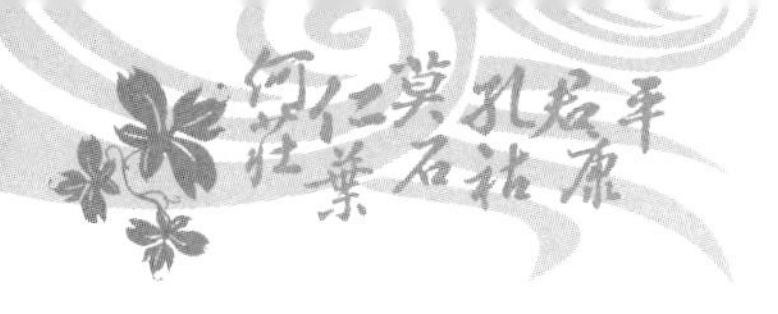

## 姓名學人生規劃軟體安裝說明

將電腦開至桌面上

將軟體放入光碟機中，然後點選光碟機會出現姓名NamePT3_SETUP，再將這個檔案打開，然後再按其中名為setup.exe之檔案執行安裝。如果無法安裝，請上網站：www.abab.com.tw的備用檔案下載專區去下載，如果還是不會使用，請電TEL：04-24521393

## 本書附贈的姓名學軟體◯功能解說

以下有打◎均可使用預覽，但不能列印姓名學命書，且可使用一年，一年後即不能使用，請重新購買。（其它功能沒有打◎專業版才可執行），有意購買專業版請洽04-24521393黃老師或0930-867707李老師。

### 西洋—星座先天磁場論命診斷區

◎一、八字命盤預覽與列印

◎二、由占星術‧看生命定數

◎三、由出生日期看個性與特性

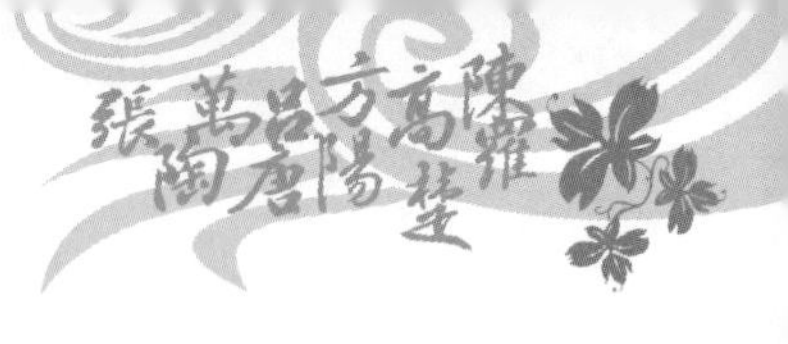


四、由星座談個性及潛能

五、由星座來談人際關係互動

六、由星座來談情人及配偶間速配指數吉凶


## 各式姓名學派—論斷區


七、用五行局姓名學來論斷姓名吉凶

◎八、用三才五格及八十一數理來論斷姓名吉凶

九、用十二生肖姓名學來論斷姓名吉凶

十、用陽宅四格姓名學來論斷姓名吉凶

十一、用數碼靈動姓名學來論斷姓名吉凶

十二、用天運五行派姓名學來論斷姓名吉凶

十三、用四柱八字姓名學派來論斷姓名吉凶

十四、用天人地三才來論斷姓名之人間瑣事吉凶

十五、公司、行號、工廠名字論斷吉凶

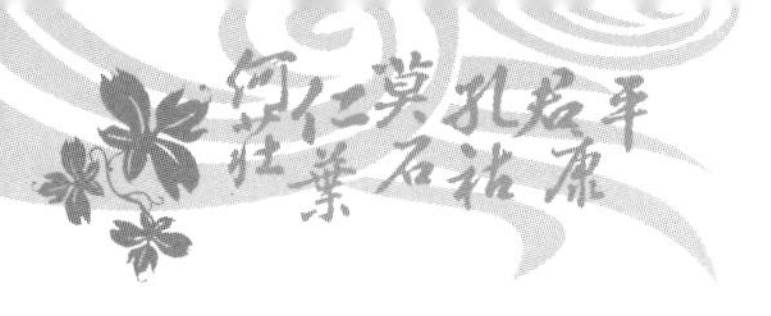

一生工作、事業運與身體先天宿疾

十六、由姓名來看有可能發生的身體疾病

十七、由姓名來選最適合的工作及事業

今生今世命運走勢分析

十八、由八字及姓名論大運行運狀況

十九、用九宮姓名學論流年的行運狀況

二十、由八字及姓名論每個月的行運

電腦自動命名配（吉格）專區

◎二一、以熊崎氏八十一數理姓名學來命名，且加以解釋吉凶論述

二二、以三才五格數理姓名學來命名，且加以解釋吉凶論述

二三、以天運五行三才五格姓名學來命名，且加以解釋吉凶論述

二四、以十二生肖吉凶姓名學來命名，且加以解釋吉凶論述

二五、以補八字喜用數理姓名學來命名

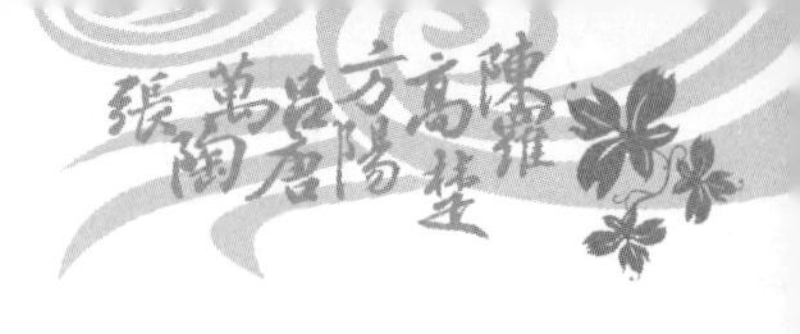


二六、以四柱八字姓名學來命名
二七、以總合上述學派姓名學來命名（可一次選用多派姓名學由電腦自動挑出最好的字，且加以解釋吉凶論述，號稱人工智慧、萬無一失）
二八、行號、工廠、公司自動命名區

## 各派姓名學共用資料專區

◎二九、八十一數簡易表格查詢區
◎三十、個人天運五行簡易查詢區
◎三一、十二地支、刑、沖、合、害簡易查詢區
◎三二、常算錯之筆劃及部首查詢區
◎三三、命名吉數組合一覽表
◎三四、男、女命名忌用字庫
◎三五、各姓名學派命名原則
◎三六、各姓名學派命名法條
◎三七、命名的步驟

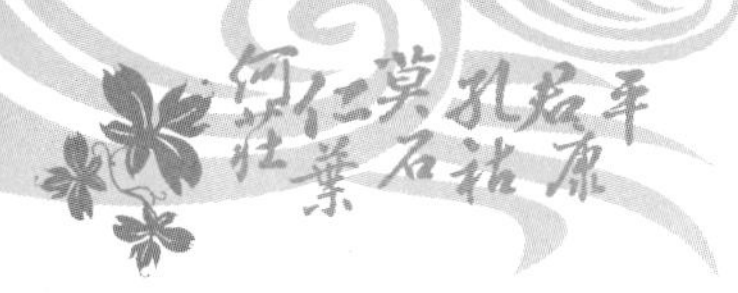

本中心之命名方式採用多種學派取名，由電腦挑選再加人工篩選絕對最精準，也最能符合各學派理論，親愛的讀者如果需要本中心命名或取名，一律9折優惠。

如果需要將專業版軟體帶回家也請來電詢問 04-24521393。

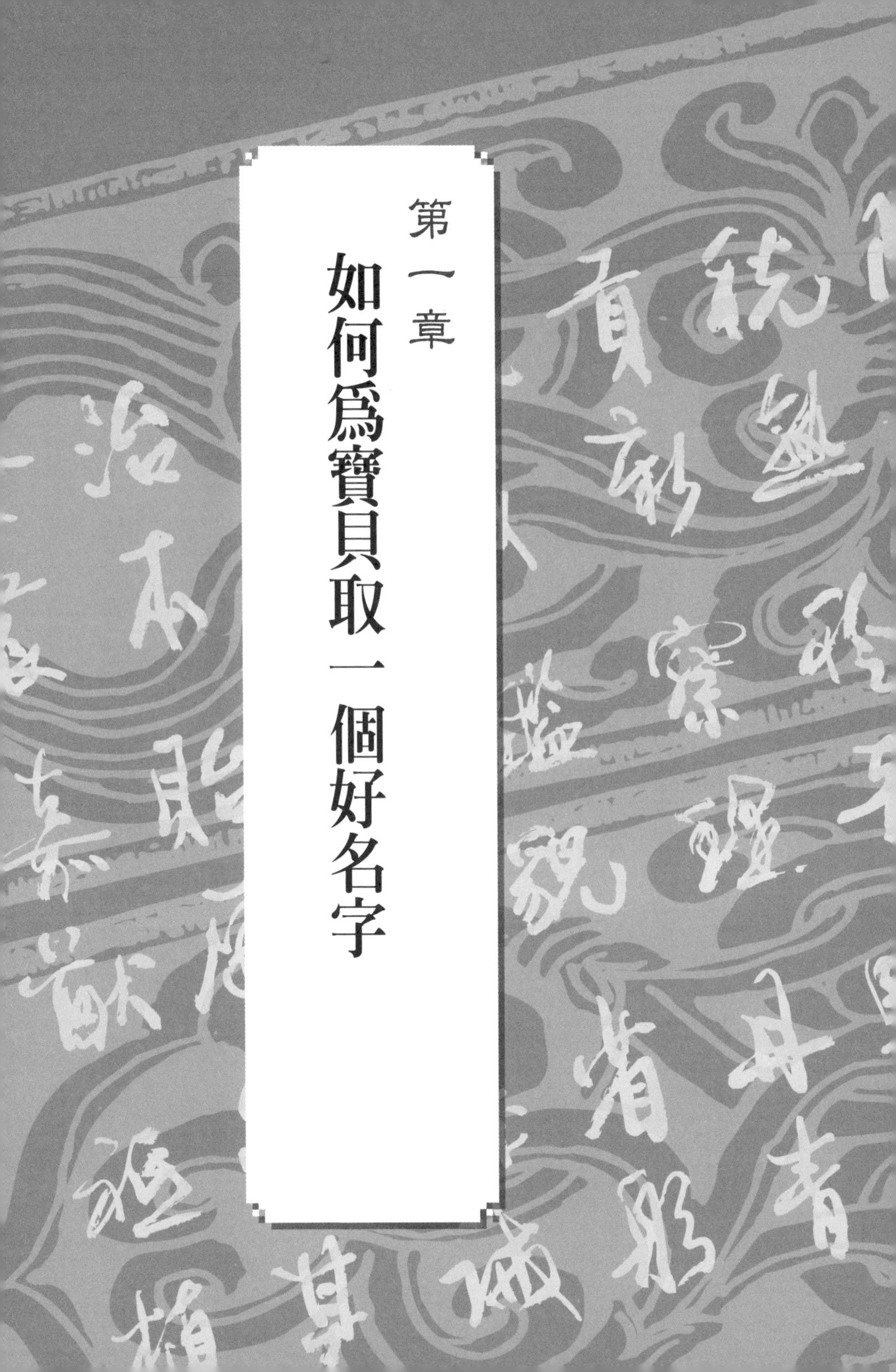

# 第一章
# 如何為寶貝取一個好名字

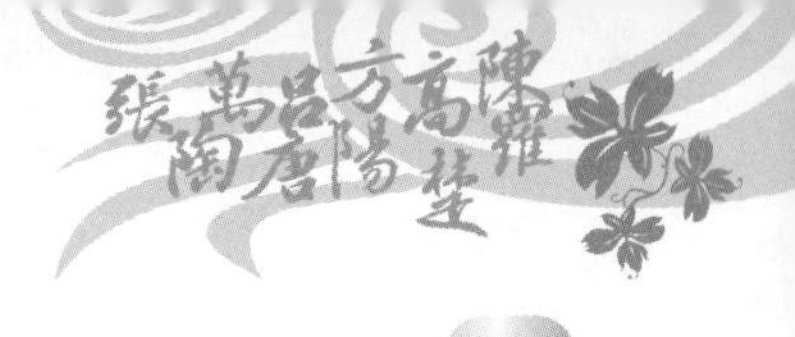

## 第一節　問題（一）種瓜得瓜，種豆得豆

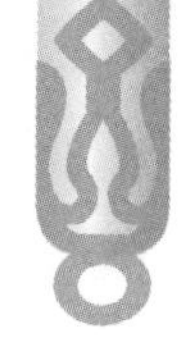

**答：媽媽要有好的觀念及好的習慣，且時時注意胎教。**

名好命不好，一生能溫飽；名好命也好，發達一定早。

命好名不好，壞運最難保；命名均不好，苦難直到老。

人在陰陽交媾的一剎那，冥冥中已有定數。

一月懷胎如露水，如草木珠。

二月懷胎水茫茫，恰如凝酥。

三月懷胎成人影猶如凝血。

四月懷胎稍作人型，懷胎結成人。

五月懷胎分男女，即生五胞，頭為一胞，兩肘兩膝各為一胞也。

六月懷胎六根全，六精齊開眼為一精、耳為二精、鼻為三精、口為四精、舌為五精、意為六精。

七月懷胎生七孔生成骨節三百六十，及生毛孔八萬四千。

八月懷胎頭面全出生意智及九竅。

九月懷胎重如山，在母腹吸收食物，桃梨蒜果，五穀精華，母血凝成胎兒食料。

十月懷胎兒降生，孩兒全體一一完成，方乃降生，若為孝順之子，擎拳合掌，安詳出生，不損傷母。母無所苦，倘為五逆之子，破損母胎，扯母心肝，踏母跨骨，如千刀攪，又彷彿萬刀鑽心。

以上所言即知真的有命運之說：並非迷信。更知在懷胎期間，當時本身之運氣是否有心情不好，感情爭吵、事業不順、生活困苦等情況，如果在這不佳的環境情況下所孕育出的孩子鐵定不好。

所以在懷孕期間保持好的心情，飲食正常，心態正面，多造福德……等，不管直接或間接都會影響下一代之命運，這種說法並不是迷信喔！

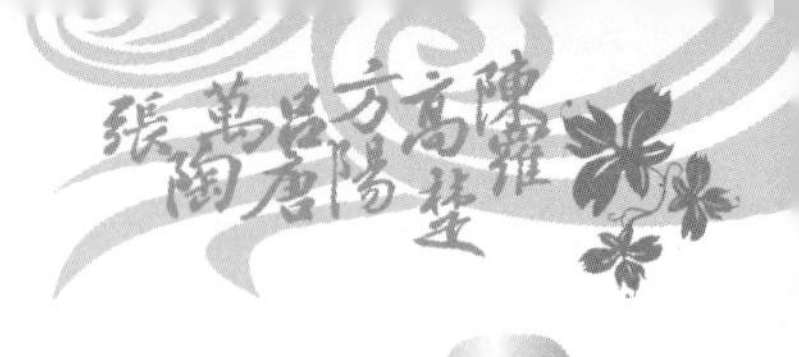

# 第二節　問題（二）為什麼要命一個好名

**答：當然要，那還用說！**

我們常聽說：一命、二運、三風水、四積德、五讀書，其中命（八字）是無法改變的，但其餘四項均可改變，打從出生的【命名】就是改變命運的一種方式，其中有一句話很有道理：「賜子千金，不如教子一藝；教子一藝，不如賜子佳名。」

目前在華人圈所流通的姓名學書籍和所沿用的理論約有一、二十種，其中最大的一個疑問是：姓名的用字不同，但筆劃相同的人，按現存通用的姓名學來說，格局就應該是一模一樣的，那為什麼他們的結果，命運際遇，卻還是大不相同呢？因為到目前為止，後學已學過12種派別的姓名學，發現並沒有那一種派別是百分百準確無誤。

現在是科學時代，一切是講證據的，如果要命一個好名，絕對不要去排除其它派別的優點，而應該取該派別的優點再參考其它派別的優點統計出最佳的用字而來取用，這才符合現代人的精神與想法。

本書分析出目前最多姓名學老師最認同的四種派別一一說明其優劣，在命名時如能用這四種派別參考使用，應該是能命出一個得分80～99分的好名字了。

## 第三節　問題（三）命一個好名字能不能為命運加分呢？

**答：當然能，而且很重要。**

雖命不能改，但可以用名字來加分，姓名不單代表一個人的符號，尤其是，字象字義、理數五行吉凶等。可判斷一生吉凶禍福，所謂有數即有理即有氣，有氣能知鬼神。據繫辭傳曰：河出圖，洛出書，聖人則之。又曰天一地二、天三地四、天五地六、天七地八、天九地十、天數五。五位相得各有合，天數二十有五，地數三十，凡天地之數五十有五，此所以變化而行鬼神也，所以用出生年、月、日的磁場當基礎，再搭配三派以上的姓名學派，就能命出一個好名字，若是一個名字的形、音、義及五行均衡當然會使人神清氣爽，對命運一定加分不少。

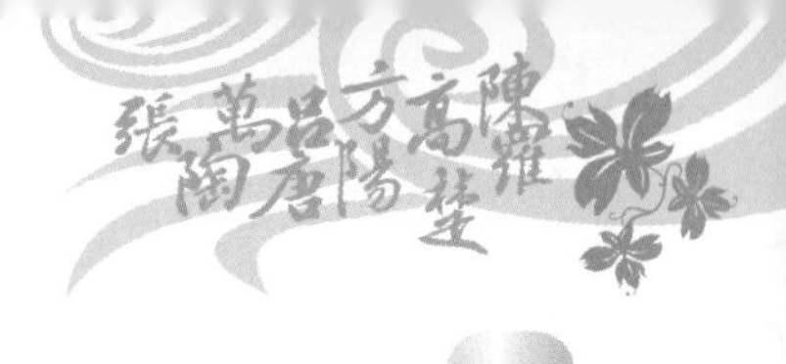

## 第四節　問題（四）命一個好名字需要看八字嗎？

答：當然要，而且很重要。

如您不懂八字，就無法得知先天八字五行欠缺什麼，如果您能得知先天八字欠缺時就可以用名字的五行來補強，如果您想知道本身八字之喜用神，可參考本書所附贈的軟體就可得知。

關於本書所介紹的命名方式也著重於八字上之喜忌。有人說：八字是先天的種子。須配合八字喜用來補助命名，一點都不錯，因為名字是後天所為，如應用恰當可造福人群，如嬰兒出生要命名，首先須取數的配合，即是中庸之道，太過與不及、衰與旺都已注定。

數理配合恰當後，再取字形、字音、字義……等如此選擇及命名可達到七八成算是及格，因為世上每一種事物的組合，必然陰中有陽、陽中有陰，凶中有吉、吉中有凶，人生不如意十有八九，為人父母者更喜望子成龍、望女成鳳，所以給小孩一個好名字，就是給他最好的禮物。

在每個時辰，短短一百二十分鐘內，這地球就有多少小孩誕生，你知道嗎？全球會有

三萬多人出生，照八字或紫微斗數的排法，他們都會共用一個命盤，也就是說他們的命運應該都會一樣，而且這樣一份相同的命盤是永遠都無法改變的，生辰八字既然是先天注定的，就表示不管優劣好壞、富貴貧賤、美醜善惡、吉凶禍福都已成定局，而且無論如何，我們還都得全盤接受；因為誕生的時辰是無法改變的。

雖然命不能改，那嬰兒出生後最直接的補運方式就是命一個好名，要記得一定要參考八字喜用神喔！

## 第五節　問題（五）好名可留芳百世但壞名也會遺臭萬年？

答：說的一點也不錯，所以一定要命個好名。

我們常聽說：命好不怕運來磨，命好或命不好並不是我們能決定的，但能決定未來運是否可以順遂一點倒可以由人來決定，那就是取一個好名。「名」好不怕運來磨，那就是「姓名」，打從我們出生以後，就如影隨形，始終跟著我們，我們來時，也就是出生時，

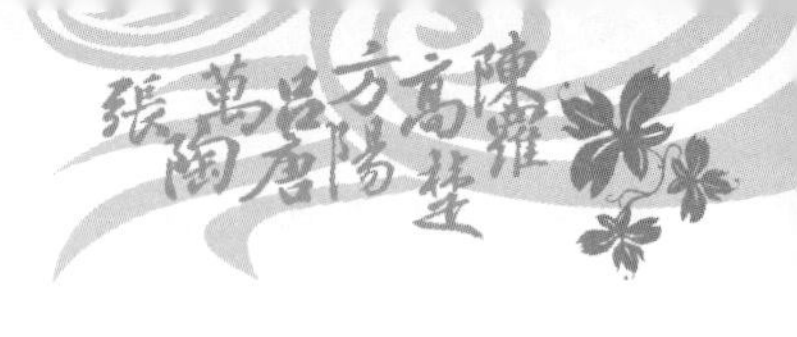


的確都一絲不掛、空空如也，但往生時卻絕不會完全空空，因為每一個人至少都還需要帶著一個姓名去向（閻羅王）報到，好好結算這一輩子的功過得失。您到底要留芳百世或遺臭萬年，都會用名字來記錄。

人生在世，一般說來，長壽的可能有百年之長，但姓名流傳卻可能長達幾百年，或是留於後代子孫口中，最少也會保留個三、四代，如果您是偉人，那麼即便流傳個千秋萬世也不足為奇。可見一個人的姓名如「機運」，在人的生命與生活上，佔了何等的重要性。若能因姓名的適當調整與彌補，達到彰顯或輔助先天命運的效果，那我們又何樂而不為呢？

## 第六節　問題（六）命名改名到底要用那一派？

答：至少要用三派，才不會後悔。

後學自十幾年前致力研究姓名學以來，相信姓名學的靈動力，關係到一生的窮通禍

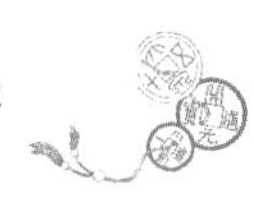

福。雖然名字只是一個符號，卻能代表整個人生行運及作為。坊間之書籍琳瑯滿目，各門各派盡展才學。五行雖相同，所論之造化卻不同。

後學查閱各大書局所販售姓名學書籍，很多皆是單論注重天人地三才之組合論斷，姓名八十一數吉凶，更有參合八字取用神或用生肖的喜用字來參考。此是無可厚非，絕對正確，但是於姓名學上的整個組合卻相差千里也。更有選擇八十一數的組合，只要是吉數必不放過，這樣的結果並非全吉。

當然眾生皆有佛性，都會往好的方面著想，殊不知天地陰陽，日月星辰都脫離不了五行。吉中有凶、凶中有吉，能知陰陽造化，天下都在一掌中。若不能深入其境，請慎重，尤其在論斷及改名命名時，更重象數理的配合並非在八十一數內的吉數，八字內之喜用神，天人地三才組合及生肖吉凶，都需配合得當才是上上策。

同名同姓以目前人口來估計應該是不少吧。是否產生相同的命運呢?答案是否定的，因為先天的種子不同，出生地經緯度，陽宅居住環境。陰宅祖基是否山明水秀，及心性福德等各有比例，只是好名提高靈動分數，其餘各項更需配合，才能創造佳機。

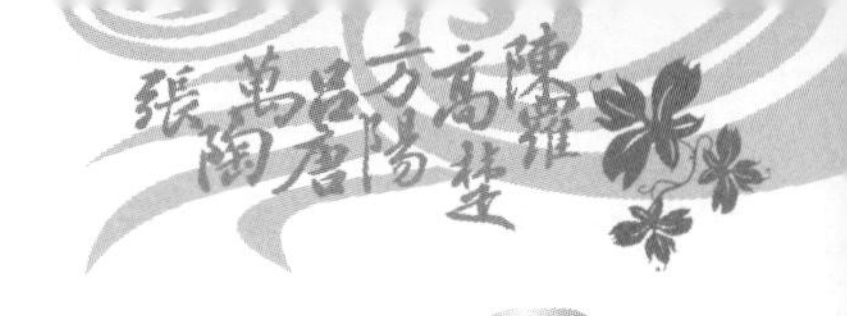

## 第七節　問題（七）什麼是八十一數姓名學？

答：就是用五格數字的靈動來分吉凶。

國內的姓名學，起源於民國十七年的日本熊崎健翁氏，依據我國先賢蔡九峰的皇極八十一數洛書原理而定出八十一畫的吉凶模式，坊間姓名學的理論架構，大體上皆不脫離這個範圍；「逢四必凶」也成了熊崎氏姓名學的鐵律，任何人命名都會避免觸其禁忌。

我們現在所看到的八十一數理論，其實大都沿用日本人在論斷姓名學時所延用的熊崎氏學理。

為什麼會如此？那當然是因為甲午戰敗後，台灣曾割讓給日本統治前後達五十年之久的關係，結果非但台灣人民的生活習慣大受其影響，後來竟連姓名學也全盤移植自日本人的學說。

這套依據日本山川、地理、文化發展出來的學問，或許適用於日人的姓氏，但直接冠在我們中國人的頭上，卻絕對有待商榷。就舉個最大、最明顯的差異點來說好了，看看目前日本當紅的偶像明星：江口洋介、鈴木保奈美、豐川悅司、中山美穗、木村拓哉、宮澤

理惠、竹野內豐、酒井法子等等，哪一個姓名字數是像我們國人所通常習用的，只有三個字呢？

雖然在傳進當時為日本殖民地的台灣以後，我們的命理學家也曾添加、刪減並總合熊崎氏的學說，使它成為適用於台灣人的一套理論（據考據，當初引介熊崎的公式學說進來台灣的，是前輩白惠文先生）。

當然我們不否認這套以筆劃數字為重點的學說，在解析精神層面時，仍然有其一定的參考價值．但若要論到細節，乃至於結果，可就沒那麼果斷了，但這一派別已流行那麼久了，我想也深深影響許多人，如果在命名時要捨去不用那會傷許多人的信心了，所以我們也把此派納入命名時的參考。

本書第八章第二節，都已將各姓氏配合五格全吉或四格全吉的各種配置詳列出來，讓我們要命名時省去許多時間。

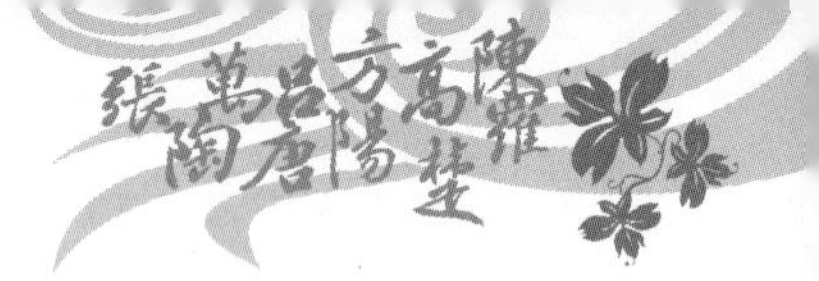

# 熊崎氏八十一數吉凶一覽表

○吉　　△吉帶兇　　╳兇

| 9<br>╳ | 8<br>○ | 7<br>○ | 6<br>○ | 5<br>○ | 4<br>╳ | 3<br>○ | 2<br>╳ | 1<br>○ |
|---|---|---|---|---|---|---|---|---|
| 18<br>○ | 17<br>○ | 16<br>○ | 15<br>○ | 14<br>╳ | 13<br>○ | 12<br>╳ | 11<br>○ | 10<br>╳ |
| 27<br>△ | 26<br>△ | 25<br>○ | 24<br>○ | 23<br>○ | 22<br>╳ | 21<br>○ | 20<br>╳ | 19<br>╳ |
| 36<br>╳ | 35<br>○ | 34<br>╳ | 33<br>○ | 32<br>○ | 31<br>○ | 30<br>△ | 29<br>○ | 28<br>╳ |
| 45<br>○ | 44<br>╳ | 43<br>△ | 42<br>△ | 41<br>○ | 40<br>△ | 39<br>○ | 38<br>△ | 37<br>○ |
| 54<br>╳ | 53<br>△ | 52<br>○ | 51<br>△ | 50<br>△ | 49<br>╳ | 48<br>○ | 47<br>○ | 46<br>╳ |
| 63<br>○ | 62<br>╳ | 61<br>△ | 60<br>╳ | 59<br>╳ | 58<br>△ | 57<br>○ | 56<br>╳ | 55<br>△ |
| 72<br>╳ | 71<br>△ | 70<br>╳ | 69<br>╳ | 68<br>○ | 67<br>○ | 66<br>╳ | 65<br>○ | 64<br>╳ |
| 81<br>○ | 80<br>△ | 79<br>╳ | 78<br>△ | 77<br>△ | 76<br>╳ | 75<br>△ | 74<br>╳ | 73<br>○ |

# 第八節 問題（八）什麼是三才五格派姓名學？

## 答：就是將姓名分五格再取五行來定吉凶。

三才五格派姓名學最重要的就是「五行」的對待，要活用，「五行無常勝」的特質、一切事物的吉凶也都是五行在互相作用，坊問的姓名學書籍，大都將姓名分成天、地、人、外、總格五格，然後比較其生剋關係，以人格的五行為主，和其它格比較。一般而言，五行相生或比和者為吉，反之相剋者為凶。當然也有例外的方面，因為「五行定無常勝」，相生不一定全吉，相剋也不一定為凶。有時候相剋反而能激出其五行吉的特性。

易經上云：「孤陰不生，獨陽不長。」故從以上理念可知，一個人的人名，必須陰陽調和，最好能合其中道，太過陽剛（陽數）必折，過柔（陰數）無為，如何拿捏取用則是一種藝術，既然人名關係重大，絕不可因不懂而不去思考，認真地為自己或自己的孩子取一好名，否則就是俗稱的「鐵齒」或「不信邪」，冥頑不通之人罷了。宇宙學問無止境，世間萬象離不開陰與陽，陰陽本身並沒有絕對的吉與凶，端視其配合比例、場合。並要進而考慮到「天」、「地」、「人」三才的思想。

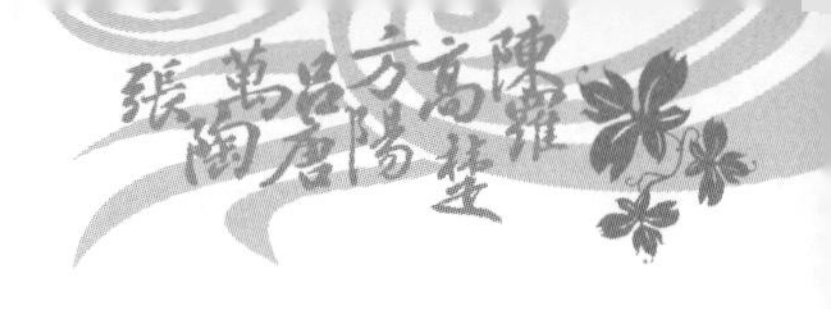

天為時間，人為人事，地為空間。

一個人的取名，也需要配合時間「天」的因素，從不同朝代，不同環境社會，以及其出生年份的不同。同一個名字，在不同的年份時間，則又有不同的詮釋。

再說「人」之部分，「人」意指著人事關係、六親關係不可不加以考慮，諸如兒子的名字不可和直系親屬，族譜中的輩份重疊，所以命名時需加以考慮，就一例而談。中國人稱「天大、地大、母舅第一大」，意指我們的名字不可與母舅的名字重疊共用，否則就違背中國特有的倫理關係，不可不知。

再其次，還要考慮到「地」，即環境的問題。不同的地方，人們對其字彙的認同，海邊人、北方人、南方人、或山中人、客家人、閩南人等，對一個字的聯想會有所不同，我們也要一併注意，避免鬧出類似諧音的笑話。本來有好的意義，反而被誤會為不雅的聯想，那就不好了。

# 第九節　問題（九）什麼是十二生肖姓名學？

**答：就是選用符合出生年生肖的字來命名。**

姓名與生肖屬性互動關係：古聖先賢很睿智地選出十二種動物做為生肖，就是一般人所謂十二生肖，有一鼠、二牛、三虎、四兔、五龍、六蛇、七馬、八羊、九猴、十雞、十一狗、十二豬等；若以地支來論，子屬鼠、丑屬牛、寅屬虎、卯屬兔、辰屬龍、巳屬蛇、午屬馬、未屬羊、申屬猴、酉屬雞、戌屬狗、亥屬豬等。

姓名與生肖屬性的關係，也就是以十二生肖（十二地支）加十天干〔甲，乙，丙，丁，戊，己，庚，辛，壬，癸〕為主體，以姓名之〔形，音，義〕為客體，由主體來對照客體，看出客體可以提供什麼樣的環境及力量，是錦上添花還是雪中送炭，或是雪上加霜；是三合、三會的助力，還是正沖、或刑剋的阻力。每個生肖都有其先天習性，後天環境也各有特性。

簡單的介紹如：〔子〕喜洞穴、拱腳休息。〔丑〕喜在門洞中或家庭休息。〔寅〕喜為王、彩衣。〔卯〕喜狡兔三窟。〔辰〕喜在空中飛翔。〔巳〕喜有洞、可升格為龍。

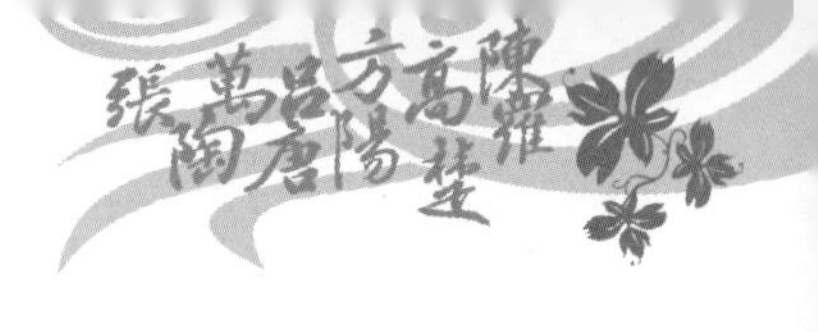


（午）喜彩衣、喜冠冕。（未）喜五穀、柵欄。（申）喜為人、喜洞穴。（酉）喜上山頭變鳳凰、逢一日或一口為司晨之雞。（戌）喜住家、彩衣。（亥）喜限於柵欄、食五穀。

經種種考量後選出對該生肖加最多分的字來命名，才是最佳的決策。詳細說明可參考本書的第五、六、七章，謝謝。

## 第十節　問題（十）命名該考慮的各種條件

孩子是父母心中的寶貝，也是國家未來的希望，可見孩子名字的【形，音，義】是相當重要，您可知道世界上什麼字及聲音最美妙，最順耳，當然就是自己的名字，所以取一個好名字顯然相當重要喔！

「形、音、義」是文字構成的三大要件，更是命名的三大要素，形者字形也、音者字音也、義者字義也。命名時之撰用，必須全部列入考量。

【字形分為】：甲骨文、金文、小篆、隸書、草書、楷書。首先字形可參考（第五

章第三節）男女忌用字形解析及選擇，對於八字身弱之象的人如用此字形，可能會勞而無獲，暗藏淒冷、不祥、孤寂、冷傲等之字形，應盡量避用，畢竟在後天運的補強上，不僅毫無助益，反而會適得其反。

【字音分為】：一字一音或一字數音。一定要考量當地說話習俗的「諧音」，當然諧音也有好壞的想像，如「許佑萍」，台語的念法就好像「苦又貧」；「何宗耀」是不是身體欠佳，常常在「喝中藥」；「崔金雄」，有如開車又快又急的「催金雄」；「李庭菁」雖然許多人的念法都是「庭青」之音，但正確讀法有如「妳停經」。是故命名改名之後，我都會交待要別人常常念他、叫他，是否會有不雅的「諧音」，因為一般命理老師都會很認真盡心的幫人取好名，只是在字音方面，礙於各地習俗的不同，而會有所差異，所以一定要進行這一道非常重要的命名程序，方能取個好名。

【字義分為】：本義以及別義。命名時字義非常重要，除了可參考（第八章第一節）姓名學單字釋義真傳之外，在此特別將姓名的字義做個連結解釋。

木→火→土→金→水為相生五行；木→土→水→火→金為相剋五行。命名時除了字義選擇之外，更重要的是它能表達對人、事、地、物、相生、相剋的種種意境，字義的好壞固然重要，但是姓名的排列組合，也會造成吉凶的不同，這也是命名時的重要關鍵。

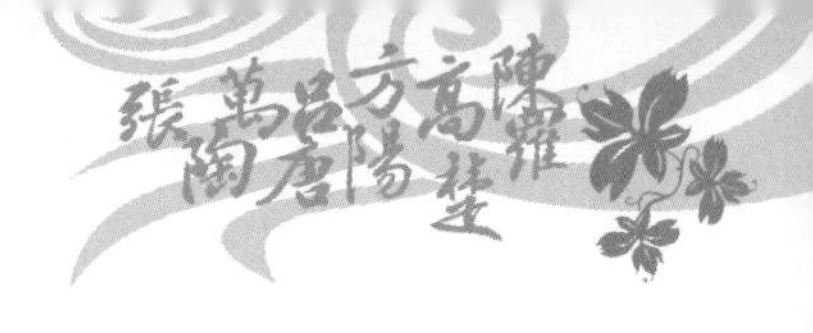


## 【木】五行類的生剋關係

李、宋、林、杭、松、柯、柏、梅、柳、楊、榮等都是五行屬「木」的姓氏，名字喜歡、木木水、木水水順生，表示樹木有了水源，綠葉處處，生機無限。若選擇名字有「土」、「金」的字體，雖然樹木除了需要水源灌溉之外，也需要依靠「土」壤的生長，但若是木太多而土弱，一般都會有消化系統的毛病，若使用「金」的字體，則會有金剋木的現象，免疫系統就會比較差，所以在姓名的選擇與排列上，必須要多加注意。

## 【火】五行類的生剋關係

午、朱、昌、狄、馬、許、夏、焦、曾、談、駱、魯、熊等都是五行屬「火」的姓氏，名字喜歡火土金、火木水順生，與八字「地支聯珠」同論，如年生月、月生日、日生時或時生日、日生月、月生年，無論是姓名五行順生或是八字五行順生，對於命運都會有莫大的助益。若選擇有「水」、「金」的字體，則火剋「金」太過，會有呼吸系統方面的毛病，「水」剋火，就會有循環系統方面之疾，命名時宜慎用之。

## 【土】五行類的生剋關係

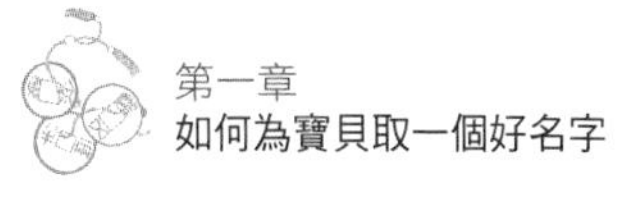

丘、田、杜、封、邱、黃、路、童、陸、陶等都是五行屬「土」的姓氏，名字喜歡土金水、土火木順生，與姓名「三才格局」同論，天格生人格、人格生地格或地格生人格、人格生天格，息息相生，生生不息。若選擇有「水」、「木」的字體，則土剋「水」太過，會有泌尿系統方面的毛病，「木」剋土，就會有消化系統、脾胃之疾。

## 【金】五行類的生剋關係

刀、白、申、辛、金、鳳、錢、鐘、鍾、薛等都是五行屬「金」的姓氏，名字喜歡金土火、金水木順生，相生有情，相生有助，若選擇有「木」、「火」的字體，則金剋「木」太過，會有免疫系統方面的毛病，容易疲勞，肝膽不好，「火」剋金，就會有呼吸系統方面之疾，肺部、氣管、喉嚨、牙齒、筋骨、大腸不佳，而且會有破財損耗之象。

## 【水】五行類的生剋關係

水、江、沃、沙、池、汪、沈、洪、汲、康、游等都是五行屬「水」的姓氏，名字喜歡水木火、水金土順生，水木相生或是金水相生，都是屬於吉祥如意之排列，若選擇有「火」、「土」的字體，則水剋「火」太過，會有心臟、血管、血壓、眼睛、小腸等循環

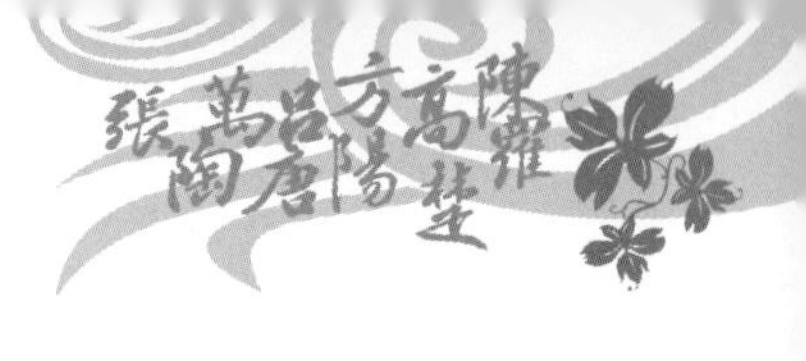

系統的毛病，「土」剋水，就會有泌尿系統方面之疾，膀胱、腎臟、子宮、卵巢不佳。

以上五行的生剋關係，只是以字義的排序論其吉凶，並沒有加入劃數五行或生肖吉凶喜忌，所以命一個好名字，除了「字形」、「字音」、「字義」之外，還是要有數理的配合。

家家皆有姓，人人皆有名，其代表的文字為心性品格，祖脈延續，定當飲水思源，溯本追源。有姓氏之動物如：牛、羊、貝、虎、馬、魚、豹、熊、龍、鳳、駱、鮑。植物如：竹、艾、李、梅、桂、杞、麥、梁、柳、楊、蘭、蘇。顏色如：白、朱、金、赤、紅、青、黑、紫、黃、藍、銀、墨。無論任何姓氏，皆無好壞優劣之分，只有配合名字，才會顯現出吉凶之象。

名字有太多「口」的字形，如「喬品」、「嘉和」、「合器」……等，容易有口舌之爭，而頻生是非，但若是生肖配合得宜，而且是從事需要口才的業務工作，反而適得其用。

名字有太多「王」、「帝」、「主」、「君」、「大」、「長」、「首」、「冠」之字形，一國難容二君，表示心性不一，矛盾時而易見，主觀意識強烈，與人相處常有摩

擦，導致人際關係不好。

名字有太多「女」的字形，常言道：三個女人在一起，有如菜市場，「前人說的好，世上最長壽的人，就是七嘴八舌、東家長西家短的長舌婦，妳應該多學學她們，這樣妳才會長命百歲」！其實這是調侃的話，一個「女」字並不忌，有兩個女以上，多話傾向就會很明顯。

閱讀此書會有一種莫名開心的感覺，因為沒有艱澀的學理，只有淺顯易懂，平鋪直敘的論述，也因此還未問世，我的學生們已經熱絡的互邀親朋好友爭相訂購，畢竟為人父母，都希望將來的子女「成龍成鳳」，況且有了這本命名的工具書，不僅可以幫助自己也可以教人命好名、改好名。

台灣這幾年已經是全球生育率最低的國家，少子化的現象日益嚴重，根據行政院經建會於2010年統計結果，台灣人口再過12年左右，將會呈現負成長，這與經濟結構和社會變遷有很大的關連。

由此可知，每位新生兒的誕生，都是父母親的「心肝寶貝」、「掌上明珠」。生男孩為「弄璋之喜」，生女孩為「弄瓦之喜」，歡喜之中便要為子女撰取一個好佳名。

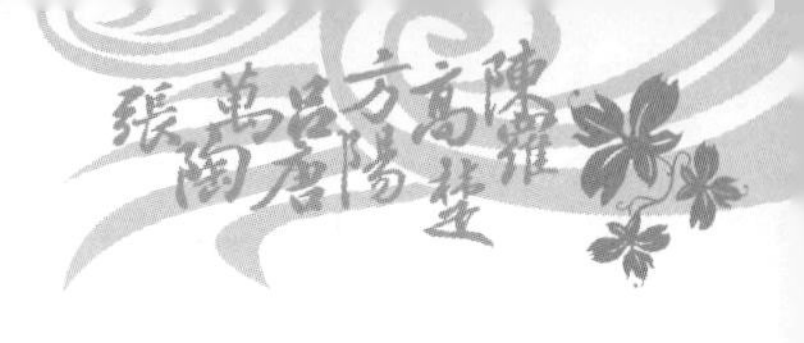


新生兒誕生要在60天內完成命名，爾後成年之前可依法改一次名字，若要再改名，則必須等到本人20歲成年之後，才能再改名，為的是保障本人的權益，預防父母親或長輩一時的情緒或衝動，而造成往後無法彌補的缺憾。若已經改了兩次還要再改，必須同戶籍（同一縣市）、同名，且雙方均設籍6個月以上，才能再做更名。

## 第十一節　避免使用與家族長輩同字或同音之名

所謂君臣有義、父子有親、夫婦有別、兄弟有序、朋友有信，講究的就是倫理的重要性，所以在為兒女命名的時候，絕對不能夠「犯上」。也就是選用的名字，千萬不能夠與家族長輩同字，甚至同音都有所忌諱。

家族長輩指的對象包括，祖父母、外祖父母、父母親、親伯公、親叔公、姑婆、伯伯、叔叔、親母舅、舅媽等直系血親之長輩。若嬸婆、嬸嬸、姑丈、姨丈等姻親長輩，就比較沒有關係。

## 第十二節　改名之後身份證是否需要更改

任何事物的影響力，不外乎就是時常去使用它，舉凡陽宅要居住者才會有感應，感冒要看醫生或耐心調養才會好，命理要時常研究才會精進，同樣的取一個好名之後，一定要常常去稱呼他，更改的新名才會有靈動。

改名之後是否需要更改身分證？一直是每個人共同的疑問，不論是客戶前來命理中心或是來電詢問，總是圍繞著這個話題，其實更改身份證的證明文件並不重要，讓親朋好友、周遭同事經常反覆呼叫、稱呼，才是根本之道。

而且名片也要使用新名字，並且不要加註舊名，包括E-mail、鑰匙、文具、茶杯等等都可以貼上姓名，此時磁場感應就愈強，名字轉換的力量就愈快。但若是改名者年紀還很輕，證明文件的手續很簡單，就可以直接更改身份證。

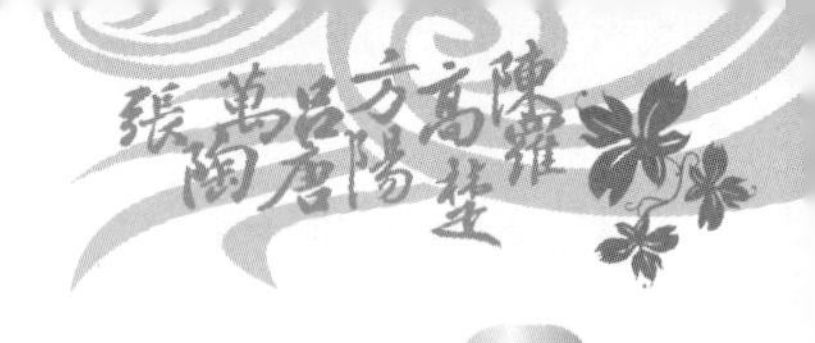

## 第十三節　嬰兒命名與改名的要訣

孔子曰：「名正則言順。」所謂：「實至（名）歸，如影隨形也」，「倉頡造字，孔子授字，道士借字，凡夫習字」。為人父母，都希望「望子成龍」、「望女成鳳」，假姓名文字，引天地陰陽五行之氣，給孩子起個好名字。古人云：「名正言順，名不正則言不順，言不順則事不興，事不興則業不旺」。

姓名是一個符號的代表，關係著每個人一生的運勢，包括健康、財運、婚姻、事業、社交、人際關係……等。當今許多達官貴人、名媛雅士、明星藝人，改名字或是取個藝名，可以說是比比皆是，所以取一個好名字，確實會對運勢產生莫大的影響。接下來本書要以命名的實例，與各位讀者共享，只要按照循序的步驟，每個人都能為自己的子女取個好名，也能幫助他人改個好名。

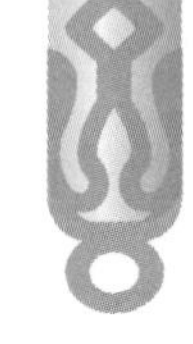

範例一：實際命名程序

**男：農曆100年9月13日卯時（姓氏：宋）、（生肖：兔）**

一、有生育計畫的家庭，各姓氏喜忌請查（第六章第一節）十二生肖（姓氏）的喜忌

字庫，有喜用（最佳之意）、權用（吉凶參半）、忌用（最差之意），如姓氏「宋」，生肖屬虎、兔、蛇、馬、羊、豬最佳，也就是在這些年出生最好，因為這些生肖不僅喜歡逢大洞穴「宀」，也喜歡木木比和（虎、兔五行屬木）、木火相生（蛇、馬、羊五行屬火），而生肖屬龍，則最忌諱洞穴，代表受困無助，其它生肖雖然也喜歡洞穴，但是配合「宋」字陰邊「木」的喜忌，就會有減分的效果。

二、請查（第八章第二節）各姓氏最佳筆劃組合一覽表，此章節已選出熊崎氏八十一數理姓名學筆劃數人格、地格、總格、外格之吉數來命名。

三、請查（第七章）十二生肖（流年）的喜忌字庫，搭配所屬生肖的喜忌用字來命名，再配合（第八章第一節）姓名學單字釋義真傳文字的意義。

四、此例為嬰兒命名，所以直接報戶口即可，若是一般的改名，則必須要有改名疏文，請查（第八章第四節）開運改名上表疏文。

五、最後命名完成，請查（第四章）各種格局（型局）派姓名學，看本身是屬於哪一類型發展之特性，善用格局的優劣，調整做事的方針，則成功的機會就會大大提升。

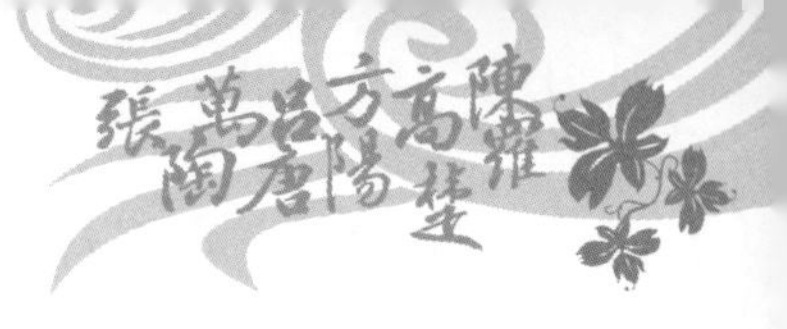


範例二：實際改名程序

**女：農曆71年2月9日午時（姓氏：陳）、（生肖：狗）**

一、姓氏若不能更改，只能當作參考，各姓氏喜忌請查（第六章第一節）十二生肖（姓氏）的喜忌字庫。

二、請查（第八章第二節）各姓氏最佳筆劃組合一覽表，此章節已選出熊崎氏八十一數理姓名學筆劃數人格、地格、總格、外格之吉數來命名。

三、請查（第七章）十二生肖（流年）的喜忌字庫，搭配所屬生肖的喜忌用字來命名，再配合（第八章第一節）姓名學單字釋義真傳文字的意義。

四、改名必須要有改名疏文，請查（第八章第四節）開運改名上表疏文。

五、最後命名完成，請查（第四章）各種格局（型局）派姓名學，看本身是屬於哪一類型發展之特性，善用格局的優劣，調整做事的方針，則成功的機會就會大大提升。

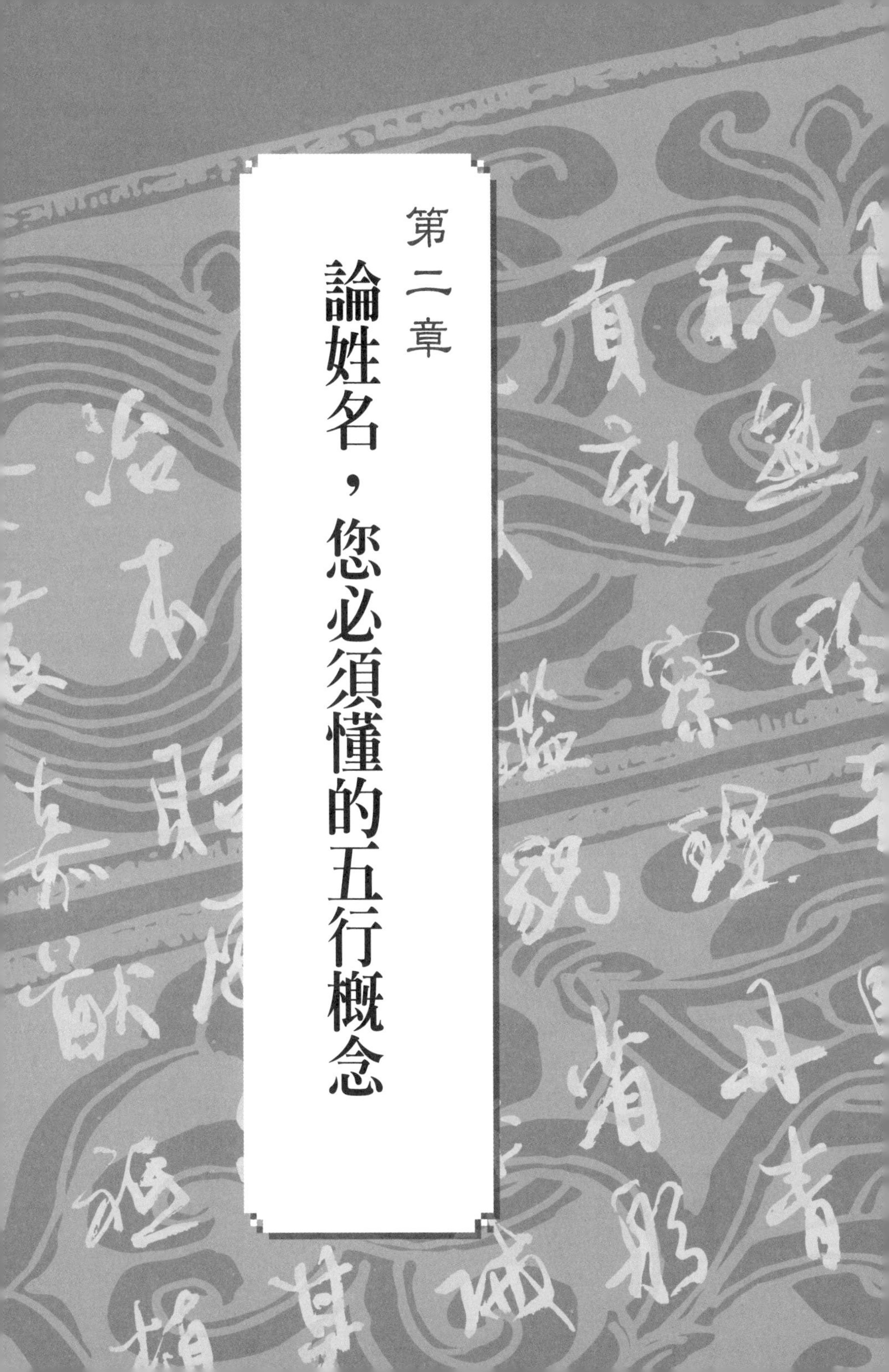

第二章

# 論姓名，您必須懂的五行概念

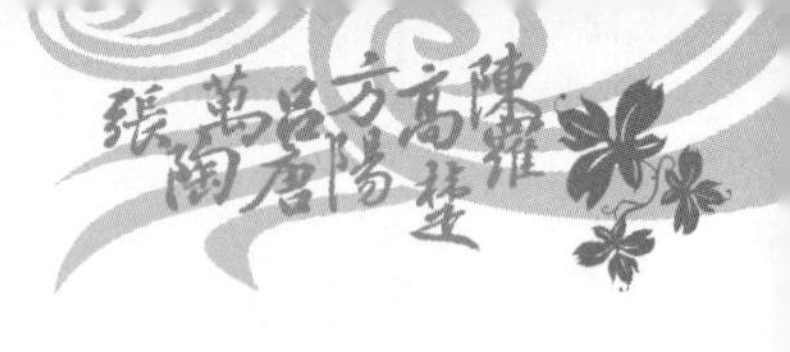


「天干、地支，簡稱干支，只是在運算磁氣強弱的代名詞吧！」「五行——易經給磁氣所取的名字，叫：木、火、土、金、水。再分為陰陽兩類，所以共有10種不同的磁場。」

易經八字是非常有科學邏輯觀的！近代有名的科學家牛頓提出了「萬有引力」的學說，而促進了改變所有物理學、動力學的發展，而「萬有引力」就是證實了「磁場的存在」，是存在於萬物之中，當然遠至宇宙、太陽系、地球與月亮，而至地球上的每一草、一木、一石……最重要的是，磁場也存在於「每一個人」之中。（人是帶有磁場、磁性的！）

易經五行，所表示的就是這種「磁場」所帶有不同的「磁性」，共有木、火、土、金、水，再分為陰陽，所以共有10種不同的磁性。而給他們的名稱就是：甲木、乙木、丙火、丁火、戊土、己土、庚金、辛金、壬水、癸水。而每個人都有不同的「元神」，當然不同的元神就會帶有不同的「磁性」了！而不同的磁性會產生各種「相生、相斥、相剋」的現象，於是乎由人與人之間，或人與物之間，或人與所處的地方之間，甚至人與時間的變化之間……其磁性間的各種相生或相斥。

# 第一節　天干地支五行的基本常識

## 1、五行的介紹

五行就是木、火、土、金、水、以下就是五行間的相互生剋關係。

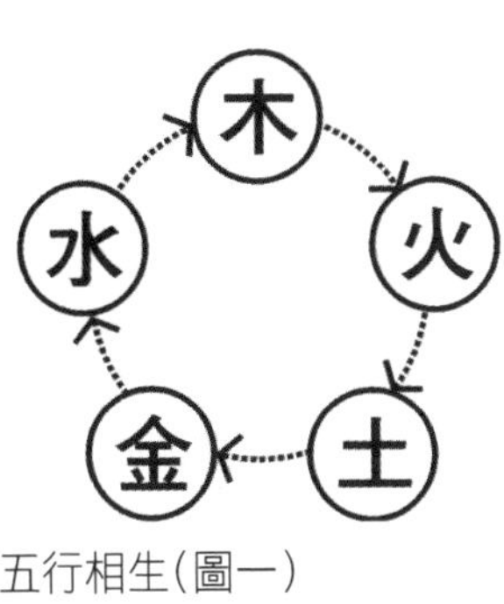


五行相生(圖一)
木生火、火生土、土生金、
金生水、水生木

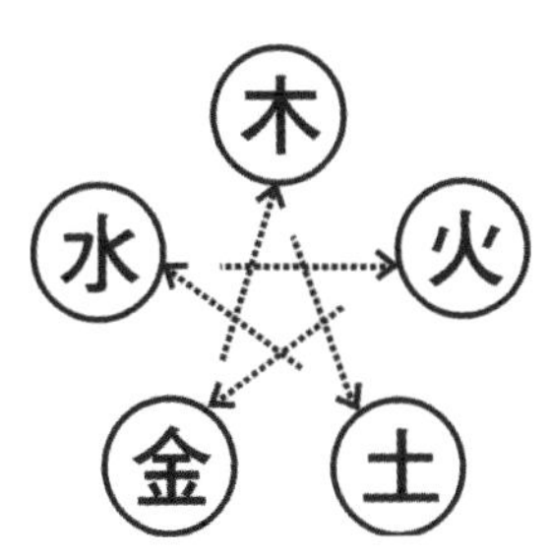

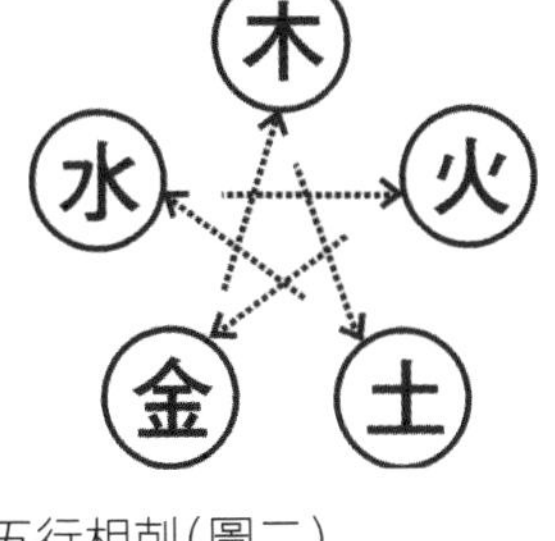

五行相剋(圖二)
木剋土、土剋水、水剋火、
火剋金、金剋木

**五行相生（如圖一）：**

木生火：木為火之本源，鑽木取火為意，故木能生火。

火生土：火燃燒之後化成灰，灰塵積於土地，故火能生土。

土生金：土中經篩選之後化為金石，故土能生金。

金生水：金雖為硬物，但經過高溫熔化之後化為液體，故金能生水。

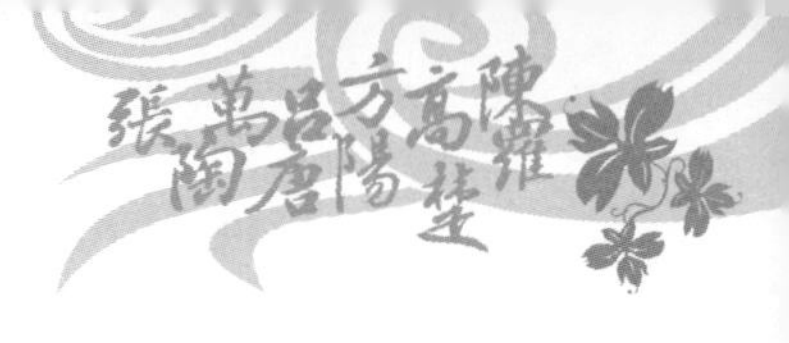

水生木：水為灌溉之源，木有了滋潤方能成長，故水能生木。

**五行相剋（如圖二）：**

木剋土：樹木植入土中，吸取來自土中養分，故木能剋土。

土剋水：所謂「兵來將擋，水來土淹」，土可淹沒水之溢散，故土能剋水。

水剋火：火炎炙熱，遇水調候，火便熄滅故水能剋火。

火剋金：金雖為硬物，但經過高溫熔化之後化為液體，故火能剋金。

金剋木：大斧、小刀可以砍伐大樹、小草，亦能雕刻成品，故金能剋木。

## 2、五行所屬

| 五行＼屬性 | 五位 | 天干 | 五色 | 五味 | 五液 | 五常 | 五臟 | 五態 | 季節 | 月份 |
|---|---|---|---|---|---|---|---|---|---|---|
| 木 | 東方 | 甲乙 | 青 | 酸 | 淚 | 仁 | 肝 | 臊 | 春 | 1～3 |
| 火 | 南方 | 丙丁 | 紅 | 苦 | 汗 | 禮 | 心 | 焦 | 夏 | 4～6 |
| 土 | 中央 | 戊己 | 黃 | 甘 | 涎 | 信 | 脾 | 香 | 四季 | 四季 |
| 金 | 西方 | 庚辛 | 白 | 辛 | 涕 | 義 | 肺 | 腥 | 秋 | 7～9 |
| 水 | 北方 | 壬癸 | 黑 | 鹹 | 唾 | 智 | 腎 | 腐 | 冬 | 10～12 |

## 3、天干、地支介紹

天干：甲、乙、丙、丁、戊、己、庚、辛、壬、癸。

甲、丙、戊、庚、壬，屬陽。

乙、丁、己、辛、癸，屬陰。

### 天干與身體各方面的關係代表

| 天干 | 甲 | 乙 | 丙 | 丁 | 戊 | 己 | 庚 | 辛 | 壬 | 癸 |
|---|---|---|---|---|---|---|---|---|---|---|
| 臟腑 | 膽 | 肝 | 小腸 | 心臟 | 胃 | 脾 | 大腸 | 肺 | 膀胱 | 腎 |
| 身體 | 頭 | 頸 | 肩 | 心 | 脅 | 腹 | 臍 | 股 | 脛 | 足 |

地支：子、丑、寅、卯、辰、巳、午、未、申、酉、戌、亥。

### 地支與生肖、月份、陰陽、五行之關係

| 地支 | 子 | 丑 | 寅 | 卯 | 辰 | 巳 | 午 | 未 | 申 | 酉 | 戌 | 亥 |
|---|---|---|---|---|---|---|---|---|---|---|---|---|
| 生肖 | 鼠 | 牛 | 虎 | 兔 | 龍 | 蛇 | 馬 | 羊 | 猴 | 雞 | 狗 | 豬 |
| 月份 | 11月 | 12月 | 1月 | 2月 | 3月 | 4月 | 5月 | 6月 | 7月 | 8月 | 9月 | 10月 |
| 五行 | 水 | 水藏土 | 木 | 木 | 木藏土 | 火 | 火 | 火藏土 | 金 | 金 | 金藏土 | 水 |
| 陰陽 | 陽 | 陰 | 陽 | 陰 | 陽 | 陰 | 陽 | 陰 | 陽 | 陰 | 陽 | 陰 |

## 地支與時辰之關係

| 時支 | 時辰 |
|---|---|
| 晚子 | 23：00～00：00 |
| 早子 | 00：00～01：00 |
| 丑時 | 01：00～03：00 |
| 寅時 | 03：00～05：00 |
| 卯時 | 05：00～07：00 |
| 辰時 | 07：00～09：00 |
| 巳時 | 09：00～11：00 |
| 午時 | 11：00～13：00 |
| 未時 | 13：00～15：00 |
| 申時 | 15：00～17：00 |
| 酉時 | 17：00～19：00 |
| 戌時 | 19：00～21：00 |
| 亥時 | 21：00～23：00 |

## 4、生年天干地支換算法

天干換算法：民國出生年之個位數減2，其「餘數」就是年天干。

| 天干 | 甲 | 乙 | 丙 | 丁 | 戊 | 己 | 庚 | 辛 | 壬 | 癸 |
|---|---|---|---|---|---|---|---|---|---|---|
| 餘數 | 1 | 2 | 3 | 4 | 5 | 6 | 7 | 8 | 9 | 0 |

地支換算法：民國出生年除以12，其「餘數」就是年地支：

| 地支 | 子 | 丑 | 寅 | 卯 | 辰 | 巳 | 午 | 未 | 申 | 酉 | 戌 | 亥 |
|---|---|---|---|---|---|---|---|---|---|---|---|---|
| 餘數 | 1 | 2 | 3 | 4 | 5 | 6 | 7 | 8 | 9 | 10 | 11 | 0 |

例如：民國97年出生的人

天干求法：97－2＝5戊（依排序：1甲、2乙、3丙、4丁、5戊、6己、7庚、8辛、9壬、0癸），故得知天干為「戊」。

地支求法：97÷12＝8「餘數」為1（依排序：1子、2丑、3寅、4卯、5辰、6巳、7午、8未、9申、10酉、11戌、0亥），故得知地支為「子」。

所以民國97年柱則為「戊子」年。

例如：民國58年出生的人

天干求法：58－2＝6己（依排序：1甲、2乙、3丙、4丁、5戊、6己、7庚、8辛、9壬、0癸），故得知天干為「己」。

地支求法：58÷12＝4「餘數」為10（依排序：1子、2丑、3寅、4卯、5辰、6巳、7午、8未、9申、10酉、11戌、0亥），故得知地支為「酉」。

所以民國58年柱則為「己酉」年。

# 第二節　地支的刑、沖、會、合、害、破

## 地支相刑

姓名與生肖呈現刑剋的關係時，在未來運勢是要（扣75分）：

**◎無禮之刑：**

子卯相刑。乃因子水為卯木之母（子水暗藏癸水，卯木暗藏乙木，癸水生乙木為印代表母親），母子相刑則無禮也。

**◎無恩之刑：**

丑戌未相刑。乃因丑戌未五行皆屬土（丑土暗藏己土，戌土暗藏戊土，未土暗藏己土），兄弟手足相刑則無恩也。

**◎恃勢之刑：**

寅巳申相刑。乃因寅巳申都是五行長生之地（火在寅起長生，金在巳起長生，水在申起長生），是為恃強而刑也。

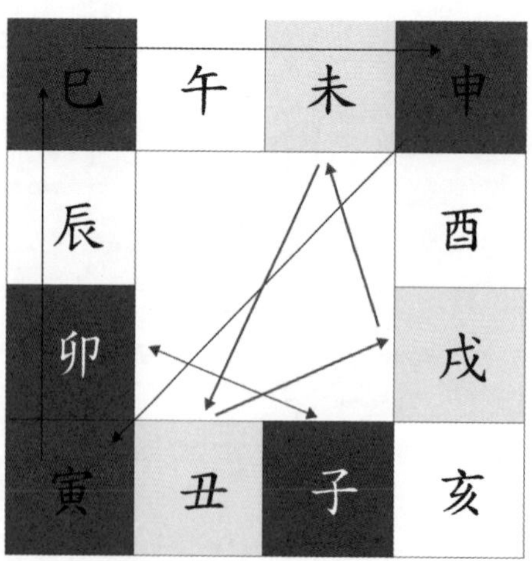

◎**自刑：**

辰刑辰、午刑午、酉刑酉、亥刑亥。

## 地支六沖

姓名與生肖呈現相沖的關係時，在未來運勢是要（扣80分）：

子午沖（水剋火、陰沖陰）藏干為癸水與丁火。

丑未沖（皆暗藏己土、陰沖陰）。

寅申沖（金剋木、陽沖陽）。

卯酉沖（金剋木、陰沖陰）。

辰戌沖（皆暗藏戊土、陽沖陽）。

巳亥沖（水剋火、陽沖陽）藏干為丙火與壬水。

生肖與姓名六沖，造成的破壞性最大。

以上六沖陰陽皆以八字地支暗藏論之如下表：

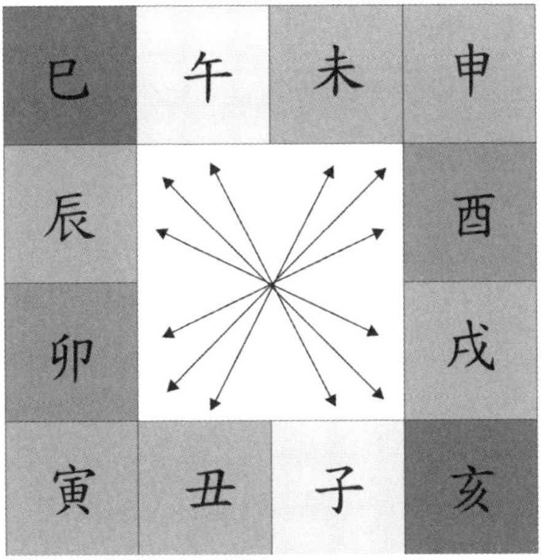

| 巳 | 午 | 未 | 申 |
|---|---|---|---|
| 辰 | | | 酉 |
| 卯 | | | 戌 |
| 寅 | 丑 | 子 | 亥 |

| 地支 | 藏干 |
|---|---|
| 子 | 癸 |
| 丑 | 己癸辛 |
| 寅 | 甲丙戊 |
| 卯 | 乙 |
| 辰 | 戊乙癸 |
| 巳 | 丙戊庚 |
| 午 | 丁己 |
| 未 | 己丁乙 |
| 申 | 庚壬戊 |
| 酉 | 辛 |
| 戌 | 戊辛丁 |
| 亥 | 壬甲 |

## 地支三會

姓名與生肖呈現三會的關係時，在未來運勢是要（加90分）：

寅卯辰會東方木
巳午未會南方火
申酉戌會西方金
亥子丑會北方水

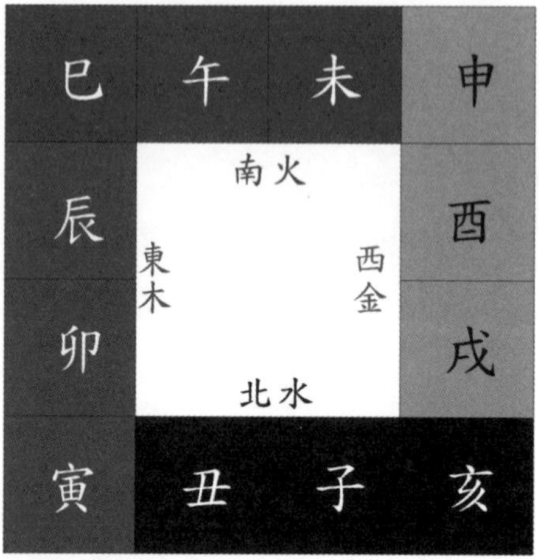

| | | | |
|---|---|---|---|
| 巳 | 午 | 未 | 申 |
| 辰 | 南火 | | 酉 |
| 卯 | 東木 | 西金 | 戌 |
| 寅 | 丑 | 子 | 亥 |

北水

十二地支分成四個方位，取其相會方形成強大的力量。若三個地支俱全，則其力量大過三合局，倘若只見兩個地支，以生肖姓名學的角度來論，還是有加分的效果。

## 地支三合

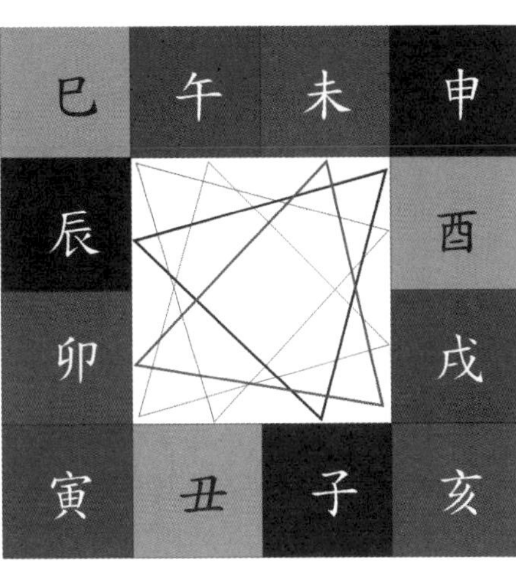


姓名與生肖呈現三合的關係時，在未來運勢是要（加90分）：

申子辰合成水局：長生在申、帝旺在子、墓庫在辰

巳酉丑合成金局：長生在巳、帝旺在酉、墓庫在丑

寅午戌合成火局：長生在寅、帝旺在午、墓庫在戌

亥卯未合成木局：長生在亥、帝旺在卯、墓庫在未

三合局的組合甚多，有三合、半三合、拱合，不管任何組合，都是好的現象：

三合：申子辰、巳酉丑、寅午戌、亥卯未。

半三合：申子、子辰、巳酉、酉丑、寅午、午戌、亥卯、卯未。

拱合：申辰、巳丑、寅戌、亥未。

## 地支六合

姓名與生肖呈現六合的關係時，在未來運勢是要（加80分）：

子丑合化成土
寅亥合化成木
卯戌合化成火
辰酉合化成金
申巳合化成水
午未合化成火

六合的力量與半三合力量相當，對於本命都有加分的效果。

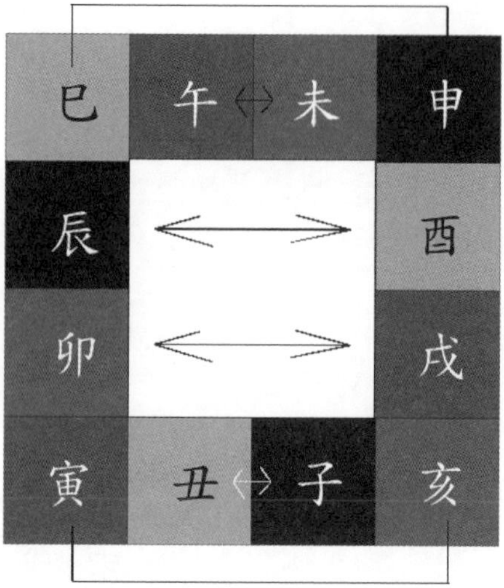

| 巳 | 午 ↔ | 未 | 申 |
|---|---|---|---|
| 辰 | ⟵ | ⟶ | 酉 |
| 卯 | ⟵ | ⟶ | 戌 |
| 寅 | 丑 ↔ | 子 | 亥 |

## 地支六害（亦稱六穿）

姓名與生肖呈現六害的關係時，在未來運勢是要（扣75分）：

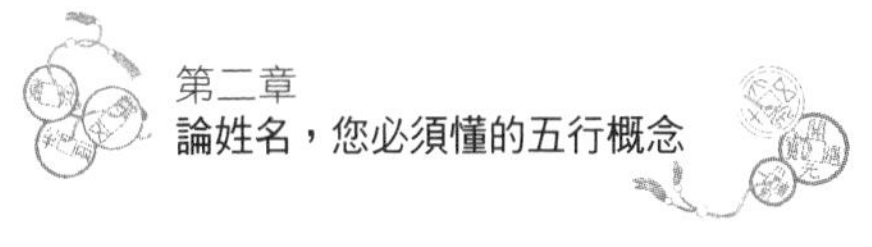


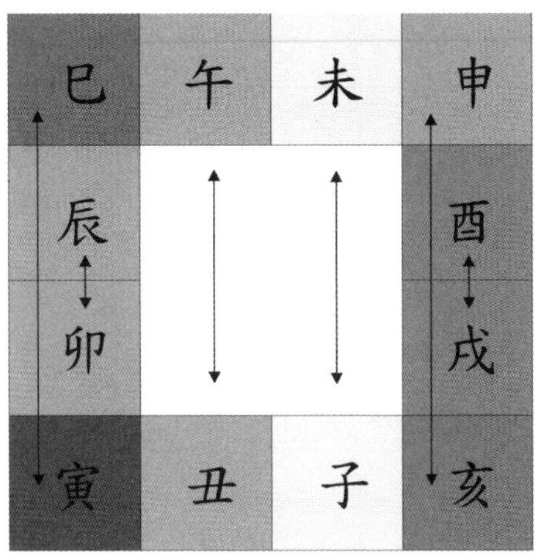


| 地支六害 | 六害歌訣 |
| --- | --- |
| 子未害（鼠羊） | 羊鼠相逢一旦休 |
| 丑午害（牛馬） | 從來白馬怕青牛 |
| 寅巳害（虎蛇） | 蛇遇猛虎如刀戮 |
| 卯辰害（兔龍） | 玉兔見龍雲裡去 |
| 申亥害（猴豬） | 豬見猿猴似箭投 |
| 酉戌害（雞狗） | 金雞遇犬淚雙流 |

一般代表分離、變卦、聚少離多、不利六親，遠比刑沖之力量還輕，儘管如此還是不宜多見。

## 地支六破

姓名與生肖呈現六破的關係時，在未來運勢是要（扣70分）：

子酉破
丑辰破
寅亥破
卯午破
巳申破
戌未破

光看字義就知道，美好的事物遭到破壞，故不宜用之。

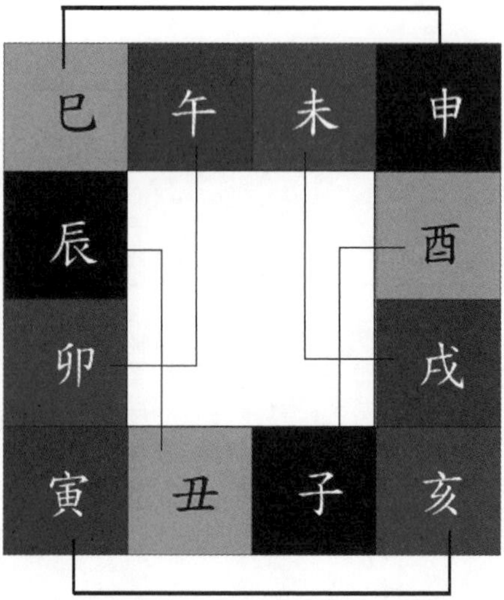

| 巳 | 午 | 未 | 申 |
|---|---|---|---|
| 辰 | | | 酉 |
| 卯 | | | 戌 |
| 寅 | 丑 | 子 | 亥 |

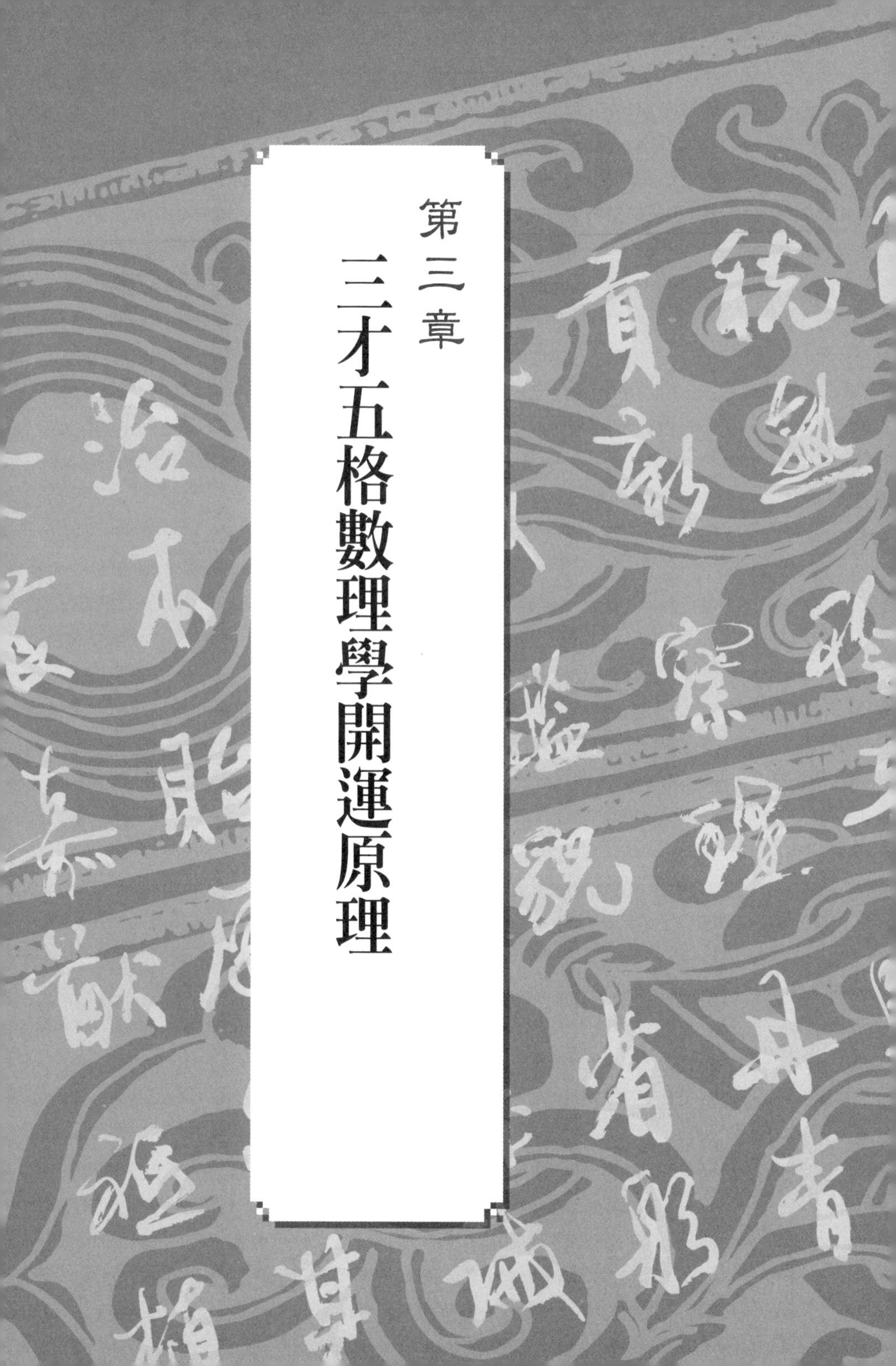

# 第三章
# 三才五格數理學開運原理

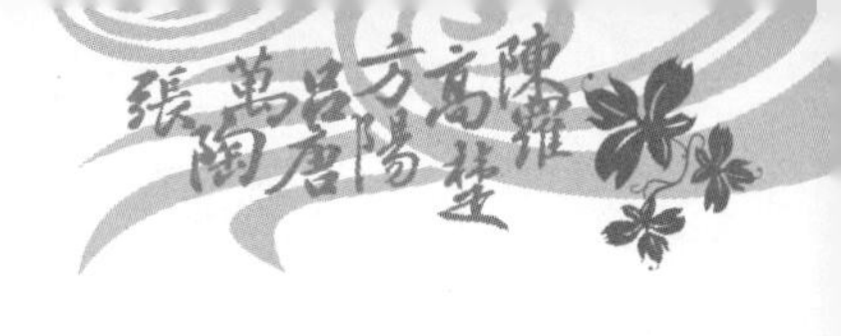

三才指的是天格、人格、地格；五格指的是三才加上外格、總格。各有其代表的六親關係及思想行為：

天格：代表長輩、上司、父母、丈夫、思想。主一～十二歲運勢，又稱「先天運」。

地格：代表家庭、子女、妻子、晚輩、部屬。主十三～二十四歲運勢，又稱「基礎運」。

人格：代表自己、包括健康、命運、六親關係。主二十五～三十六歲運勢，又稱「主運」或「成功運」。

外格：代表社交、外緣、丈夫、妻子、情侶、遷移、同儕、兄弟姐妹、同學、朋友、夥伴。主三十七～四十八歲運勢，又稱「中年運」。

總格：代表一生運勢、老年時期、行為表現、環境考驗。主四十九～六十歲運勢，又稱「晚年運」或「總運」。

六十歲過後，同樣依照天格、地格、人格的順序，每格主掌人生運勢十二年。

三才五格之論斷，以人格為主，代表自己，分別與天格、地格、外格、總格形成生我、同我、我生、我剋、剋我的生剋關係，而產生吉凶。

台灣光復初期，日本有一位叫熊崎健翁的學者，研究出一套關於姓名學的命名方式，經由日籍台灣留學生白惠文經熊崎氏的同意，翻譯成漢文，而傳回台灣。到如今好幾十年以來，命名的方式雖然很多，包括補八字派、天運五行派、形家派、格局派、九宮派、生肖派……等，不管姓名學派如何演繹，熊崎氏八十一劃數姓名學，在時下還是一直受到重視，而廣為運用。

三才五格喜忌都會配合熊崎氏八十一劃數姓名學。三才五格配置得宜，劃數為吉祥之數，則優必加倍；反之三才配合錯置，劃數為凶厄之數，則更具凶象。

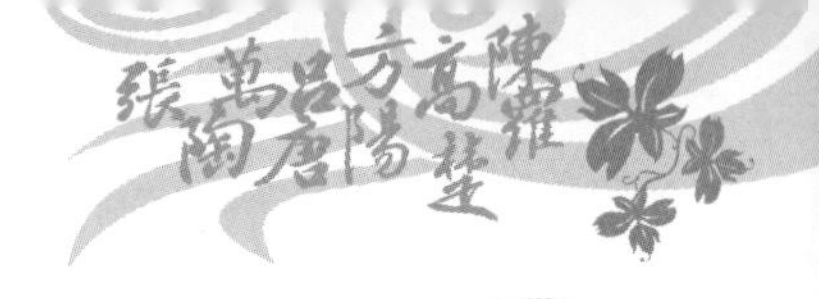

# 第一節　筆劃數姓名學五行之定論

數理就是筆劃數，從1～10每個數字都有屬於自己本身的五行，所以劃數的配合就會有生剋關係與吉凶。每一個數字也都代表著能力、疾病、天賦、個性、陰陽五行……等。以及由數字來得知其人的基本個性。

論命除了斷其一生際遇，人生的吉凶禍福之外，另一項重點就是個性推論。以八字為例：木火多，主性情急躁；金水多，主風流多情；火土多，主固執重信。故理論上由姓名中「人格」的劃數，就能約略知道其人的大概個性，但是影響個性的關鍵，尚有家庭、環境、長輩、同儕、風水、個人修養、兄弟姐妹……等而產生變化，故在論斷時，還是需要以「三才五格」配合論斷，才能更增加其準確性。

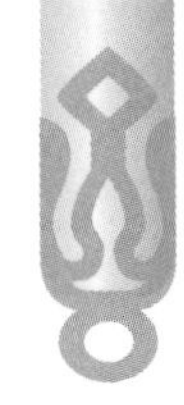

◎**劃數陰陽五行所屬**

| 五行 | 個位筆劃數 | 陰陽 |
|---|---|---|
| 木 | 2 12 22 32 42 52 62 72 | 陰 |
| | 1 11 21 31 41 51 61 71 | 陽 |
| 火 | 4 14 24 34 44 54 64 74 | 陰 |
| | 3 13 23 33 43 53 63 73 | 陽 |

| 土 | | 水 | | 金 | |
|---|---|---|---|---|---|
| 陰 | 陽 | 陰 | 陽 | 陰 | 陽 |
| 6 | 5 | 10 | 9 | 8 | 7 |
| 16 | 15 | 20 | 19 | 18 | 17 |
| 26 | 25 | 30 | 29 | 28 | 27 |
| 36 | 35 | 40 | 39 | 38 | 37 |
| 46 | 45 | 50 | 49 | 48 | 47 |
| 56 | 55 | 60 | 59 | 58 | 57 |
| 66 | 65 | 70 | 69 | 68 | 67 |
| 76 | 75 | 80 | 79 | 78 | 77 |

舉凡五行相生，「木→火→土→金→水」；五行相剋，「木→土→水→火→金」。陽陽、陰陰之剋為剛烈躁進，無情無義之性；陰陽、陽陰之剋為溫和有情，柔弱相濟之性。如11尾數是1屬陽木，15尾數是5屬陽土，木剋土，為陽陽之剋，則土必受到傷害，消化系統就要注意保養。又如：11尾數是1屬陽木，16尾數是6屬陰土，木剋土，為陽陰之剋，一、六共宗水，合生成之數，為剋而有情，雖然消化系統毛病也有，不過都屬輕微病症，自然會迎刃而解。

## ◎三才五格姓名筆劃之算法

### 一、天格數算法：

1、單姓者：姓氏劃數加上假一，就是天格數。如「黃義傑」，姓氏「黃」為12劃加上1，得「天格」數為13劃。

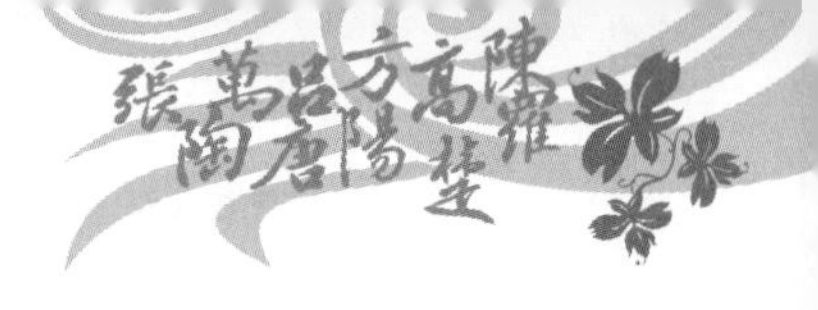

2、複姓者：姓氏兩個字的加總劃數，就是天格數。如「歐陽菲菲」，「歐」為15劃，加上「陽」為17劃，得「天格」數為32劃。

3、冠夫姓：姓氏兩個字的加總劃數，就是天格數。如「林李金雲」，「林」為8劃，加上「李」為7劃，得「天格」數為15劃。其運算方式不管是雙姓單名或雙姓名，其天、人、地、外、總格算法，皆與複姓名相同，故以下就不做論述。

**二、人格數算法：**

1、單姓者：姓氏劃數與名字第一字相加，就是人格數。如「黃義傑」，姓氏「黃」為12劃加上名字第一字「義」為13劃，得「人格」數為25劃。

2、複姓者：複姓第二字劃數與名字第一字相加，就是人格數。如「歐陽菲非」，「陽」為17劃，加上「菲」為14劃，得「人格」數為31劃。

**三、地格數算法：**

1、單姓者：名字兩字劃數相加，就是地格數。如「黃義傑」，「義」13劃加上「傑」12劃，得「人格」數為25劃。

2、單姓單名：名字劃數加上假一，就是地格數。如「陳冰」，「冰」為6劃加上1，得「地格」數為7劃。

3、複姓者：名字兩字劃數相加，就是地格數。如「歐陽菲菲」，「菲」為14劃，加上「菲」為14劃，得「地格」數為28劃。

4、複姓單名：名字劃數加上假一，就是地格數。如「歐陽吉」，「吉」為6劃加上1，得「地格」數為7劃。

**四、外格數算法：**

1、單姓者：名字尾字劃數加上假一，就是外格數。如「黃義傑」，「傑」12劃加上1，得「外格」數為13劃。

2、單姓單名：上下皆空，劃數各為假一相加，就是外格數。如「陳冰」，得「外格」數為2劃。只要是單姓單名，「外格數」均為2劃，這是不變的定理。

3、複姓者：姓氏第一個字與名字尾字相加，就是外格數。如「歐陽菲菲」，「歐」為15劃，加上「菲」為14劃，得「外格」數為29劃。

4、複姓單名：姓氏第一個字加上假一，就是外格數。如「歐陽吉」，「歐」為15劃加上1，得「外格」數為16劃。

**五、總格算法：**

總格算法最為一致，無論單姓者、單姓單名、複姓者、複姓單名，都是將姓名全部劃

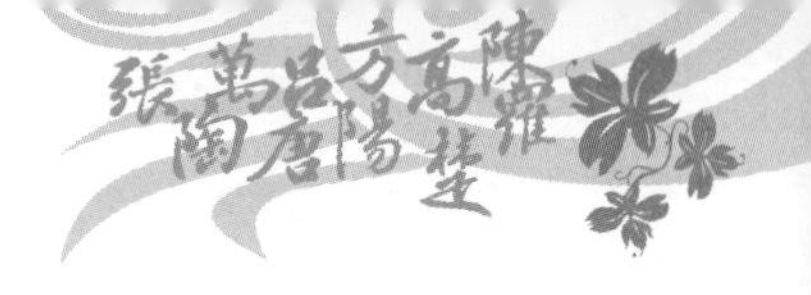


數相加，就是總格數。如「黃義傑」12＋13＋12得「總格」數37劃；「陳冰」16＋6得「總格」數22劃；「歐陽菲菲」15＋17＋14＋14得「總格」數60劃；「歐陽吉」15＋17＋6得「總格」數38劃。

・單姓複名者算法

1
黃 12
義 13
傑 12

天格13（火）
人格25（土）
地格25（土）
13外格（火）

總格37（金）

・單姓單名者算法

1
陳 16
冰 06
1 01

天格17（金）
人格22（木）
地格07（金）
02外格（木）

總格22（木）

・複姓複名者算法

| | | |
|---|---|---|
| | 歐 15 | 天格32（木） |
| 29外格（水） | 陽 17 | 人格31（木） |
| | 菲 14 | 地格28（金） |
| | 菲 14 | |

總格60（水）

・複姓單名者算法

| | | |
|---|---|---|
| | 歐 15 | 天格32（木） |
| 16外格（土） | 陽 17 | 人格38（金） |
| | 吉 6 | 地格7（金） |
| | 1 01 | |

總格38（金）

## ◎五行疾病論

疾病推論是以「人格」與「地格」的五行及劃數吉凶，與「天格」、「外格」、「總格」所產生的刑剋而論。下表為五行疾病部位。

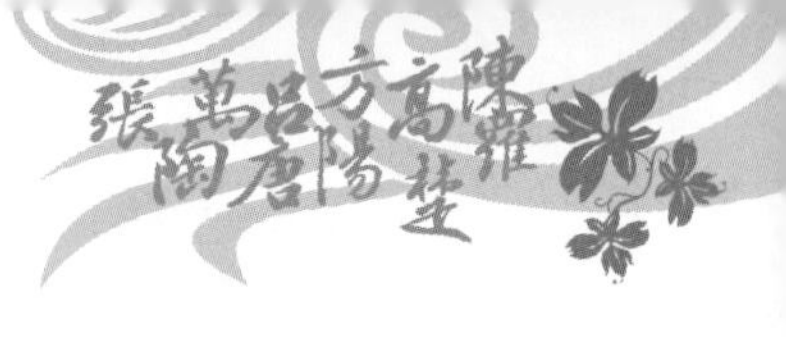


五行疾病論斷法

| 五行 | 疾病 |
|---|---|
| 木 | 免疫系統、容易疲勞、肝膽、四肢無力、左癱右瘓、口乾舌燥。 |
| 火 | 循環系統、心臟血管、血壓、眼睛、小腸、傷寒、心律不整。 |
| 土 | 消化系統、脾胃、腹脅、糖尿病、虛黃瘟疢。 |
| 金 | 呼吸系統、肺、大腸、筋骨酸痛、牙齒、氣管炎、容易感冒、便秘。 |
| 水 | 泌尿系統、腎臟、膀胱、腰酸、子宮、卵巢、遺精白濁。 |

## ◎姓名「人格」劃數與個性

1 屬陽木：個性溫和真誠，善於組織計畫，主其人有擔當，坦白大方，有毅力與向上之心。但通常好面子，自尊心頗強。

2 屬陰木：個性溫和仁慈，包容性特強，有耐心有毅力，善謀略行事穩健。但通常不善表達，有時過於憂鬱而寡歡。

3 屬陽火：個性陽光率直，樂觀主動有進取心，行事積極有活力。但通常由於心直口快而容易得罪人，過於主觀，屬於大而化之型。

4 屬陰火：個性溫和禮貌，樂觀進取，善解人意。但通常耐心不足，時有鬱鬱寡歡之象，具有藝術特質。

5屬陽土：喜好交友，重情重義，興趣廣泛，聰明活潑好動。但通常容易交到損友。

6屬陰土：個性樂觀自信，善溝通包容性強，謙和有禮，平易近人。但通常容易想太多，而錯失良機。

7屬陽金：精明能幹，活潑開朗，勇敢有魄力，積極有理想。但幫助他人要量力而為，切勿常常利人而損己。

8屬陰金：剛毅果決，穩健踏實，善於文學藝術，為人擇善固執。但做人講義氣，一定要有原則，不能是非不分。

9屬陽水：聰明活潑，熱心慷慨，好交友不拘小節，喜歡幫助人。但通常太重面子，喜怒分明。

0屬陰水：聰明文靜，隨和內斂，行事周延，善於謀略。但不善於與人互動，天馬行空，異想天開。

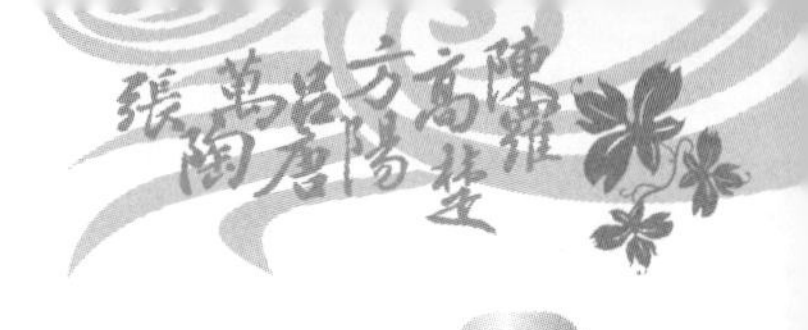


## 第二節 八十一劃數【吉】【凶】靈動解析

八十一劃數，還本歸元，週而復始，基數為一；八十二劃數基數為二；八十三劃數基數為三，以此類推。如九十五之數，扣八十之數，劃數便是十五；又一百一十之數，扣八十之數，劃數便是三十，特將劃數【吉】【凶】，分述如下：

**一劃＝【吉】**

健全發展，繁榮發達，眾人景仰，成功可望。萬物基本之大【吉】數，主健康、富貴、【吉】祥、幸福、長壽。為首之數，唯恐一般人難以承受之數。

**二劃＝【凶】**

少成多敗，成敗無常，上重下輕，搖搖欲墜。此數大抵家門不興，體衰身弱，平常要多加運動養身，否則時有疾病之狀，蓋因抵抗力太差所引起。

**三劃＝【吉】**

長上有援，貴人多助，天賜厚祿，名揚四方。權威名望之數，善於領導，才德兼備，可蔭助家庭，夫榮子貴，欣欣向榮，工作順暢，家門和樂。

**四劃＝【凶】**

烏雲密佈，家門不興，要得契機，唯有恆心。此為【凶】厄短命之數，主美貌風流，易有桃花不名譽之情事，且為孤獨、病弱、敗家、破滅之數。

**五劃＝【吉】**

陰陽交泰，完璧和合，駿業隆昌，家門興旺。縱使生於貧困之家，也能振業興家，主性情溫和，受人仰望，孝順父母，順從丈夫，唯男人恐有雙妻之象。

**六劃＝【吉】**

福至天降，歡喜臨門，積極奮發，宏業日榮。與五劃數有異曲同工之妙，能振業興家，主性情溫和，受人仰望，孝順父母，順從丈夫，唯男人恐有雙妻之象。

**七劃＝【吉】**

精神充沛，聰明黠慧，樂觀進取，奮力成功。外表剛強，內心柔弱之數，積極奮發向上，排除萬難，終有所成。尾數7、8屬金劃數多者，容易有意外之傷害。

**八劃＝【吉】**

努力不懈，貫徹矢志，誠信踏實，偉業可成。與七劃數有異曲同工之妙，外表剛強，

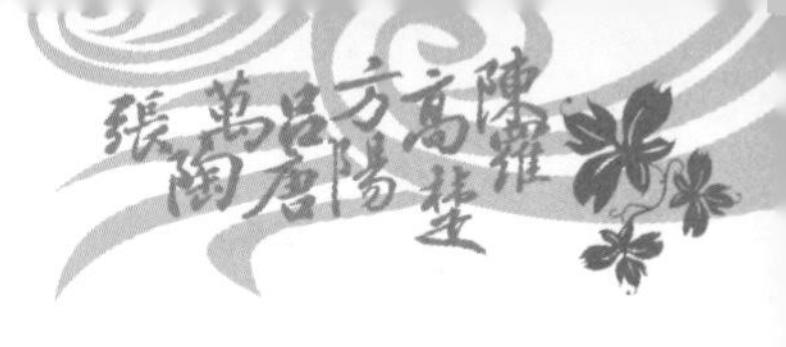

內心柔弱之數，積極奮發向上，排除萬難，終有所成。尾數7、8屬金劃數多者，容易有意外之傷害。

**九劃＝【凶】**

才能顯現，有命無運，貴人無助，事業不展。此劃數盡量避免用之，尤其在人格、地格、總格。主短命、體弱、敗家、喪偶、晚婚、意外血光頻傳。

**十劃＝【凶】**

行運不展，身心交瘁，時運不濟，徒勞無功。極【凶】厄之數宜慎用之，主家道中落、病弱、孤獨、晚婚、喪偶、受謗、生離死別、意外血光之數。

**十一劃＝【吉】**

久旱甘霖，欣欣向榮，積極精進，德孚眾望。此數多主性情溫和有禮，有權威與名望，蔭祖旺家，唯此數許多都是螟蛉過繼或是招婿之人。

**十二劃＝【凶】**

意志消沉，孤立無援，常遭挫敗，徒勞奔波。此數不【吉】之論，主擁有美貌，但心性煩躁，易有桃花之劫，罹癌機率甚高，孤獨、抵抗力差、晚婚敗家之數。

十三劃＝【吉】

衣祿豐足，才智兼備，思慮周詳，成功展望。此數之人大都有藝術天分之才，富創造力，擁有一技之長，唯此數許多都是螟蛉過繼或是招婿之人。

十四劃＝【凶】

難辨是非，多敗少成，意志薄弱，勞苦奔波。極【凶】厄之數宜慎用之，主擁有美貌兼藝術氣息，風流成性，但心性煩躁，易有桃花之劫，內剛外柔，敗家孤獨，體弱多病之數。

十五劃＝【吉】

為人謙和，虛懷若谷，人緣頗佳，門庭興隆。主性情溫和有禮，有權威與名望，蔭祖旺家，財富之數，易受人憐愛。唯生性風流，恐有雙妻之兆。

十六劃＝【吉】

德孚眾望，偉業有成，清雅富貴，威名四方。與十五劃數有異曲同工之妙，主性情溫和有禮，有權威與名望，蔭祖旺家，財富之數。唯生性風流，恐有雙妻之兆，此數並帶有首領之象。

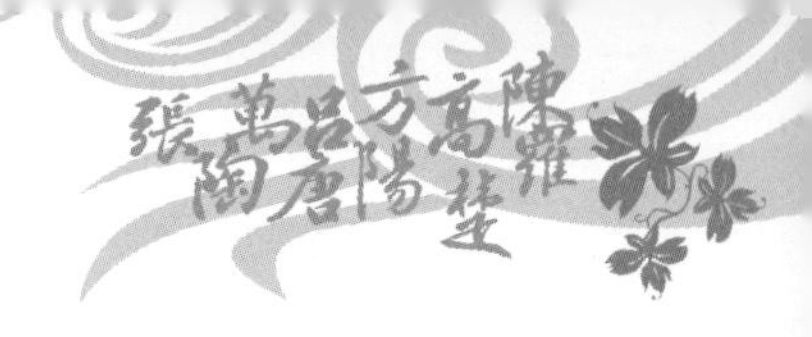


十七劃＝【吉】

長上有援，貴人多助，務實事業，成功有望。此劃數有過於剛強之應，主晚婚、風流好色、喪偶、意外之災。但只要心存善念，溫文有禮，修身養性，則福祿綿長多壽。

十八劃＝【吉】

經商得利，誠信務實，把握良機，得償心願。此劃數為剛強之數，主權威有名望，凡事要以德服人，兼具包容，方能功成名就，福祿自得。唯尾數7、8屬金劃數多者，容易有意外之傷害。

十九劃＝【凶】

事業早成，驟起驟落，人事不和，挫敗失意。極【凶】厄之數宜慎用之，主短命、敗家、體弱、喪偶、意外血光、生離死別，夫妻難白頭偕老。

二十劃＝【凶】

心志遠大，時運不濟，多災多難，難成大業。極【凶】厄之數宜慎用之，主短命、敗家、自殺傾向、體弱、意外血光、生離死別、喪偶，破壞本身運勢，前程多阻。

二十一劃＝【吉】

辛勤耕耘，苦盡甘來，事業向榮，家道興隆。兼備智仁勇三達德，富貴首領之數，古時女命不宜，現今男女平等，女人獨當一面，比比皆是，此數也有夫妻難白頭之象。

二十二劃＝【凶】

四季不平，起落無常，困難重阻，險惡災臨。此數多為美貌之數，慎防情色之災，行事我行我素，晚婚、敗家、孤獨。高不成，低不就，家業難興。

二十三劃＝【吉】

朝陽東昇，名揚四海，職掌重權，事成功就。兼備智仁勇三達德，富貴首領之數，古時女命不宜，現今男女平等，女人獨當一面，比比皆是，夫妻重視彼此相處之道，自然能夠和諧共室。

二十四劃＝【吉】

溫和平順，和樂喜悅，駿業騰達，前程似錦。此數為財富豐盈，性情溫和，振興家業之【吉】數。不過會有風流之韻事，桃花事件迭起，一定要小心處理。

二十五劃＝【吉】

天時得宜，地利有之，人和若兼，宏業祥亨。此劃數天時地利得宜，最欠人和，所以

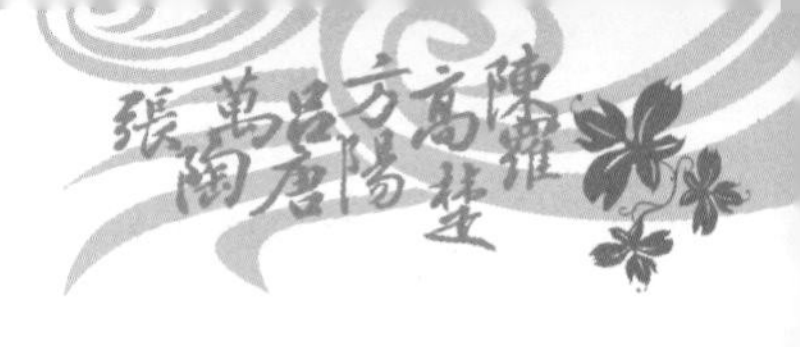


在人際關係上，一定要更加強，如此不但人緣佳，而且易惹人疼愛及憐惜。

二十六劃＝【凶】帶【吉】

【吉】【凶】參半，變化無常，有始有終，成功有望。具有藝術氣息，風流好色之數，男女關係要小心經營，況且此數家業不興，而且夫妻關係難齊眉。

二十七劃＝【吉】帶【凶】

謹言慎行，人和為要，成敗無常，步步為營。要多修身養性，與人為善，則稍可逢【凶】化【吉】，否則此數為剛強之數，容易有自殺、喪偶、好色、意外血光、夫妻生離死別。

二十八劃＝【凶】

鬧旱成災，禍害迭起，大【凶】之數，受劫刑難。極【凶】厄之數宜慎用之，此數不祥，有晚婚、喪偶、行為失序、風流成性、刑剋遭難、夫妻生離死別之象。

二十九劃＝【吉】

智謀雙全，雄才偉略，積極奮發，幸福成功。此數具有美術、藝術之創意與領悟通識之能力，而且財富豐盈，不過夫妻之間相處要小心經營，因為有難白頭偕老之象。

三十劃＝【吉】帶【凶】

【吉】【凶】參半，大成大敗，善惡不分，浮沉難定。夫妻關係最為要，逢之此數最不祥。不論男女，逢此數夫妻難齊眉，很難白頭偕老。事業則起伏不定，成敗無常。

三十一劃＝【吉】

明辨是非，服務關懷，力行實踐，智仁勇全。有權威名望，領導能力出眾，為人謙和圓融，虛懷若谷，可提振家業，衣食豐盈，晚歲得福。

三十二劃＝【吉】

幸運常至，喜悅活潑，歡喜和順，如魚得水。此數主財產豐厚，性情溫和，主家業興盛，事成業就，但是要愛惜妻女，否則恐有雙妻之應。注意身體保健及預防意外之災，女性用之易為情所苦。

三十三劃＝【吉】

才德兼備，勇敢果決，廣結善緣，成就非凡。有權威名望，領導能力出眾，對於藝術才華，頗有通達之領悟力，而且時有意外之財，財帛豐富。

三十四劃＝【凶】

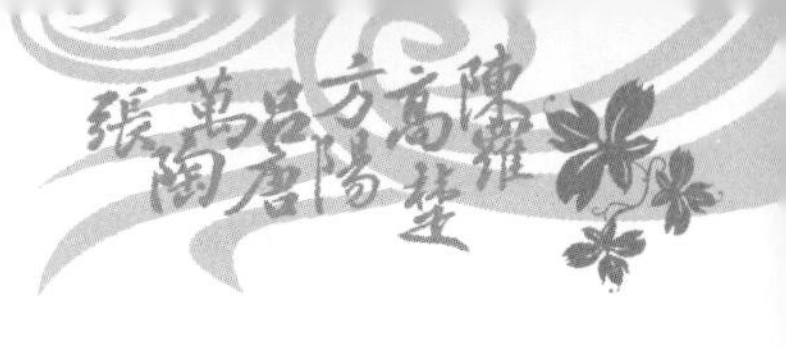

困難重阻，險難疊生，災厄臨身，哀痛破滅。極【凶】厄之數宜慎用之，屬於【凶】惡之短命數，有自殺傾向，體弱、孤獨、喪偶、晚婚、意外血光、生離死別、刑傷迫害之象，一般人忌用。

三十五劃＝【吉】

溫柔和順，【吉】祥如意，才智兼備，諸事稱意。此數女德最為良，主溫和謙善，能孝順父母，體貼丈夫，疼愛子女，且有蔭家之應。但因為理想過高，異性緣又佳，東選西揀，以致於有晚婚的現象。

三十六劃＝【凶】

波瀾險阻，浮浮沉沉，意志不堅，多招【凶】禍。此數大凡有藝術通達之領悟能力，但亦有家業難興之象，而且多主身體衰弱，體弱多病，抵抗力不佳之應。

三十七劃＝【吉】

行善積德，添福添壽，以德服人，富貴無邊。威權名望之數，一生運勢順遂，安分守己，得貴鼎助，晚歲招祥。但此數稍嫌剛強、神經過敏及有桃花之應，宜小心處理。

三十八劃＝【凶】帶【吉】

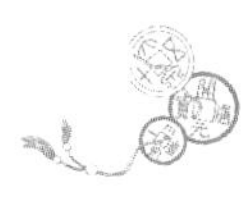

聰明穎悟，有名無利，藝能之才，恆者得之。可以藝術揚名，有始有終，貫徹一致，必有所成。理想不宜過高，好高騖遠，則萬事難成，悲觀消極，庸碌一生，此數宜女不宜男。

**三十九劃＝【吉】**

襟懷光明，欣欣向榮，廣結善緣，富貴齊全。此數古時只適用於男子，如今平等社會，男女皆可，主財帛豐富，德佑四方。平生為人謙恭有禮，樂善好施，則一切不佳之應，皆盡化為烏有。

**四十劃＝【吉】帶【凶】**

沉穩謙讓，尚可成功，心高氣傲，難成宏業。此劃數與二十、三十同論，成功運不能久長，很多因為品行不良，行為失序，好投機、欠人和，以致於終歸失敗。

**四十一劃＝【吉】**

積極奮發，實事求是，努力不懈，名利齊揚。此數主財富豐盈，財源廣進。但是男人則有雙妻或生離死別之應，且此數許多都是螟蛉過繼或是招婿之人。

**四十二劃＝【吉】帶【凶】**

十有八九，展業不成，心志合一，方有所成。此數帶有藝術方面之才華，但因為意志

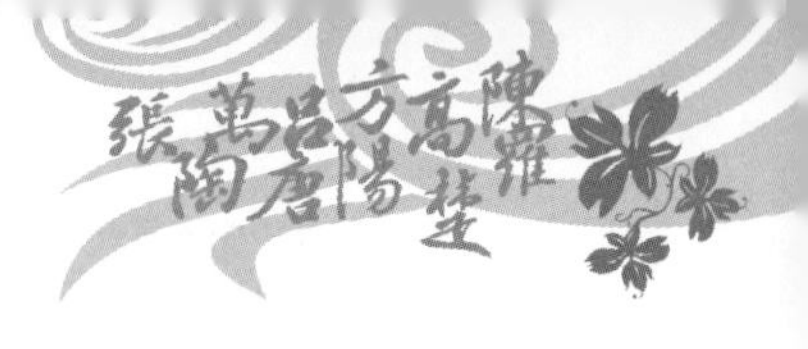


不堅，難以達到精通之境。舉凡此數不論男女，皆有夫妻難以齊眉，白頭偕老之應。

**四十三劃＝【吉】帶【凶】**

外強中乾，華而不實，自立自強，和氣生財。做事有始無終，意志不堅，續航力不佳，終致失敗收場，婦女有此數主多情色，宜避之為要，且有晚婚喪偶之應。

**四十四劃＝【凶】**

家運退敗，事與願違，諸事不遂，勞而無成。極【凶】厄之數宜慎用之，主禍害臨身，意外血光，一切美好皆成幻影而破滅，易受詆毀、刑剋、生離死別之難。

**四十五劃＝【吉】**

平步青雲，日蒸向上，寒谷向陽，功成名就。所謂有志者事竟成，本身才華貴顯，志向遠大，只要努力不懈，三才五格配合又佳，必能克服萬難，成就偉業。

**四十六劃＝【凶】**

運勢多舛，多災多厄，意志不堅，人生茫然。舉凡此數多主體弱多衰，抵抗力不好，所以很容易衍生一些疾病。此劃數一般都在總格，若三才五格又配合不好，則一生多孤獨、辛勞。

外。

四十七劃＝【吉】

貴仕相資，事業成功，諸事【吉】祥，家門有慶。此數多主貴人多助，合夥得利，可享幸福祥瑞之數。財富豐盈，交際手腕靈活，但忌諱剛愎自負，反而易生幻滅以及血光意外。

四十八劃＝【吉】

足智多謀，德高望重，名利皆得，富貴雙全。姓名中劃數太多，已屬罕見，但公司命名則非常普遍，論法也如出一轍。為才華齊備，【吉】利貴顯，天賜厚祿之數。

四十九劃＝【凶】

舊態延續，逢【凶】則【凶】，逢【吉】則【吉】，變化多端。有此劃數，三才配置一定要妥適，方能趨【吉】避【凶】。遇事總要慢開口，煩惱皆因強出頭。行事謹慎，認真做事，誠實做人，自可轉禍為福。

五十劃＝【吉】帶【凶】

先盛後衰，成敗無常，短暫之成，難以延續。先好後壞，一定要持盈保泰，方能安然無恙。此數運勢多變，好運不長，壞運延綿，破家敗業，孤獨刑剋難免。

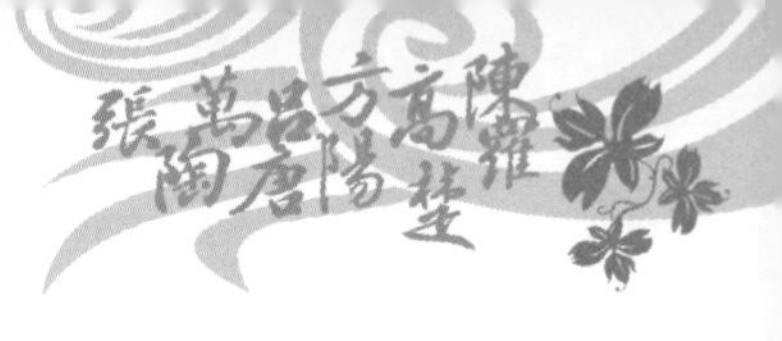


五十一劃＝【吉】帶【凶】

先盛後衰，精力日竭，挫敗無助，老景消沉。【吉】中帶【凶】，好運難長久，晚運累不堪。故在名利已得之時，要未雨綢繆，謹慎行事，才不至於造成晚年破敗而無依無靠。

五十二劃＝【吉】

洞察時勢，思慮周詳，掌握先機，駿業始成。此劃數為財富可豐之數，只要善解人意，進退得宜，必享名利雙收。但是婦女有此數，難免有情色之應，一定要小心為要。

五十三劃＝【吉】帶【凶】

【吉】【凶】不定，勝敗無常，唯有自律，尚可求安。如傳統十字面相，甲字臉先【吉】後【凶】，由字臉先【凶】後【吉】，故必須積極奮發，盡責負任，平日多積德，永保平安隨。

五十四劃＝【凶】

此數不【吉】，大【凶】之應，多災多難，橫生【凶】象。此數有大【凶】之徵，多主意外血光、家運不興、體弱多病、刑傷破害、短命孤寂，宜避用之。

五十五劃＝【吉】帶【凶】

五數最【吉】，【吉】中之至，盛【吉】反衰，【凶】惡之象。五數為最【吉】之數，五五加添，如同十二長生帝旺位，物極必反，盛【吉】必衰。外強中乾，華而不實，必須要有堅強的意志，克服萬難，方有所成。

**五十六劃＝【凶】**

意志不堅，時運未濟，信心不足，晚景難祥。做事優柔寡斷，執行缺乏勇氣，恆心毅力皆不足，大事難成之應。一定要樂觀進取，奮發向上，否則一事無成，晚景不堪。

**五十七劃＝【吉】**

冬去春來，時來運轉，春暖花開，【吉】祥如意。個性剛毅果決，天賦異稟，幸福美滿，富貴【吉】祥之數。唯畢生難免有一、二次災厄，只要不屈不饒，誠信務實，一定能夠逢【凶】化【吉】，否極泰來。

**五十八劃＝【凶】帶【吉】**

早運【凶】險，前程暗昧，先苦後甘，晚景【吉】利。早運浮沉多變，困苦中行運，主先失後得，所以晴天時要存雨來糧，未雨綢繆，則晚運必有【吉】慶。

**五十九劃＝【凶】**

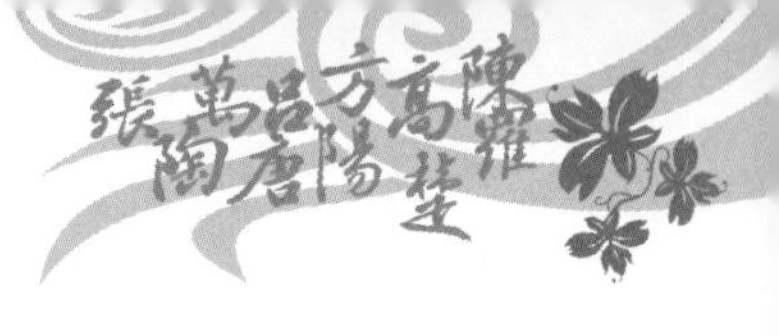

畏懼膽怯，功名難得，平庸度日，艱難重阻。成功者總是洞察先機，而此數之人就算好時機來臨，也不曾把握住機會，做起事來優柔寡斷，乏智缺信，前程黯淡。

六十劃＝【凶】

有勇無謀，遇事疑惑，做事草率，難有造就。謀定而後動乃是處事的基本原則，要時常自我肯定，任重道遠，否則此數易有憂躁難安，身心憔悴，刑傷破害之象。

六十一劃＝【吉】帶【凶】

【吉】中帶【凶】，風波不息，謹慎行事，永保安康。平生多注重修身養性，積德行善，則名利兩全，富貴齊備。若一味心高氣傲，桀傲不遜，則家業難興，事業必敗。

六十二劃＝【凶】

處事乏實，欠缺人和，身心失衡，自我沉淪。天時地利人和，缺一為美中不足，尤其人和欠缺，信用又不好，則貴人找不到，小人身邊繞，做起事來事倍功半，有志難伸。

六十三劃＝【吉】

隨心所欲，得享天福，一帆風順，萬事如意。萬物化育，晴空萬里，縱使有所橫逆，也能逢【凶】化【吉】。主起居安和樂利，事業蓬勃發展，富貴榮華綿長。

六十四劃＝【凶】

思慮不足，萬事難成，朝夕奔波，勞而無功。一生命運多舛，浮沉不定，凡事很難如願。此數帶有破壞、傷難、意外血光、生離死別之應，宜慎用之。

六十五劃＝【吉】

庶眾信賴，名聲遠傳，生機蓬勃，駿業日蒸。此乃福壽綿長，富貴無邊之【吉】數，主貴仕明現，家道興旺，一生平安如意，福祿自來，晚歲【吉】福，世第隆昌。

六十六劃＝【凶】

誠信不實，人和欠佳，利害相違，進退失序。守信用不僅是一種美德，更是為人處事不可或缺的基本道德，如常違之，則行事必定左右為難，進退維谷，災厄不斷。

六十七劃＝【吉】

天賜厚福，長上有助，事事如意，駿業宏展。得長上及貴人之助，成功運自然來得容易，只要廣結善緣，顏容常開，器量宏寬，則萬事亨通，百事【吉】昌，富貴自天來。

六十八劃＝【吉】

行事果斷，思慮周密，勤勉自勵，成功可達。天生富有創造領悟通達之能力，智謀兼

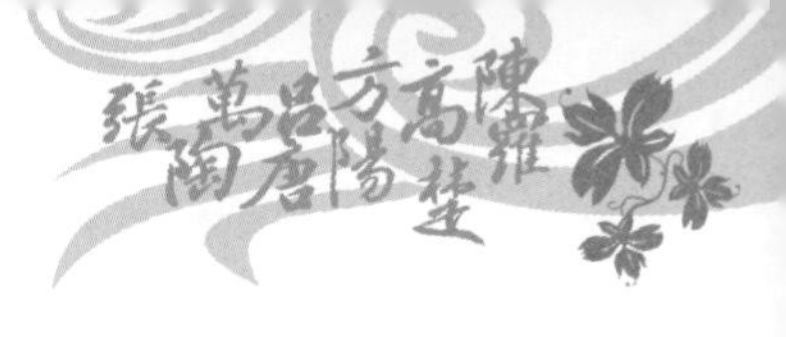


備，偉業可成，發揮自己之所長，勇敢果斷，認真負責，則名利雙收，安享富貴。

六十九劃＝【凶】

搖搖晃晃，地基不穩，時運未濟，困境叢生。一生行運中有太多的逆境，久而久之會使人不滿現實而缺乏鬥志，終致衣食難安，事業挫敗，一事無成。

七十劃＝【凶】

虛浮飄渺，名利短暫，曇花一現，家運困蹇。終生潦倒無助，行運險阻窒礙，破敗、毀損、短命、意外血光、生離死別之應。此劃數不佳，宜慎用之。

七十一劃＝【吉】帶【凶】

勇敢無志，好逸惡勞，勤勉向上，方有所成。【吉】【凶】互見，隨時保持安泰，養精蓄銳，逢【凶】時有以待之，【吉】運之時加倍努力，奮發進取，自然步步青雲得路。

七十二劃＝【凶】

陰晴圓缺，時好時壞，智謀不足，成敗無常。月有陰晴圓缺，人有旦夕禍福，喜悅與悲苦得兼之數。先好後壞或先壞後好，平生宜多積德行善，修身養性，助人為樂。

七十三劃＝【吉】

誠信務實，認真工作，衣食可足，安暢無慮。努力貫徹其志向，雖不中亦不遠矣！人助也要自助，富責任心，毅力堅強，勇敢無畏，做事果斷，晚歲【吉】亨。

**七十四劃＝【凶】**

寅吃卯糧，坐吃山空，虛華無實，阻逆橫生。人之一生至少要有一技之長，學多無專則都只是虛浮之表象而已，智謀不足，能力不佳，終生勞苦，功名難期之數。

**七十五劃＝【吉】帶【凶】**

【吉】中帶【凶】，欲速不達，謹慎行事，【吉】利自來。此數做事不宜急躁，凡事要按部就班，一步一腳印，精心規劃，執行貫徹，可望成功。若然進退失序，毫無章法，則災厄連連。

**七十六劃＝【凶】**

【凶】象之數，刑剋破害，禍延子孫，宜避用之。一生是非不斷，運勢不展，破祖敗家之數。察言觀色就是要趨【吉】避【凶】，既然知道此數之不利，命名時宜盡量避之。

**七十七劃＝【吉】帶【凶】**

先【吉】後【凶】，先得後失，行運起伏，守成為上。【吉】中帶【凶】，好運在中

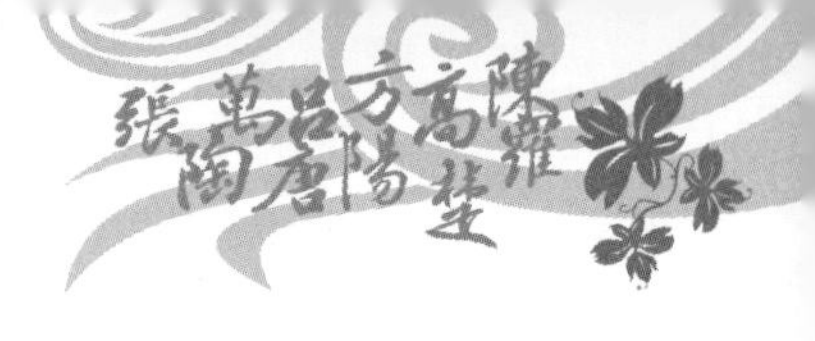

年之前。故中年之前要養精蓄銳，未雨綢繆；中年過後要戰戰兢兢，守成為要。

七十八劃＝【吉】帶【凶】

財不露白，財透逢劫，行善積德，可保【吉】祥。先【吉】後【凶】，好運早來，【凶】象更甚於【吉】象。中年之前發達甚早，爾後日漸凋零，日暮西山，晚景淒涼之象。

七十九劃＝【凶】

意志不堅，起伏不定，消極退縮，難有成就。貧困交迫不安，事業窒礙難行，精神委靡不振，個性驕縱傲慢。如此【凶】厄之數，當然要捨之而棄用。

八十劃＝【吉】帶【凶】

貪得無厭，必遭橫逆，與世無爭，怡然自得。先好後壞之數，一生中困難中行運，辛勤勞苦，刑傷破害。在生活中力求自然和諧，清心寡慾，反而萬事現祥瑞。

八十一劃＝【吉】

八十一數，還本歸元，駿業成功，萬事如意。萬物基本之大【吉】數，主健康、富貴、【吉】祥、幸福、長壽。身體力健，宏業向榮，順風揚帆，功成名就。

## 第三節　三才五格對應關係

五行生剋所代表的意涵，與十二生肖姓名學的解析有異曲同工之妙，意義大抵相同。

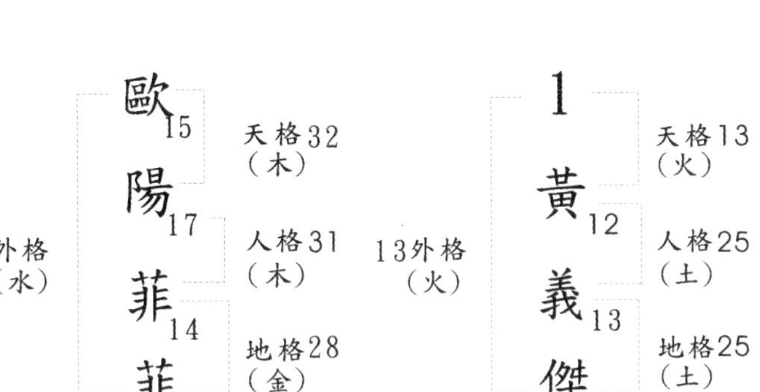


複姓複名者算法

單姓複名者算法

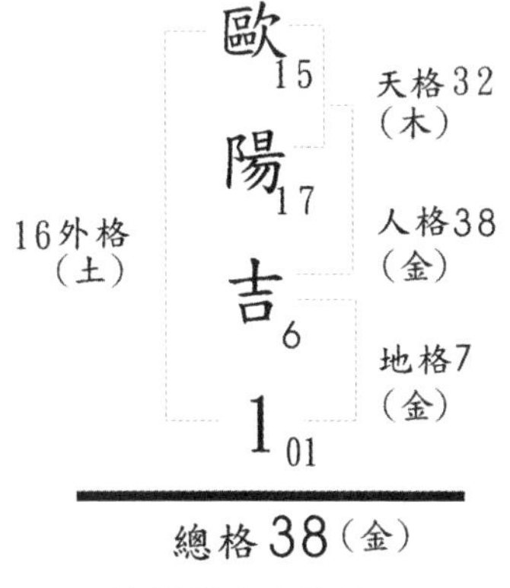


複姓單名者算法

1
陳 16
冰 06
1 01
天格17（金）
人格22（木）
地格07（金）
02外格（木）
總格22（木）

單姓單名者算法

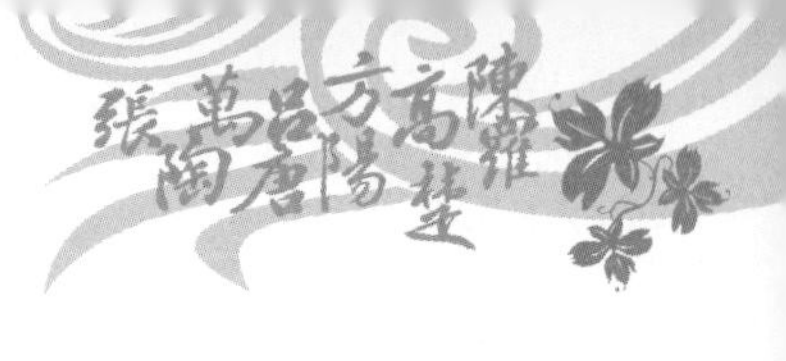


## ◎五行生剋所代表的意涵

我生：代表熱心付出，幫助別人，以「人格」為我，與「各格」的相互關係，主尊敬長輩，孝順父母，愛護妻兒，呵護部屬，寬以待人，奉獻家庭，腳踏實地，勤儉持家。

生我：代表得到助力，受到別人幫助，以「人格」為我，與「各格」的相互關係，主長上有援，貴人有助，妻賢子孝，得部屬助，依賴被動，人緣頗佳，財喜自來，功成名就。

比旺：代表互相幫助，相互付出受惠，以「人格」為我，與「各格」的相互關係，主與長上和睦，如同兄弟，互相尊重，家庭和諧，兄友弟恭，貴人有助，心志如一，成功有望。

我剋：代表性強剛烈，任性固執，以「人格」為我，與「各格」的相互關係，主反抗叛逆，主觀意識重，嚴求妻屬，教育甚嚴，企圖心強，人緣較差，孤僻排外，糾紛不斷。

剋我：代表壓抑無奈，辛苦無助，以「人格」為我，與「各格」的相互關係，主父母長上管教，易生排斥，妻子兇悍，部屬橫逆，朋友拖累，社交運差，主觀意識強，華而不實。

## ◎三才五格之間的對應關係

天格與人格的生剋關係：本身與父母長輩之間的互動，未來發展及貴人得助與否。

天格與地格的生剋關係：主幼年運得助與否及健康狀況。男性主妻子與公婆間之互動關係，女性主先生與子女間之互動關係。

天格與總格的生剋關係：顯現個人情緒、毅力、耐力、執行力之掌控。

天格與外格的生剋關係：顯現個人意志力、虛榮心、物質慾望及旅遊之狀況。

人格與地格的生剋關係：本身與子女、朋友間之互動關係，男性與妻子間之相處互動關係。

人格與總格的生剋關係：個人主觀意識強弱，對內與對外之行為表現。

人格與外格的生剋關係：本身外在社交人緣之表現，以及對於子女的對待。

地格與總格的生剋關係：顯現妻子與子女運勢強弱之表現。

地格與外格的生剋關係：顯現妻子與子女外在人緣之表現。

外格與總格的生剋關係：財運格局之高低，外在形象之評價，錢財花費之奢儉。

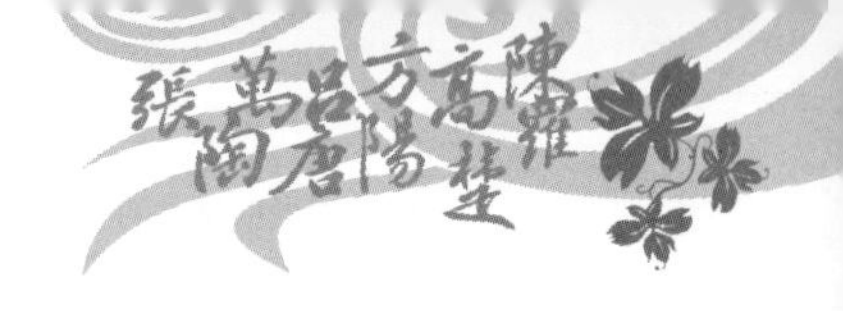


# 三才五格生剋關係

三才五格所產生的生剋比和的意涵，必須要配合陰陽五行來論斷，才能夠更深入去研究與更準確去判斷姓名的優劣好壞。我們都知道「1、2屬木」、「3、4屬火」、「5、6屬土」、「7、8屬金」、「9、10屬水」，而「1、3、5、7、9屬陽」、「2、4、6、8、10屬陰」。

太極生兩儀就是陰陽，陽剛陰柔，陰陽相生為盡情之生，有情之生；陰陽相剋為全面之剋，有情之剋。先不論靈動數吉凶，如天格劃數11、人格劃數17，則17陽金剋制11陽木，此為陽剋陽，力量最大。

此時11陽木必然受傷嚴重，表示本身叛逆性很強，對長上之管教常常有排斥、忤逆、爭吵、頂撞之現象；與上司的相處也常有摩擦；女性婚後對先生種種行為限制較多。

若天格劃數12、人格劃數17，則17陽金剋制12陰木，此為陽剋陰，陰陽異性相吸，所謂二七同道火，雖有剋制，但為有情之剋，力量輕微甚至沒有傷害。

至此讀者只要反覆練習，便能夠了解其中的原理，論斷原則不外乎是五行相生「木↓火↓土↓金↓水」，五行相剋「木↓土↓水↓火↓金」，加上陰陽五行之配合論斷，則人生際遇之吉凶禍福便能知曉。

## 一、天格與人格的生剋關係

天格生人格：備受父母與長輩的關愛、照顧、栽培、呵護；得上司與長官的信任、重用、提拔；女性異性緣佳，婚後易得先生之疼愛與關心。

天格剋人格：父母、長輩對自己期望較高，也較為嚴格；上司、長官對自己管理要求較高，也較為嚴苛；婚後先生對自己期望較高，也會有過多不合理的要求與約束。

天格同人格：與父母、長輩較易溝通，和諧相處；與上司長官默契配合度佳，易成共識；婚後與先生相處融洽且和睦。

人格生天格：對父母孝順、敬重、關心、愛護；對上司服從、盡職、負責、認真；女性婚後對先生體貼、包容、撒嬌、付出。

人格剋天格：主觀意識強，對父母親管教易生排斥、頂撞、爭吵；對上司管教容易反駁，難以服從；婚後對先生期望較高，也會有過多不合理的要求與約束。

## 二、天格與地格的生剋關係

天格生地格：長上疼愛與關懷自己子女；妻子與子女，易受父母疼愛與關愛；先生特

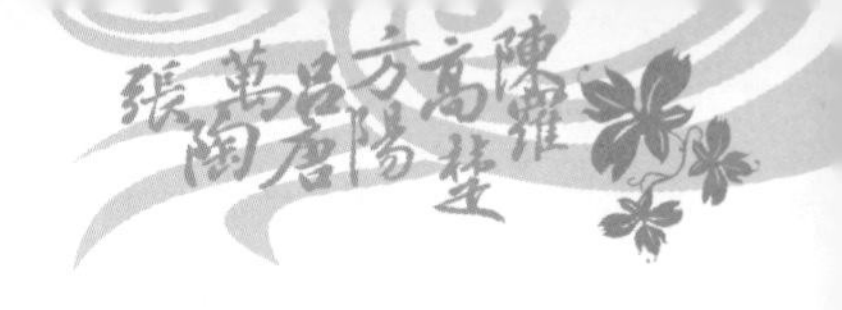

別疼愛子女。

天格剋地格：長上對自己子女管教比較嚴格或隔閡；妻子與子女，易受父母指謫或挑剔；先生與子女相處比較不融洽。

天格同地格：長上與自己子女相處和諧；妻子和子女，與父母互動愜意；先生與子女感情和樂。

地格生天格：妻子和子女，與父母相處融洽；子女與父親感情和樂。

地格剋天格：子女對自己長上管教比較會有排斥感；妻子與父母相處時有隔閡；先生與子女互動不多或頻生口角。

## 三、天格與總格的生剋關係

天格生總格：長上會支持一切在外的行為表現，本身個人情緒、毅力、耐力、執行力之掌控，較能處之泰然，運籌帷幄。

天格剋總格：長上會嚴厲督促一切在外的行為表現，本身個人情緒、毅力、耐力、執行力之掌控，較為雜亂無序，做事乏成。

天格同總格：長上與自己對一切在外的行為表現方式想法一致，本身個人情緒、毅

力、耐力、執行力之掌控，較能處之泰然，運籌帷幄。

總格生天格：外在的行為表現及條件，能夠取悅於長上、父母。

總格剋天格：外在的行為表現及條件，常常會讓長上、父母失望。

## 四、天格與外格的生剋關係

天格生外格：性喜社交，好交朋友，熱心助人，意志力堅強。

天格剋外格：很有責任感，甚麼事都想往自己的身上攬，要多注意身體健康。

天格同外格：長上與自己的朋友或對外的事務，都能夠贊同甚至參與。

外格生天格：與朋友或客戶相處融洽，早運貴人運望。

外格剋天格：常遭朋友或客戶的刁難與挑剔，早運不佳。

## 五、人格與地格的生剋關係

人格生地格：疼愛妻子及子女，愛護部屬，家庭觀念濃厚。

人格剋地格：對子女與部屬管教比較嚴格，甚至會有隔閡而不易溝通，與妻子相處不甚融洽，頤指氣使，有大男人傾向。

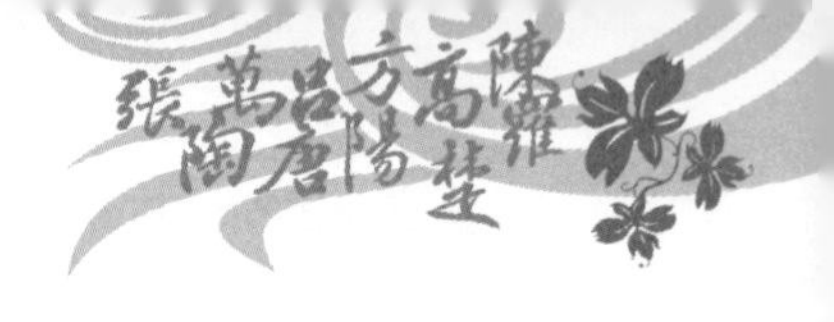


人格同地格：與子女及部屬相處融洽，家庭觀念濃厚。

地格生人格：與妻子、子女、部屬互動熱絡，相處和諧，並可得援助。

地格剋人格：妻子個性較強，喜歡管我，難得子女及部屬之援助，甚至會有拖累之狀況。

## 六、人格與總格的生剋關係

人格生總格：個人主觀意識強烈，內心想甚麼就做甚麼，好壞都表現在行為模式上。

人格剋總格：個性剛毅，固執己見，處事猶豫不決，優柔寡斷。

人格同總格：個人主觀意識強烈，內心想甚麼就做甚麼，好壞都表現在行為模式上。

總格生人格：得後天環境之助，按部就班，一步一腳印，信心增強，貴人多助。

總格剋人格：後天環境發展不順遂，以致於精神渙散，自我沉淪。

## 七、人格與外格的生剋關係

人格生外格：社交運好，人緣佳，樂於助人。

人格剋外格：比較會約束朋友，對配偶要求也比較高，性喜收穫不喜付出。

人格同外格：社交運好，與朋友或配偶之間，相處融洽，人際關係良好。

外格生人格：朋友或配偶，對自己有生助之情，人際關係佳。

外格剋人格：在朋友之中容易受到排擠，得不到助力，甚至犯小人時而有之，故不適合與人合夥。

## 八、地格與總格的生剋關係

地格生總格：妻子與子女可協助本身對外之互動，家庭和樂，互相扶持，相互關懷。

地格剋總格：妻子容易對現狀產生不滿，生活壓力大，常常庸人自擾。

地格同總格：與妻子關係良好互動佳，家庭和樂。

總格生地格：後天環境助我甚多，家庭融洽和樂，子女運甚佳。

總格剋地格：家庭氣氛難和諧，子女運勢也不好，劃數皆凶感應更明顯。

## 九、地格與外格的生剋關係

地格生外格：妻子與子女人緣甚佳，盡心盡力的幫助他人。

地格剋外格：妻子與子女對自己在外的行為，並不認同，朋友往來不熱絡。

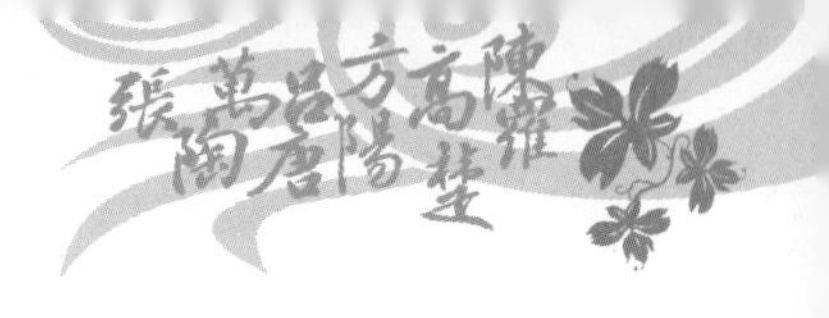


地格同外格：求學階段與朋友如知己一般，稱兄道弟，創業階段下屬與客戶頗能交心，事業發展就比較順遂。

外格生地格：妻子與子女外緣好，家庭與事業皆能得到助力。

外格剋地格：妻子與子女外緣並不好，家庭與事業常常受到拖累。

## 十、外格與總格的生剋關係

外格生總格：本身易受到親友、客戶之助，貴人運亦佳。若人格與外格及總格循環相生，則財運最佳。

外格剋總格：難得親友、客戶之助，貴人運亦差。若劃數為吉者，則凶象自然減輕許多。

外格同總格：與朋友、客戶之間互動熱絡，相處融洽，財運中等。

總格生外格：對朋友及客戶很有包容力，也會熱心幫助，人緣頗佳。此與外格生總格一樣，有中上之財運。

總格剋外格：與朋友及客戶之間的互動，常常會有意見不合的現象，所以相處之道，就是要多禮讓、多尊重、多謙虛。

# 第四節　用三才五格八十一數姓名學論名（實際案例）

## ◇實際論名過程

黃義傑此名，天格數為13劃，五行屬火；人格數為25劃，五行屬土；地格數為25劃，五行屬土，數理都是吉數，且為順生之勢。

一、人格尾數為5，有喜好交友，重情重義，興趣廣泛，聰明活潑好動。但通常容易會交到損友。

二、天格生人格，而且都是吉數，表示備受父母與長輩的關愛、照顧、栽培、呵護；得上司與長官的信任、重用、提拔；若是女性則異性緣佳，婚後易得先生之疼愛與關心。

三、人格與地格比和，表示自己與子女及部屬相處融洽，家庭觀念濃厚。因為沒有沖剋的現象，而且數理都是吉數，主身體方面的毛病較少，若有的話也不至於會有太大的傷害。

四、外格13劃，五行屬火；總格37劃，五行屬金。難得親友、客戶之助，貴人運亦差。但是劃數為吉數，則凶象自然減輕許多。

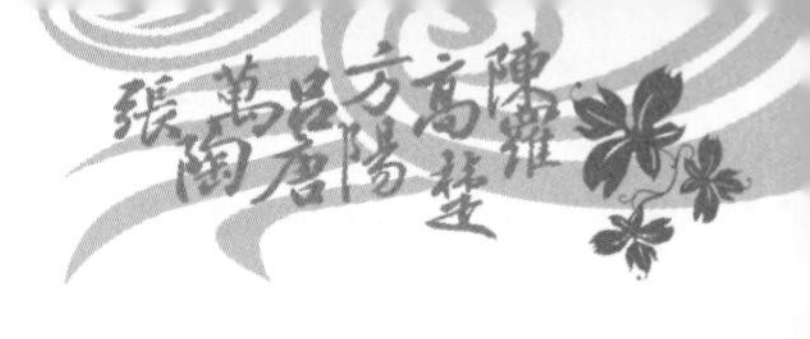


五、外格與總格和人格之間的生剋關係，為財富高低之格局：

1、外格與總格相生，其中一格又逢人格所生，此為事業與財富之第一等格局。如外格為火，總格為土，人格為木；或是外格為土，總格為火，人格為木。

2、外格與總格相生，而沒有逢人格相生，此為事業與財富之第二等格局。

3、外格與總格同五行；外格與總格相剋，但是有人格轉化者，如此案例黃義傑，外格火剋總格金，但是人格為土，則轉化為火生土，土生金；外格與總格相剋，但是所剋之格，又逢人格剋之，如外格火剋總格金，但是人格為水，剋制外格火，則此為事業與財富之第三等格局。

4、外格與總格相剋，此為事業與財富之最低等格局。

5、由此可知黃義傑案例，為事業與財富之第三等格局，但是因為外格、總格、人格，均為吉數，在數理方面便有加分的效果，而提升為事業與財富之第二等格局。

六、三才為天格火、人格土、地格土，若此人八字喜用為火土，字形又配合生肖喜用之特性，此命名就會有錦上添花之喜。

## ◇實際命名過程

新生兒呱呱落地之後，便要取個好名，所謂「好的開始，就是成功的一半」，正因為

萬事起頭難，所以在命名方面，就非常的謹慎，但是一般沒有正式拜師學藝的讀者，要幫自己的兒女或是晚輩命名，通常還是躊躇不前，舉棋不定。

於是筆者就藉由出版一本淺顯易懂的命名改名工具書，讓各位讀者，能夠按照自己的意思，配合本書的介紹，幫子女或晚輩命個好名。以下就將實際的命名過程做個介紹。

一、選擇姓氏最佳筆劃組合，各姓氏均有十二組，而且除了天格是固定劃數之外，其餘格局一定都是吉數。

二、挑選好的三才結構，如天格木、人格火、地格土；或是天格火、人格木、地格木；天格火、人格土、地格土，三才順生為佳，以此類推。

三、文字的意義，避免使用太過艱澀難懂，負面不雅，冷僻庸俗的文字，可參考姓名學單字釋義真傳擇字命名。

四、文字要配合當地通用的發音，要順口通暢，不要有太過饒舌以及不好的諧音，並且配合生肖喜用字形，則更能相得益彰。

五、因應當地的習俗，在命名時，避免與長上有同字或同音的字。

六、若能配合選擇「人格」為喜用八字之五行，就是最能幫助當事人理想的姓名組合。

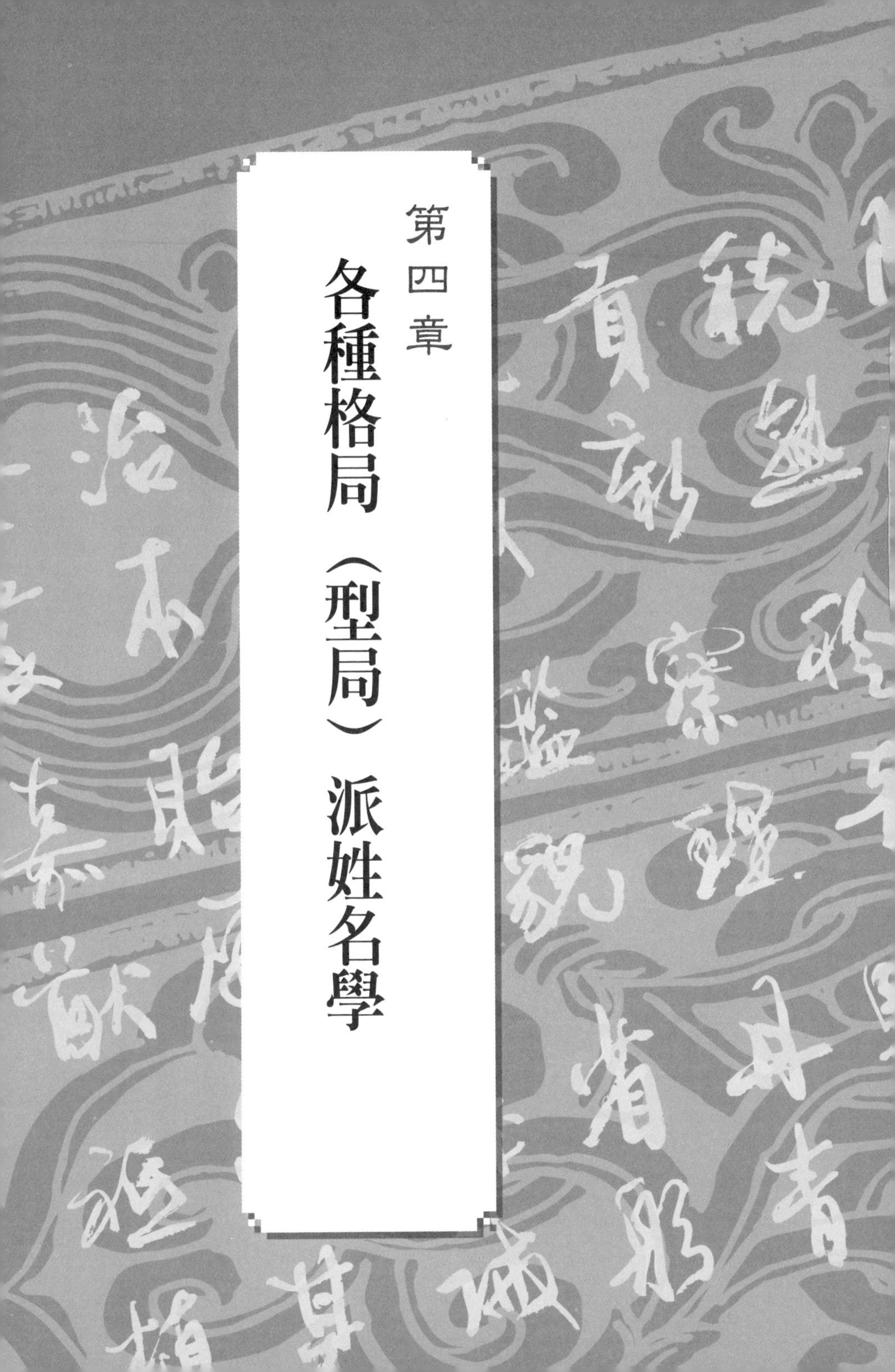

第四章

# 各種格局（型局）派姓名學

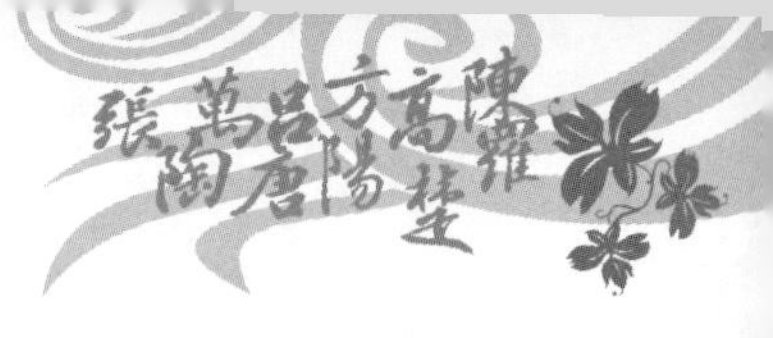


格局派姓名學一般在坊間很少談論，包括書籍資料更是少之又少，其實最淺顯易懂又實用的姓名學，非格局派姓名學莫屬。姓名格局沒有好壞之分，都有其適合發展之特性，所以若能夠善用每個格局的優劣，調整做事的方針，則成功的機會就會大大提升。

全部格局甚多，許多姓名會重覆多種格局，其特性都會顯現，只要讀者每天利用些許的時間研究，不出一個月，大家對姓名學的認識，必定可以更上一層樓。

格局派姓名學都有每個字的代表意義：

姓氏：代表精神、名聲、長輩、上司、公司、信仰、名位、丈夫、國家。

名一：代表自己、才華、能力、心性、情感、專長。

名二：代表物質、下屬、員工、人脈、金錢。

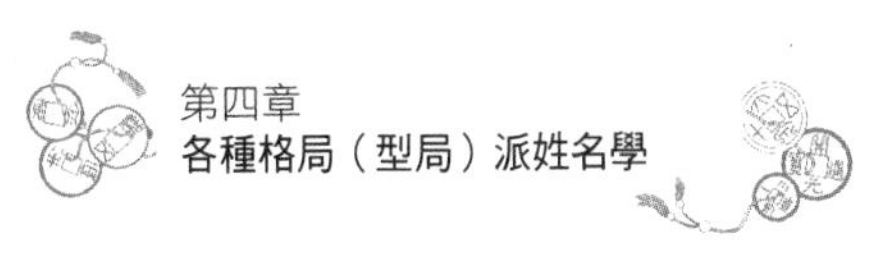

# 各種姓名結構型態

## 一、金字塔型

定義：姓氏劃數最少，名一次之，名二最多。

會有這種現象，及人生的課題：

1、適合投資理財。

2、要比別人更認真。

3、必須培養人脈、員工。

4、要比別人更能夠吃苦耐勞。

名人案例：

李7
登12
輝15

李7
國11
鼎13

宋7
楚13
瑜14

施9
振11
榮14

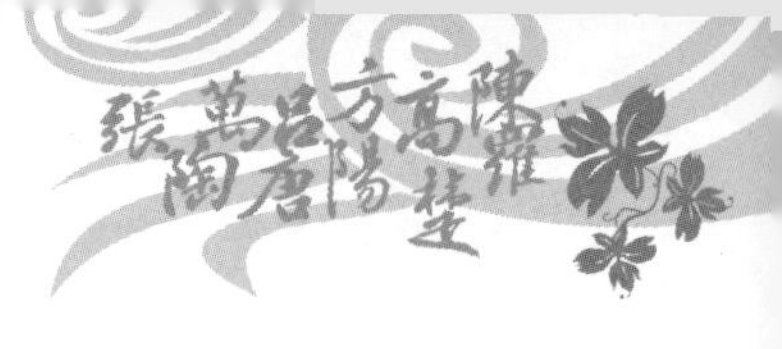


## 二、倒金字塔型

定義：姓氏劃數最多，名一次之，名二最少。

會有這種現象，及人生的課題：

1、千萬不能有借貸的行為。

2、最不適合做生意及選舉。

3、開只有一人的公司或是個人工作室。

4、貴人為長輩、上司，所以要懂得逢迎。

名人案例：

郭15 建9 材7

葉15 啟11 田5

陳16 履15 安6

范11 怡9 文4

## 三、老大皇帝格型

定義：姓氏劃數最多，可以大過名一及名二的加總，而且還有餘數。

會有這種現象，及人生的課題：

1、走大格局路線，視野要宏寬。

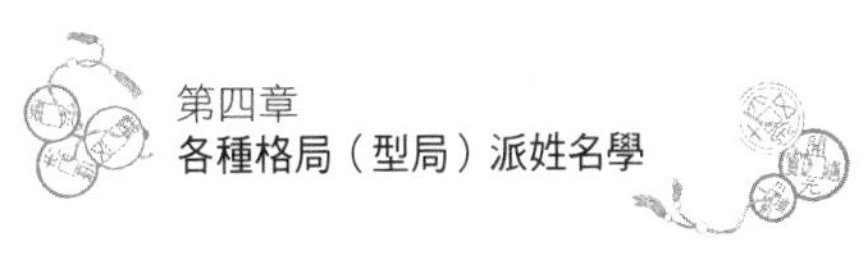



2、以專長來從事創業，比較容易成功。

3、最適合往名位、權威方面發展，容易聲名大噪。

名人案例：

楊13 日4 松8

陳16 水4 扁9

張11 大3 千3

蘇22 東8 坡8

## 四、老二皇帝格型

定義：名一劃數最多，可以大過姓氏及名二的加總，而且還有餘數。

會有這種現象，及人生的課題：

1、走大格局路線，視野要宏寬。

2、要有堅強的意志與謀略。

3、需要具有強烈的企圖心。

4、要善於利用其溝通天份的特性。

名人案例：

林8 榮14 三3

毛4 澤17 東8

江7 澤17 民5

林8 懷20 民5

## 五、老三皇帝格型

定義：名二劃數最多，可以大過姓氏及名一的加總，而且還有餘數。

會有這種現象，及人生的課題：

1、適合投資理財。

2、必須培養人脈、員工。

3、適合把金錢當工具，包括從事借貸。

名人案例：

王4 永5 慶15

王4 文4 洋10

吳7 火4 獅14

許11 文4 龍16

## 六、得寵型

定義：名一劃數最少，小於姓氏及名二。

會有這種現象，及人生的課題：

1、必須培養人脈、員工。

2、適合把金錢當工具，包括從事借貸。

3、貴人為長輩、上司，所以要懂得逢迎。

名人案例：

楊13 登12 魁14

楊13 宗8 憲16

張11 小3 燕16

翁10 大3 銘14

## 七、中廣型格

定義：名一劃數最多，大於姓氏及名二。

會有這種現象，及人生的課題：

1、不適合投資理財。

2、千萬不能有借貸的行為。

3、刻苦耐勞型，要多奉獻與付出。

4、由理財專業經理人，幫忙做理財規劃。

名人案例：

周8 錫16 瑋14

周8 恩10 來8

張11 德15 培11

朱6 高10 正5

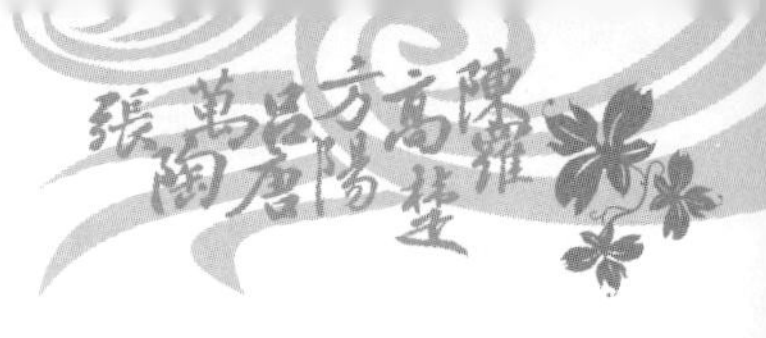


## 八、老大當家格型

定義：姓氏劃數剛好是名一與名二的加總。

會有這種現象，及人生的課題：

1、不適合從商。

2、走大格局路線，視野要宏寬。

3、以專長來從事創業，比較有成功的機會。

4、最適合往名位、權威方面發展，容易聲名大噪。

名人案例：

劉15 邦11 友4

蔣17 仲6 苓11

宋7 子3 文4

吳7 中4 川3

## 九、老二當家格型

定義：名一劃數剛好是姓氏與名二的加總。

會有這種現象，及人生的課題：

1、要培養本身的專長。

2、隨時保持樂觀的態度。

3、需要具有強烈的企圖心與謀略。

4、凡事皆不能以利益為優先考量，則成功更有希望。

名人案例：

李7 遠17 哲10

吳7 順12 正5

徐10 鴻17 志7

王4 曉16 涵12

## 十、老三當家格型

定義：名二劃數剛好是姓氏與名一的加總。

會有這種現象，及人生的課題：

1、不適合從政。

2、適合合夥與投資。

3、善用本身專長從事行業。

4、從事生產製造業，培養人脈。

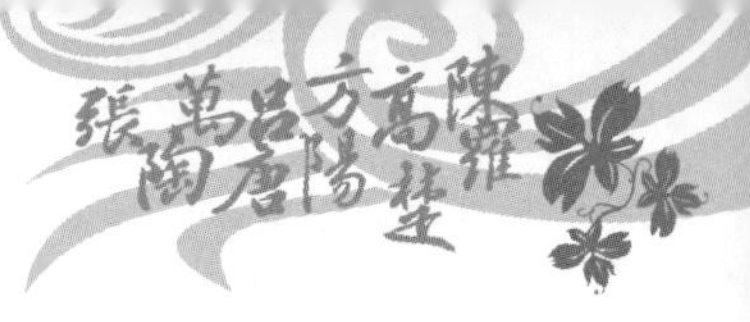

名人案例：

呂 7
明 8
賜 15

游 13
月 4
霞 17

童 12
子 3
賢 15

周 8
火 4
順 12

## 十一、順格型

定義：每個名字的劃數，剛好都只差一劃或二劃。

會有這種現象，及人生的課題：

1、做事要有始有終，堅持到底。

2、凡事要爭取主動，不能猶豫不決。

3、展現本身固有的人格特質，勇往直前。

名人案例：

許 11
添 12
財 10

蔡 17
萬 15
霖 16

王 4
永 5
在 6

伍 6
世 5
文 4

## 十二、長方型格

定義：名字中每個字的劃數都相同。

會有這種現象，及人生的課題：

1、屬於知恩圖報之人。

2、經商或求取功名皆可。

3、本身具有溝通協調之能力，必須善加運用。

4、對人太好，所以很多事情要堅持原則，不能太濫情。

名人案例：

黃12 博12 雄12

彭12 添12 富12

黃12 朝12 貴12

周8 金8 虎8

## 十三、T字型格

定義：名一與名二劃數相同，而姓氏大過名一者。

會有這種現象，及人生的課題：

1、要廣納建言。

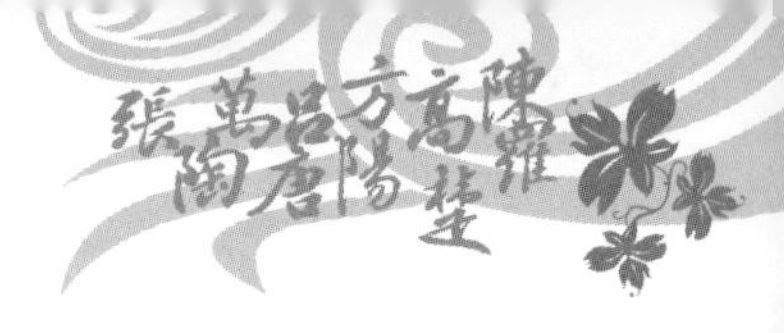


2、盡情發揮本身專長。
3、要堅持原則，不能太濫情。
4、貴人為長輩、上司，所以要懂得逢迎。
名人案例：

詹13 詠12 然12

楊13 尚 8 昆 8

傅12 培11 梅11

李 7 世 5 民 5

## 十四、倒T字型格

定義：名一與姓氏劃數相同，而名二大過名一者。
會有這種現象，及人生的課題：
1、適合投資理財。
2、要尊敬長輩、上司。
3、必須培養人脈、員工。
4、貴人為長輩、上司，所以要懂得逢迎。
名人案例：

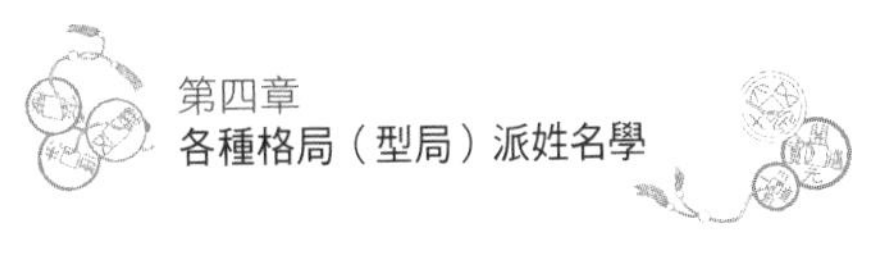


林8
依8
晨11

林8
青8
霞17

呂7
秀7
蓮17

田5
正5
德15

## 十五、電池型

定義：名一與名二劃數相同，而姓氏小於名一者。

會有這種現象，及人生的課題：

1、適合投資理財。

3、必須培養人脈、員工。

4、蹲下是為了奮起，苦盡甘來，把握機會，便能一舉成名。

名人案例：

小3
潘16
潘16

白5
冰6
冰6

王4
貞9
治9

張11
博12
雅12

## 十六、倒電池型

定義：名一與姓氏劃數相同，而名二小於名一者。

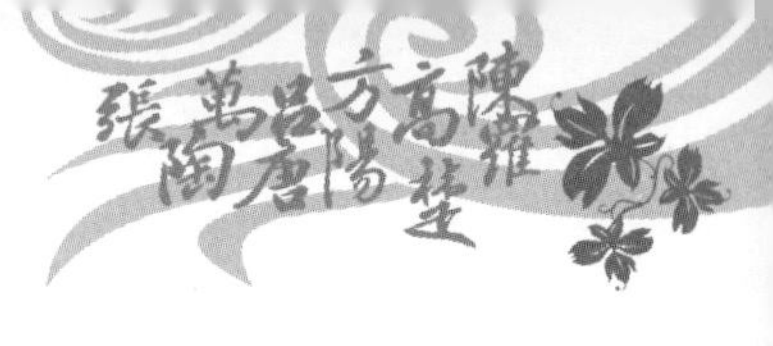

會有這種現象，及人生的課題：

1、最不適宜投資。

2、宜找理財專業經理人，幫忙做理財規劃。

3、最適合往名位、權威方面發展，容易聲名大噪。

名人案例：

高10 凌10 風9

閻16 錫16 山3

周8 明8 正5

張11 若11 君7

## 十七、功虧一簣格（參考就好）

定義：姓名其中一個劃數，差一劃才可以與另外兩個字劃數相同。

會有這種現象，及人生的課題：

1、春風得意之時，要居安思危。

2、做事要小心謹慎，量力而為，忌諱行事衝動無謀。

3、創業維艱，守成不易，一定要保持盈泰，守成為要。

名人案例：

## 十八、輔佐格

定義：姓的劃數大於名二，且又屬於得寵型者。

會有這種現象，及人生的課題：

1、步步為營，野心不能太大。

2、貴人為長輩、上司，所以要懂得逢迎。

3、要依附組織或團體行動，不能單打獨鬥。

名人案例：

林8 清12 玄5

陳16 定8 南9

石5 達16 開12

趙14 少4 康11

謝17 東8 閔12

劉15 伯7 溫14

閻16 孝7 國11

嚴20 長8 壽14

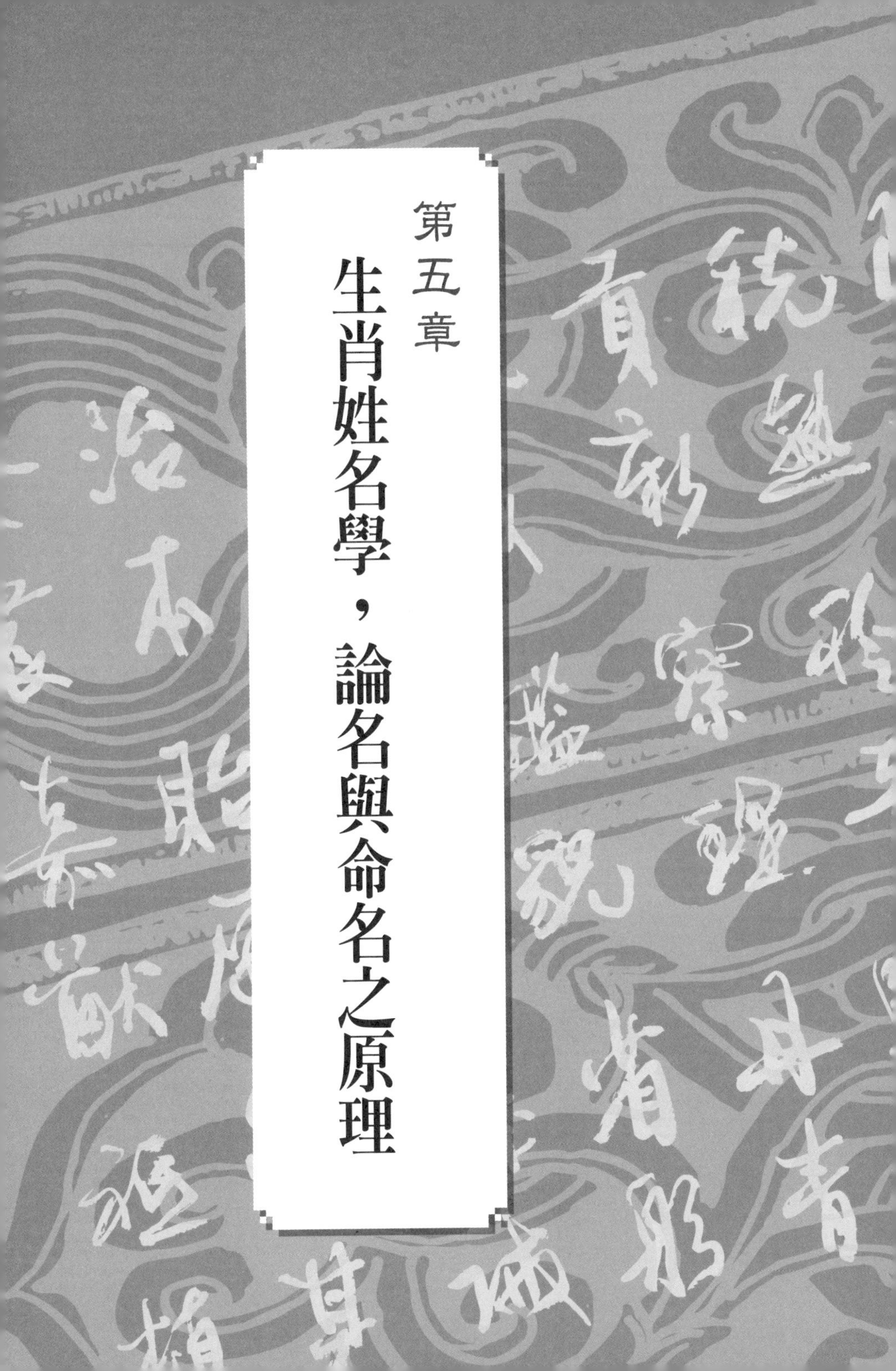

# 第五章
# 生肖姓名學，論名與命名之原理

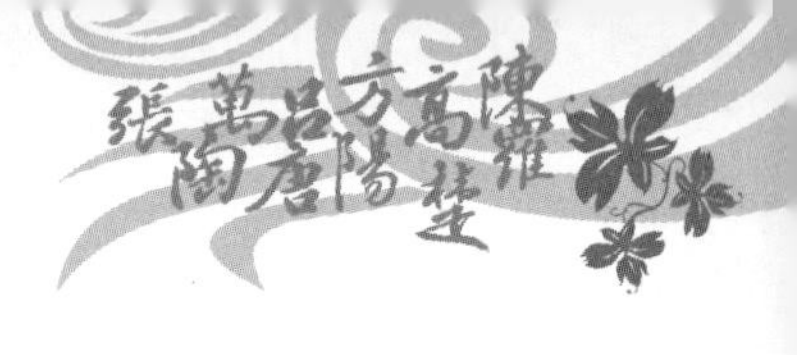


人是依附於地球磁場與身體磁場存在的綜合體，不同的氣場就會產生不同的磁場與能量場。如：子鼠、丑牛、寅虎、卯兔、辰龍、巳蛇、午馬、未羊、申猴、酉雞、戌狗、亥豬十二生肖。

為什麼貓沒排上，傳說玉帝在排序的時候，當時貓在睡覺，而讓老鼠去頂替，實乃無稽之談。真正的原因是子鼠在半夜子時那種煞場（陰陽場）是無氣、無音、無光所組成的陰陽體形象，就是鼠象，鼠的生活習性。其它等等十二生肖亦同。

我們都知道豬肉吃太多就會脹腹，而羊肉、馬肉吃得再多也無妨。這就是陰陽與十二屬象的本質所在。亥豬為水，乃陰性氣場，陰氣重，吃多了陰氣就會增加，而傷了脾胃。

知道煞場（陰陽）屬象的本質，那你就可以想到屬羊的人為什麼大多命薄，命不好，是因為羊在動物中是最柔弱的，俗語說，人老實得像綿羊似的，在自然界中生存法則是弱肉強食，所以羊是最老實的動物，就最容易被欺負，任意宰割，誰都敢欺侮它、剋制它，自然命運多舛。

屬羊的人在四柱八字中，未又多者，就可直斷：此人被狗或其它動物咬過，或是此人容易被屬狗或屬虎生肖的人傷害或惹事端，這就是煞場作用的結果。

總而言之，十二生肖有各自屬性和習性，當然就有各自用字的喜忌，包括與生肖本身的刑、沖、會、合、害、破的現象。地理「二十四山」也用到十二生肖，也就是十二地支，本命缺貴人，即可用三合之方法而求得，是故生肖對命運的引動力是無遠弗屆的。

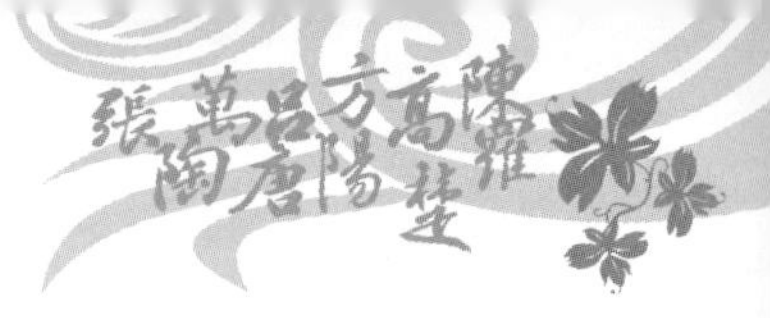

# 第一節　姓名與十二生肖主客體之關係

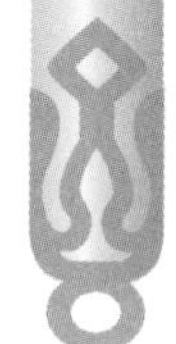

生肖姓名學以出生年天干地支為主體，也就是先天為主；以姓名為後天，也就是後天為輔，生比洩剋所產生的現象，如圖表所示：

| 生肖／現象／五行 | 木（客體） | 火（客體） | 土（客體） | 金（客體） | 水（客體） |
|---|---|---|---|---|---|
| 子、鼠（水） | 我生 | 我剋 | 剋我 | 生我 | 比旺 |
| 丑、牛（土藏水） | 我生 | 我剋 | 剋我 | 生我 | 比旺 |
| 寅、虎（木） | 比旺 | 我生 | 我剋 | 剋我 | 生我 |
| 卯、兔（木） | 比旺 | 我生 | 我剋 | 剋我 | 生我 |
| 辰、龍（土藏木） | 比旺 | 我生 | 我剋 | 剋我 | 生我 |
| 巳、蛇（火） | 生我 | 比旺 | 我生 | 我剋 | 剋我 |
| 午、馬（火） | 生我 | 比旺 | 我生 | 我剋 | 剋我 |
| 未、羊（土藏火） | 生我 | 比旺 | 我生 | 我剋 | 剋我 |

| | | | | | |
|---|---|---|---|---|---|
| 申、猴（金） | 我剋 | 剋我 | 生我 | 比旺 | 我生 |
| 酉、雞（金） | 我剋 | 剋我 | 生我 | 比旺 | 我生 |
| 戌、狗（土藏金） | 我剋 | 剋我 | 生我 | 比旺 | 我生 |
| 亥、豬（水） | 我生 | 我剋 | 剋我 | 生我 | 比旺 |

我生：主體生客體，生肖生姓名五行，代表熱心付出，幫助別人。

生我：客體生主體，姓名生生肖五行，代表得到助力，受到別人幫助。

比旺：主客體比合，姓名與生肖同五行，代表互相幫助，相互付出受惠。

我剋：主體剋客體，生肖剋姓名五行，代表性強剛烈，任性固執。

剋我：客體剋主體，姓名剋生肖五行，代表壓抑無奈，辛苦無助。

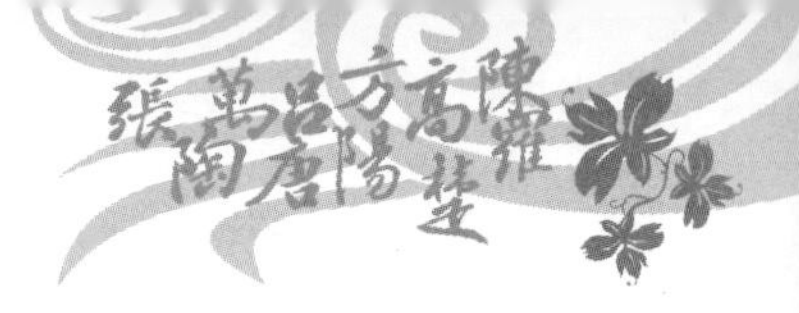


## 第二節　姓名拆解架構以及運勢分析

姓名拆解一般分為四種結構：單姓複名、單姓單名、複姓複名、複姓單名。姓名分為「天、人、地」三大部分，再將每部分分成「陰、陽」，名字的結構為「上陽下陰、左陰右陽、內陰外陽」，若無法拆解則陰陽共用，如人、口、一、日、月等，依其拆解之屬性，便能配合生肖斷其吉凶禍福。

### 1、單姓複名：

例：吳智一

| 姓名／拆解／陰陽 | 陰 | 陽 |
|---|---|---|
| 姓 | 天 | 口 |
| 名 | 日 | 知 |
| 名 | 一 | 一 |

例：李秋明

| 姓名／拆解／陰陽 | 陰 | 陽 |
|---|---|---|
| 姓 | 子 | 木 |
| 名一 | 禾 | 火 |
| 名二 | 日 | 月 |

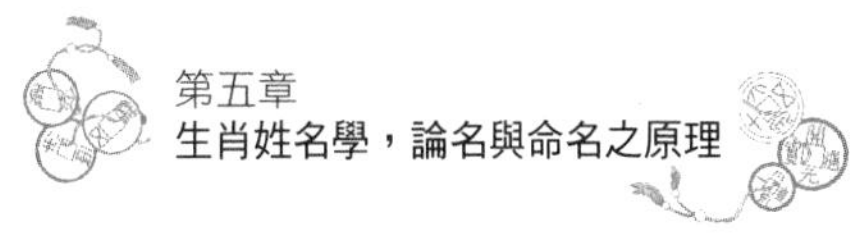


2、單姓單名：

例：陳銳

| 姓名拆解陰陽 | 姓 | 名一 | 名二 |
|---|---|---|---|
| 陰 | 阜 | 兌 | 金 |
| 陽 | 東 | 阜 | 兌 |

例：李烈

| 姓名拆解陰陽 | 姓 | 名一 | 名二 |
|---|---|---|---|
| 陰 | 子 | 列 | 灬 |
| 陽 | 木 | 子 | 列 |

3、複姓複名：

例：鮮宇 英皇

| 姓名拆解陰陽 | 姓 | 名 | 名 |
|---|---|---|---|
| 陰 | 宇 | 央 | 王 |
| 陽 | 鮮 | 艹 | 白 |

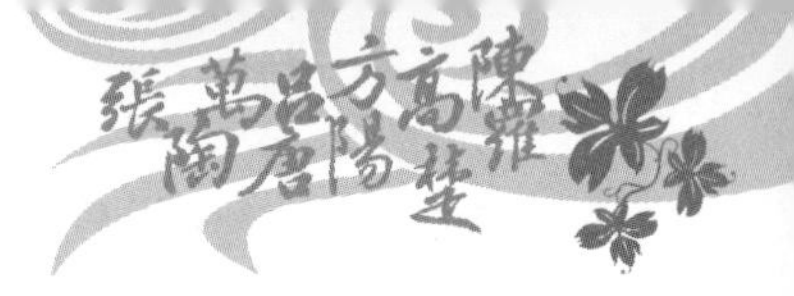

例：司馬庫斯

| 姓名＼拆解＼陰陽 | 陰 | 陽 |
|---|---|---|
| 姓 | 馬 | 司 |
| 名一 | 車 | 厂 |
| 名二 | 其 | 斤 |

## 4、複姓單名：

例：張簡松

| 姓名＼拆解＼陰陽 | 陰 | 陽 |
|---|---|---|
| 姓 | 簡 | 張 |
| 名 | 公 | 簡 |
| 名 | 木 | 公 |

例：公孫勝

| 姓名＼拆解＼陰陽 | 陰 | 陽 |
|---|---|---|
| 姓 | 孫 | 公 |
| 名一 | 券 | 孫 |
| 名二 | 月 | 券 |

瞭解姓名陰陽如何拆解之後，配合與生肖屬性的關係，避免沖剋刑害，擇其十二生肖所喜習性，加上中國文字「形、音、義」，六書「象形、指事、會意、形聲、轉注、假借」，定五行之貴賤，決一生之禍福矣！

# 解析生肖姓名學陰陽邊，所代表之意涵與運勢分析

## 姓氏代表意涵：

1、一～二十歲大運，一～廿五歲運勢。

2、與長輩上司緣分深淺，是否有祖產祖蔭，歷代祖先牌位安奉是否得宜，祖上風水好壞。

3、從事行業屬於勞力所得或是輕鬆擁有的賺錢形態。

4、個人名望、地位、形象、聲譽、功名貴顯與否。

5、個人神采、才華、抱負、成就之展現。

6、可觀視夫妻性格好壞、才華優劣、儀表相貌、得助與否。

7、個人反應能力、創造能力、領導能力、思考能力。

8、髮際至眉宇之間，也就是面相上停的位置，身體方面就是上焦的位置，審視病因、相貌。

9、陽宅住家優劣，睡眠品質好壞，靈力感應強弱，前世因果輪迴。

10、陽邊論個人聰明智慧，氣度威名；陰邊論個人名聲權勢，官彰爵厚。

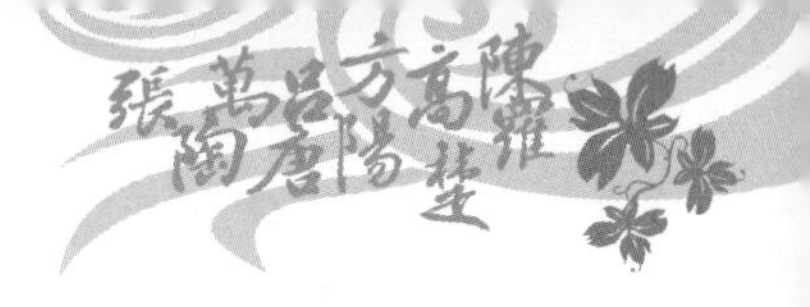


## 名一代表意涵

1、二十一～四十歲大運，十六～四十五歲運勢。

2、夫妻感情緣分深淺，平輩同儕相處關係，兄弟姐妹得助與否，命中貴人與小人。

3、工作能力的強弱，做事企圖心是否積極，執行策畫的能力，人際關係的手腕。

4、讀書學習的態度，聰明才智的高低，身體健康狀況，有無異性緣。

5、審視與父母親的關係。

6、透過刑沖會合害破，以及生肖屬性、食性、環境，觀看是否有老闆運。

7、個人心性、美醜、修為、膽識。

8、印堂至人中之間，也就是面相中停的位置，身體方面就是中焦的位置，審視病因、相貌。

9、陽宅住家優劣，睡眠品質好壞。

10、個人開發能力、規劃能力、領導能力、執行能力。

## 名二代表意涵

1、四十一～六十歲大運，三十六～六十五歲運勢。

2、與下屬晚輩的互動，兒女的教育方法，子孫賢孝與否。
3、工作事業是否順利，職位升遷平順與否。
4、夫妻之間相處的關係，性行為以及性能力是否和諧。
5、個人投資、投機、收藏之喜好。
6、審視錢財多寡，事業起伏、男性穿著、女性食祿。
7、個人潛在能力、表達能力。
8、人中至下巴之間，也就是面相下停的位置，身體方面就是下焦的位置，審視病因、相貌、福德、財富。
9、陽宅住家周邊巒頭好壞，氣場是否舒暢。
10、是否適合離鄉發展，出外奮鬥。

# 第三節　男女忌用字形解析及選擇

生肖姓名學考慮用字，除了配合主客體的刑沖會合害破以及生肖屬性、食性、環境喜忌之外，其它男女忌用字體，簡述如下：

【一】暗藏隱疾，不得善終，一乃為生的結束，死的開始，所以這個字萬萬不能使用。

【純】常常會因愛情而困惱、勞心傷神、身弱多疾之象，所以這個字非不得已，盡量不要使用。

【堯、舜、禹、皇、胤、雍、乾、帝、仙、聖】皇帝先賢之稱號，平民百姓不能冒犯，要不然一生壓力很重，難以承受。

【京】淒涼的字形，暗藏不祥之兆，所以這個字盡量不要使用。

【幸、辛】辛苦的字形，身陷囹圄、囹圉之象，盡量避免使用。

【枝、梅、霜、雪、貞、霞、露、冬、冰、亭、月、寒、萍】等文字中帶有淒涼、孤寂、冷傲、稍縱即逝的意涵。女性用之，多易有晚年孤獨，身體健康不佳，美好事物不長久的現象。

【亞、次、姿、伶、嬪、妃、季、殿】女性名一用之，感情勢必不順，因為名一為夫妻宮位。（所以不要用在名一）

【真、典、英、美、叔、興、儿、共、支、反、取、異、貝】名二忌用撇腳字形，易造成事業多變，勞而無獲。（所以不要用在名二）

【枕、吶、夾、妓、旱、沐、孛、婊、彗、惶、菲】命名首重形、音、義之選擇，字義不佳的涵意宜避用之（本書第八章第一節會有非常詳盡的論述）。

【傺、奩、籢、嬭、氝、嫑】冷僻文字盡量不用，稱呼、書寫皆不易，會有懷才不遇的現象。

【勇、壯、剛、猛、奮、威、泰、光、飛、武、成、強】女性一般避用剛強的字體，表示好動，男性化。

【芬、芳、柔、弱、美、女、夢、媛、花、姿、苗】男性一般避用陰柔的字體，表示被動，做事優柔寡斷。

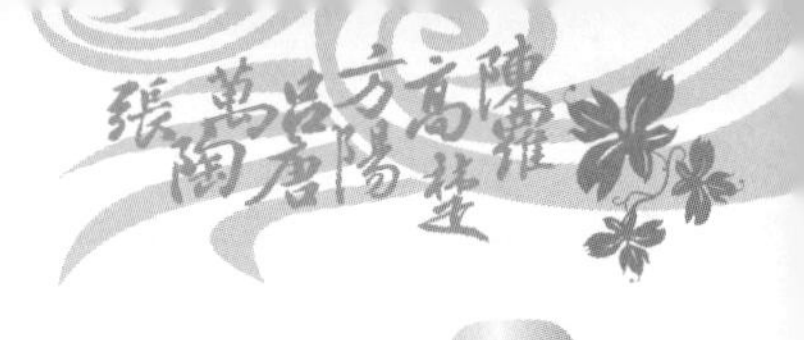

# 第四節　十二生肖的特性解說

十二生肖起源於中國，以時間配之為年、月、日、時，如卯年、午月、子日、未時；以生年配之附上十二種動物，如子鼠、丑牛、寅虎、卯兔、辰龍、巳蛇、午馬、未羊、申猴、酉雞、戌狗、亥豬。每種生肖各有其所喜食性、屬性、適合的生活環境。

**吾師慕亮考：**

十二生肖之態：鼠之竄，牛之勁，虎之猛，兔之蹦，龍之騰，蛇之纏，馬之奔，羊之馴，猴之攀，雞之展，狗之嗅，豬之懶。

十二生肖之聲：鼠聲謂之吱，牛聲謂之哞，虎聲謂之嘯，兔聲謂之咕，龍聲謂之吟，蛇聲謂之嘆，馬聲謂之嘶，羊聲謂之咩，猴聲謂之喉，雞聲謂之喔，狗聲謂之吠，豬聲謂之嚎。

十二時辰古稱：半夜子，雞鳴丑，平旦寅，日出卯，食時辰，禺中巳，日南午，日昳未，哺時申，日入酉，黃昏戌，人定亥。

十二生肖姓名：蔡子鼠，戴丑牛、孫寅虎、鄭卯兔、洪辰龍、張巳蛇、江午馬、李未羊、王申猴、黃酉雞、吳戌狗、龔亥豬。

學習與認識生肖姓名學，最重要的就是熟悉各種字體的屬性、代表，才能在命名的時候駕輕就熟，以下列表只要多加參詳，必能對生肖姓名學有更深的瞭解。

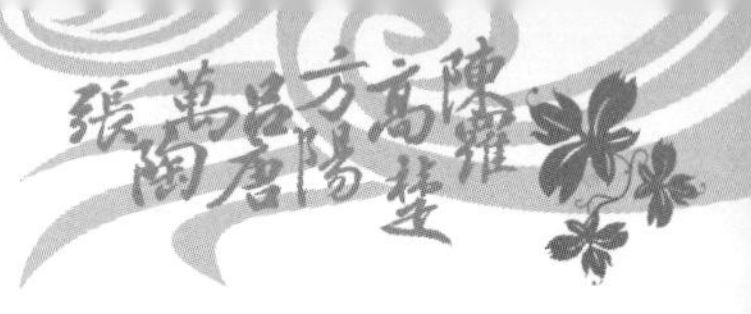

# 第五節　各種生肖所屬字體範例

| 條件＼字體＼範例 | 字體範例 |
|---|---|
| 子、鼠 | 子、鼠、一、壬、癸、水、北、冬、黑、李、孫、字、存、孝、孟、享、好、淳、潔、郭、庭、季、學、佟、黯、勳、首、至、壹、冠、洪、泳、詠、冰、泰、康、湘、淇、孩、孺、承、涵、泉、孔、孚、孳、孱、孛。 |
| 丑、牛 | 丑、牛、二、妞、紐、牧、皓、生、隆、特、士、產、牟、次、亞、浩、姓、性、先、物、造、薩、鈕、牲、笙、遲、牢、竺。 |
| 寅、虎 | 寅、虎、三、演、璸、鑌、繽、山、嵐、年、叁、爭、彪、虞、處、爐、盧、虛、獻、虔、號、琥、唬、淨、靜、風、楓、林、森、崗、艮、良、純、屯、丘、嵋、崔、催、巖、岩、據、岑、岳、峯、峰、崇、楚、根、彬、岷、峻、崑。 |
| 卯、兔 | 卯、兔、四、東、春、卿、仰、迎、孵、柳、印、昴、茆、抑、逸、免、勉、冕、菟、月、朋、青、棟、凍、朝、林、木、郁、明、期、朗。 |
| 辰、龍 | 辰、龍、五、宸、農、震、振、京、鹿、貝、雲、言、語、君、民、龔、龐、攏、隴、瀧、瓏、朧、麒、麟、賀、寶、麗、晨、雨、尤、慶、麓、寵、展。 |

| 巳、蛇 | 午、馬 | 未、羊 | 申、猴 | 酉、雞 | 戌、狗 | 亥、豬 |
|---|---|---|---|---|---|---|
| 巳、蛇、六、辶、廴、几、虫、弓、川、連、達、巽、選、建、順、凱、張、弘、丁、毛、之、一、釘、己、婉、宛、苑、凡、風、佇、起、巴、巷、扈、邑、虹、蜂、螢、蟬、貴、蜜、蜻、道、通、遠、延、庭、廷、遊、強、引、彎、弼。 | 午、馬、七、火、紅、南、離、竹、朱、丙、赤、彤、炳、許、杰、烽、丹、馮、炎、杵、忤、仵、駿、榮、騏、駱、馳、驛、驊、熠、照、熙、篤、筠、馴、夏、炫、煜、煥、燕、為、騰、瑩、驃、駒、珠、煌。 | 未、羊、八、朱、妹、末、茉、珠、株，美，善，群，羚，翔、洋、祥、詳、儀、姜、幸、南、達、澤、報、義、茱、洙、硃。 | 申、猴、九、示、袁、伸、坤、神、紳、珅、暢、園、遠、環、寰、侯、福、禮、綜、宗、旭、祖、祈、祺、祇、祁、祐、社。 | 酉、雞、十、羽、佳、西、白、非、兆、飛、鳥、金、兌、劉、鐘、鍾、茜、進、雄、維、鴻、鶯、鵬、翔、裴、百、泊、柏、伯、醒、醇、鄭、配、鳴、鳳、鵑、鴛、鴦、鶴、鵲、鷹、芻、雍、翊、翰、翁、雅、集、雁、雙、翎、翡、翠、習、翌。 | 戌、狗、犬、犭、忠、成、戎、國、咸、武、威、狄、獄、器、盛、戴、戒、狀、猶、猷、獻、獎、猛、獲、茂、城、然。 | 亥、豬、豕、核、該、孩、頦、家、豪、毅、象、豫、緣、眾、氦、咳、蒙、矇。 |

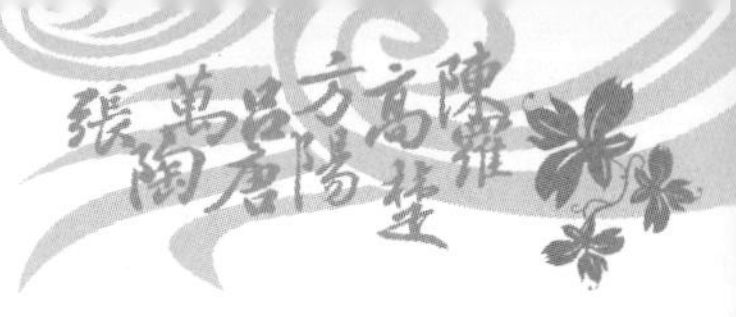


# 第六節 各種文字五行之特性及屬性範例

| 條件／字體／範例 | 字體範例 |
| --- | --- |
| 木 | 本、朱、李、村、杏、杉、東、松、林、枝、果、柳、柔、柏、柄、柯、校、根、桃、桔、桂、格、桐、桓、梅、森、棋、棟、楊、楚、楷、楓、業、楠、楦、樂、標、機、樺、樸、櫻、權。 |
| 火 | 炫、炳、為、烈、焜、然、焱、焦、煌、煙、煊、照、煦、煥、熙、熊、熠、燈、燕、營、螢、瑩、燮、榮。 |
| 土 | 圭、地、在、至、坎、坊、均、坦、垂、坤、坪、垣、城、堂、培、基、域、堅、堉、堃、場、堯、堡、境、增。 |
| 金 | 釜、釧、鈞、鈴、鉑、鉛、鈺、銀、銅、銓、銖、銘、銳、鋒、錫、鋼、錢、錦、錶、鍾、鐘、鎮、鎖、鏡、鐵、鑒、鑫、鑾。 |
| 水 | 永、求、汎、池、江、汪、沁、沈、沐、沖、沛、河、治、泊、況、泉、浤、泓、法、泳、泰、洋、洛、洵、浩、海、涓、涵、淑、淇、淳、清、添、淵、港、游、湘、湛、湯、溫、源、滔。 |
| 大 | 王、令、君、首、大、將、帥、聖、帝、皇、主、玲、珍、琴、冠、玉、理、太、天、夫、奕、琪、琳、瓏、珮、瑞、璋、玨、奏、珠、瑜、瑾、瑩、珅、琛、環、璇、瑪、瑤、旺、長、玫。 |

| 小 | 人 | 肉 | 山 | 耳 | 五穀 | 彩衣 | 白天 |
|---|---|---|---|---|---|---|---|
| 小、二、亞、少、士、臣、尖、姿、淑、叔、尾、次、尚、賢、爾、相、丞、吋、寸。 | 人、仁、任、介、仙、仲、伯、佑、伊、俊、得、德、依、儀、仕、佩、佳、偉、以、徐、律、復、何、信、休、傳、保、倫、修、健、伸、佐、余、侯、傑、從、徵、來、代、作。 | 心、月、忠、恩、思、惠、慧、意、念、志、憲、勝、育、朋、肯、憶、胡、朗、郁、有、情、恆、恒、怡、悅、恬、悟、愛、息、恭、慈、愉、慕、青。 | 山、林、岑、岳、崙、岡、崗、岱、岩、瑞、嶺、嵐、邱、崑、屯、艮、良、郎、朗、峻、森、琳、楚、霖、淋、彬、梵、崢。 | 耳、郭、鄭、鄧、陽、陳、陶、郎、鄒、酆、郝、鄔、邵、祁、阮、邱、郁、邢、郃、聞、耿、鄂、聶、聖、聽、防、聯、階、聚、聲、邦、郡、都、鄉、院、陸、陵、隆、際。 | 禾、叔、豆、麥、稟、秉、秀、豐、穀、穎、程、稚、穗、秋、莉、和、積、登、凱、利、臻、蓁、稜、梁、稼、科、秦、稷。 | 衣、采、表、袁、裡、裴、襲、紅、紀、純、素、紘、紫、絹、維、綠、綸、緣、縝、縈、總、繡、市、帆、帛、帝、希、師、常、彩、彤、彥、彪、彬、杉、彭、彰。 | 日、光、旭、昆、明、昇、昌、昂、旺、旻、春、星、昭、易、昱、晉、晏、晨、景、晴、智、晶、暄、曉、輝、耀。 |

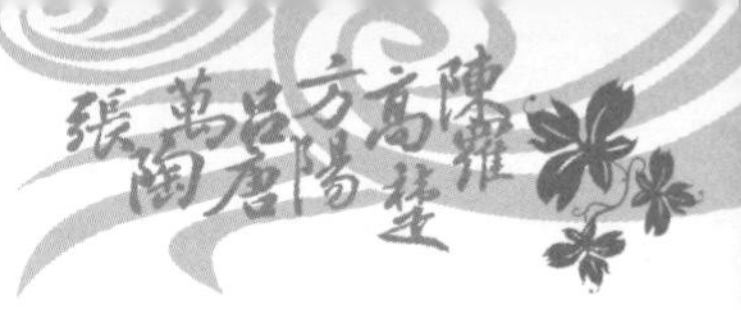

| | |
|---|---|
| 夜晚 | 夕、名、外、多、夙、夜、夢。 |
| 抬頭 | 亢、文、永、主、媛、爰、交、亦、亨、享、婷、京、亮、為、爵、愛、育、首、靖。 |
| 站立 | 立、童、竑、章、端、竣、豎、竟、競。 |
| 單腳 | 立、中、華、章、平、聿、峯、彰、希、市、帛、帝、常、童、靖、韋、單。 |
| 大小口 | 口、回、茵、國、圓、園、團、古、可、叮、台、司、史、吉、和、合、同、名、向、吳、吟、君、含、呈、呂、周、咸、品、哲、唐、員、唯、啟、善、喜、喬、單、嘉、器、嚴。 |
| 交叉撇腳 | 儿、賢、興、其、文、光、艾、元、貴、賓、賞、讚、贊、元、允、先、克、兌、受、政、真、貞、貝、寶。 |
| 洞穴、門欄 | 口、門、回、國、圓、園、古、台、吉、和、合、同、名、向、吳、吟、呂、品、守、安、宇、定、宏、宋、宗、家、宸、富、寧、寓、寬、寶、府、庚、庭、康、庸、廉、廣、龐、冠、厚、原。 |
| 草叢、平原 | 平、草、華、芝、芊、苓、范、荷、芬、芳、芷、茂、芃、菁、萍、苗、茵、藝、蘋、茹、蓉、花、茗、若、英、荃、莊、莎、莉、荳、蒲、莆、非、萊、菩、菊、萬、葉、蓮、蔡。 |
| 盤腿、翹腳 | 參、友、云、芸、耘、紜、弘、宏、紘、泓、竑、浤、文、雄、克、幼、幻、幽。 |

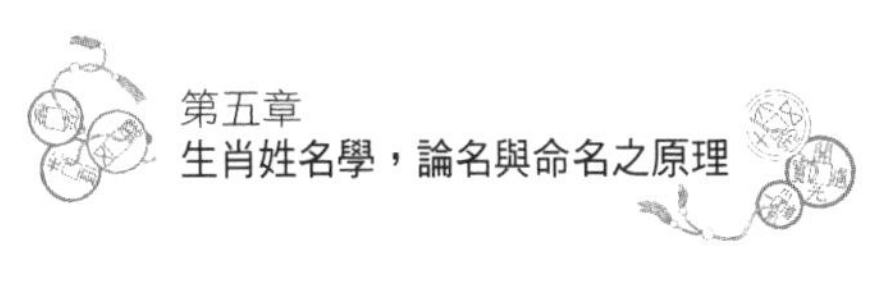


# 第七節 各種生肖喜歡或不喜歡之字型及字義例

◎**生肖屬鼠喜歡的字型與字義：**

老鼠最喜歡披彩衣、戴冠、稱王、掌權、草叢、喜吃五穀雜糧、喜洞穴、喜夜晚、喜金、喜水，喜同類。申猴、辰龍三合局，亥豬、丑牛三會局。

**生肖屬鼠不喜歡的字型與字義：**

老鼠不喜歡的字形有人字邊、木、火、土、巳蛇、午馬、未羊、太陽、耳朵、刀刃、逢肉、逢山、逢小、站立。

◎**生肖屬牛喜歡的字型與字義：**

牛喜歡逢小、草叢、喜吃五穀雜糧、喜洞穴寶蓋、喜門欄、喜夜晚、喜翹腳、喜金、喜水。喜巳蛇、酉金三合局，亥豬、子鼠三會局。

**生肖屬牛不喜歡的字型與字義：**

牛不喜歡的字形有人字邊、木、火、土、午馬、未羊、戌狗、太陽、耳朵、刀刃、逢肉、逢山、逢大、逢小口、彩衣、祭祀。

◎**生肖屬虎喜歡的字型與字義：**

老虎最喜歡披彩衣、戴冠、稱王、掌權、喜大、抬頭、冠冕、喜山林、喜肉、喜水、喜木。喜午馬、戌狗三合局，卯兔、辰龍三會局，但是逢辰龍則為龍爭虎鬥，並不適用。

**生肖屬虎不喜歡的字型與字義：**

老虎不喜歡的字形有人字邊、土、金、寅虎、辰龍、巳蛇、申猴、太陽、耳朵、平原、門欄、五穀、逢口、逢小、翹腳。

◎**生肖屬兔喜歡的字型與字義：**

兔子最喜歡披彩衣、喜吃五穀雜糧、喜洞穴、喜做小、喜水、喜木。喜亥豬、未羊三合局，寅虎、辰龍三會局，但是逢辰龍則為卯辰害穿，並不適用。

**生肖屬兔不喜歡的字型與字義：**

兔子不喜歡的字形有人字邊、火、土、金、辰龍、巳蛇、酉雞、太陽、耳朵、刀刃、逢肉、逢大、抬頭。

◎**生肖屬龍喜歡的字型與字義：**

龍最喜歡披彩衣、戴冠、抬頭、稱王、掌權、喜水、喜火、喜日月，喜午馬。喜子鼠、申猴三合局，寅虎、卯兔三會局，但是寅辰為「龍虎鬥」，卯辰為害穿，並不適用。

**生肖屬龍不喜歡的字型與字義：**

龍不喜歡的字形有人字邊、土、金、木、丑牛、寅虎、卯兔、巳蛇、未羊、戌狗、逢肉、洞穴、小口、大口、五穀、草原、盤腿翹腳。

◎**生肖屬蛇喜歡的字型與字義：**

蛇最喜歡披彩衣、喜洞穴、喜木、喜火、喜金、逢肉、喜做小、喜辰龍，喜同類。喜丑牛、酉雞三合局，午馬、未羊三會局。

**生肖屬蛇不喜歡的字型與字義：**

蛇不喜歡的字形有人字邊、水、土、寅虎、亥豬、太陽、耳朵、五穀、逢山、逢大、逢人、盤腿撇腳。

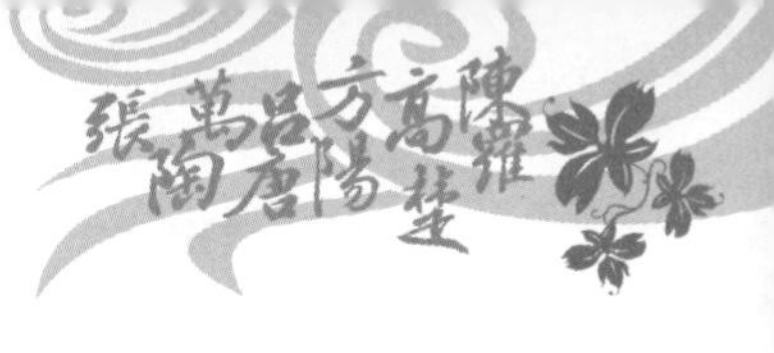


◎**生肖屬馬喜歡的字型與字義：**

馬最喜歡披彩衣、冠冕、草叢、喜吃五穀雜糧、喜大洞穴、喜逢單人、喜木、喜火，喜大、喜辰龍。喜寅虎、戌狗三合局，巳蛇、未羊三會局。

**生肖屬馬不喜歡的字型與字義：**

馬不喜歡的字形有雙人邊、土、金、水、子鼠、丑牛、太陽、逢肉、逢米、逢山、逢田、盤腿、翹腳、撇腳。

◎**生肖屬羊喜歡的字型與字義：**

羊最喜歡草叢、喜吃五穀雜糧、喜洞穴、喜翹腳、喜木、喜火。喜卯兔、亥豬三合局，巳蛇、午馬三會局。

**生肖屬羊不喜歡的字型與字義：**

羊不喜歡的字形有人字邊、土、金、水、子鼠、丑牛、辰龍、戌狗、逢肉、彩衣、逢大。

◎**生肖屬猴喜歡的字型與字義：**

猴子最喜歡披彩衣、喜小、喜洞穴、喜夜晚、逢人、站立、喜土、喜水，喜子鼠、辰龍三合局，酉雞、戌狗三會局，但是三會申酉戌皆為金，金金相碰，難免會有刑傷，反而是減分，並不適用。

**生肖屬猴不喜歡的字型與字義：**

猴子不喜歡的字形有五穀雜糧、草叢、木、火、金、寅虎、亥豬、太陽、耳朵、逢肉、逢山、逢大。

## ◎生肖屬雞喜歡的字型與字義：

雞最喜歡披彩衣、喜吃五穀雜糧、喜洞穴、喜單腳、喜做小、喜山、逢單口、喜土。喜丑牛、巳蛇三合局，申猴、戌狗三會局，但是三會申酉戌皆為金，金金相碰，難免會有刑傷，反而是減分，並不適用。

**生肖屬雞不喜歡的字型與字義：**

雞不喜歡的字形有人字邊、木、火、金、水、卯兔、申猴、戌狗、逢肉、逢大、雙口以上、盤腿翹腳撇腳。

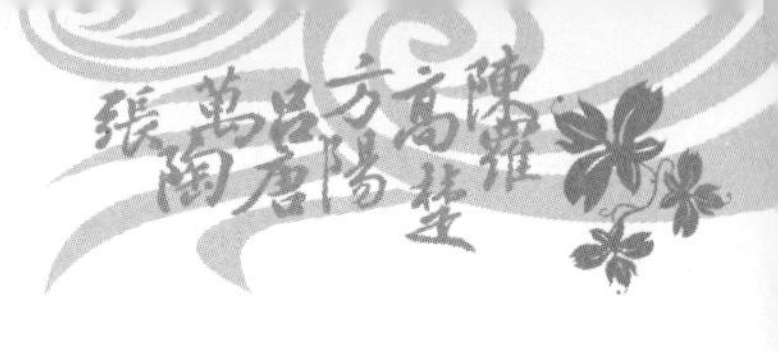

**◎生肖屬狗喜歡的字型與字義：**

狗最喜歡披彩衣、平原、喜肉、喜洞穴、喜做小、喜人、喜火、喜土。喜寅虎、午馬三合局，申猴、酉雞三會局，但是三會申酉戌皆為金，金金相碰，難免會有刑傷，反而是減分，並不適用。

**生肖屬狗不喜歡的字型與字義：**

狗不喜歡的字形有雙人字邊、金、水、木、丑牛、辰龍、未羊、太陽、五穀雜糧、逢山、逢口、逢大。

**◎生肖屬豬喜歡的字型與字義：**

豬最喜吃五穀雜糧、喜洞穴、喜翹腳、喜做小、喜金、喜水。喜卯兔、未羊三合局，子鼠、丑牛三會局。

**生肖屬豬不喜歡的字型與字義：**

豬不喜歡的字形有人字邊、火、土、巳蛇、申猴、太陽、耳朵、逢肉、逢山、逢大、彩衣。

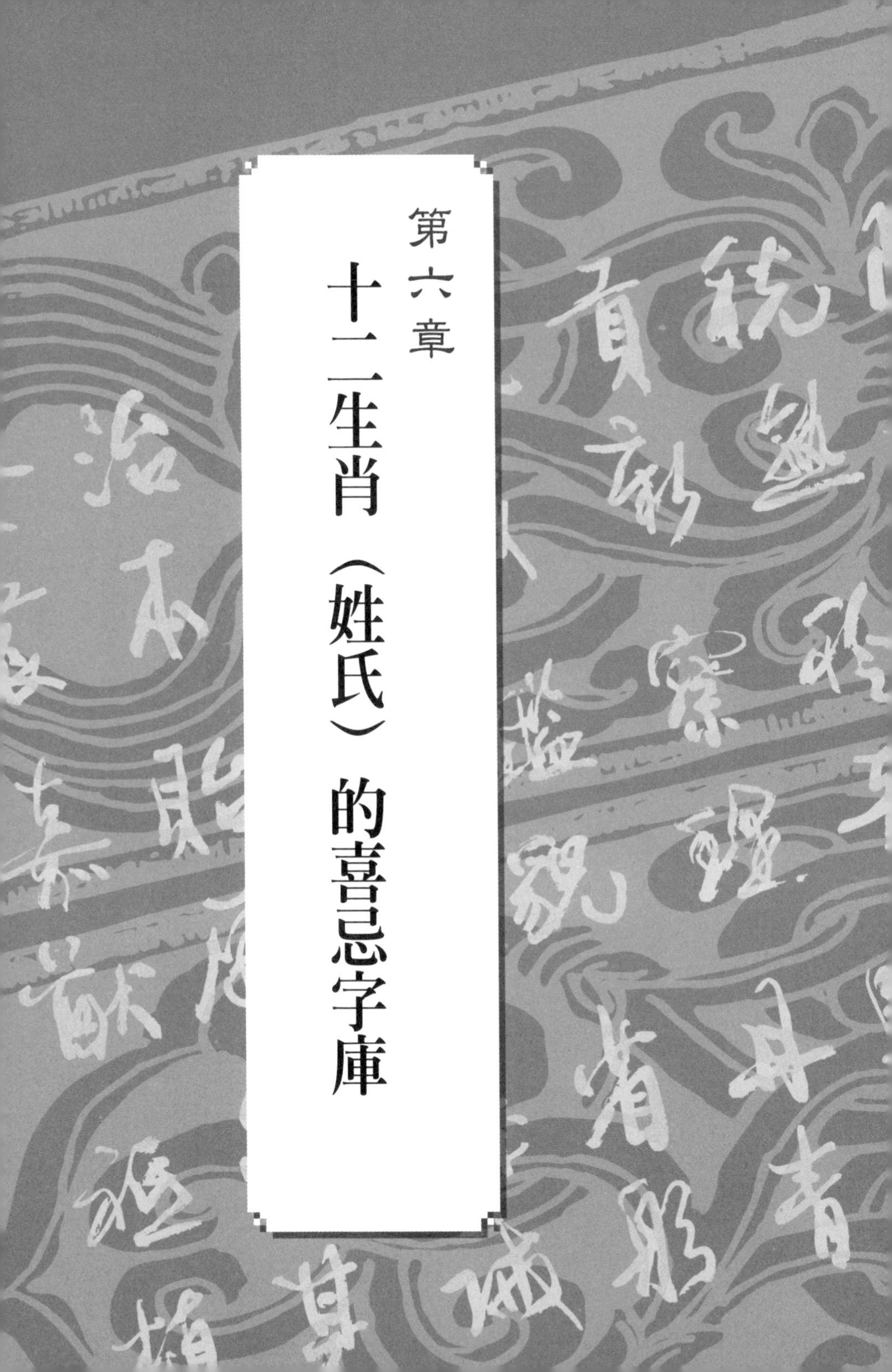

# 第六章

# 十二生肖（姓氏）的喜忌字庫

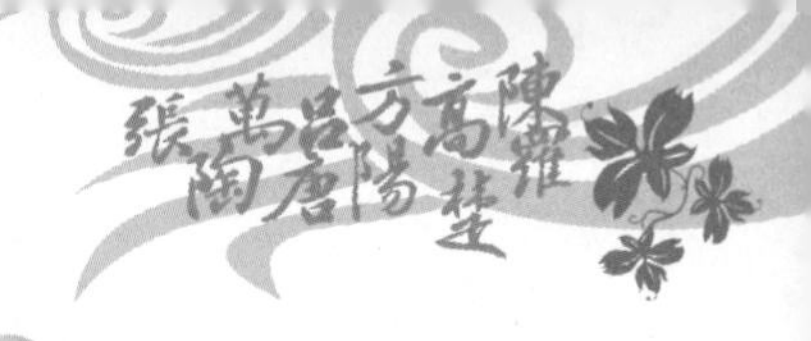

十二生肖配合姓名，承續祖先之脈為姓，發揚祖先之光為名。各生肖有其喜忌的姓氏與名字，以陰陽五行為基礎，運用生剋制化，擇喜捨忌，（權用為尚可喜忌參半），趨吉避凶，定五行之貴賤，決平生之禍福。

## 第一節　各生肖生的人與各姓氏之關係

### ◎生肖屬鼠的姓氏喜用：

于、王、方、尤、牛、石、田、甘、古、安、曲、李、吳、江、呂、池、谷、金、周、汪、季、孟、帥、席、唐、洪、高、袁、孫、康、苗、麥、涂、程、梁、賀、彭、喬、詹、雷、賴、盧、游、潘、蔡、薛、顏、蕭、嚴、龔。

以上這些姓氏如果生了屬老鼠的孩子，或是您的生肖屬老鼠，後天就等於有這種現象：

1. 在科名上：從事行業的層次會比較高＝（90分）
2. 在祖德上：包括祖產的獲得及祖墳的庇蔭較多關照＝（90分）
3. 在長上情：較容易得父母的關愛及長輩上司的提攜＝（90分）

4.在天資上：從父母得到的先天資質＝（90分）

5.在賺錢型態上：比較輕鬆愉快＝（90分）

## ◎生肖屬鼠的姓氏權用：

孔、余、柯、施、沈、阮、胡、紀、邵、陳、姚、范、邱、童、黃、湯、溫、郭、廖、董、歐、羅、翁、韓、錢、黎、蔣、劉、戴、魏、謝、鍾、蘇。

以上這些姓氏如果生了屬老鼠的孩子，或是您的生肖屬老鼠，後天就等於有75分的加分效果。

## ◎生肖屬鼠的姓氏忌用：

丁、毛、巴、白、朱、何、杜、巫、姜、卓、林、倪、柳、徐、馬、夏、馮、莊、曾、楊、熊、簡、駱、連、趙、鄒、饒。

以上這些姓氏如果生了屬老鼠的孩子，或是您的生肖屬老鼠，後天就等於有這種現象：

1.在科名上：從事行業的層次會比較低＝（得40分）

2.在祖德上：包括祖產的獲得及祖墳的庇蔭得不到關照＝（得40分）

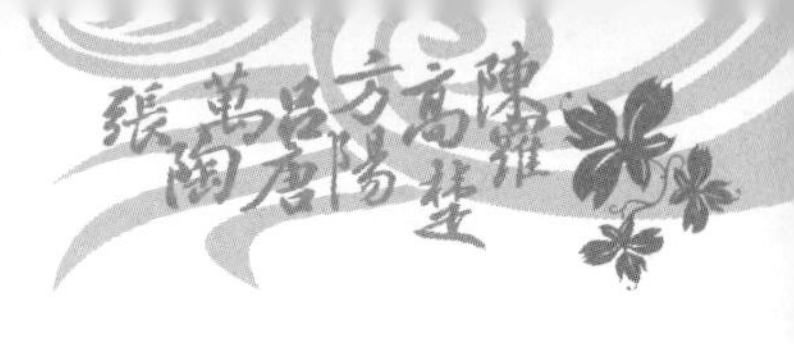


3.在長上情：不容易得父母的關愛及長輩上司的提攜＝（得40分）
4.在天資上：從父母得到的先天資質很低＝（得40分）
5.在賺錢型態上：一點都不輕鬆愉快＝（得40分）

◎**生肖屬牛的姓氏喜用：**

于、毛、牛、孔、田、包、江、李、余、金、沈、孟、洪、康、范、涂、苗、姚、游、魏、藍、潘、連、黎、鄒、鄭。

以上這些姓氏如果生了屬牛的孩子，或是您的生肖屬牛，後天就等於有這種現象：

1.在科名上：從事行業的層次會比較高＝（90分）
2.在祖德上：包括祖產的獲得及祖墳的庇蔭較多關照＝（90分）
3.在長上情：較容易得父母的關愛及長輩上司的提攜＝（90分）
4.在天資上：從父母得到的先天資質＝（90分）
5.在賺錢型態上：比較輕鬆愉快＝（90分）

◎**生肖屬牛的姓氏權用：**

方、尤、古、宋、周、汪、施、程、倪、阮、柳、卓、唐、湯、張、彭、黃、徐、莊、雷、傅、華、秦、郭、童、梁、趙、孫、曹、溫、鄧、蔣、劉、翁、廖、羅、戴、盧、蕭、董、鍾、錢、薛、嚴、蘇。

以上這些姓氏如果生了屬牛的孩子，或是您的生肖屬牛，後天就等於有75分的加分效果。

## ◎生肖屬牛的姓氏忌用：

丁、王、石、白、朱、何、呂、巫、杜、吳、柯、林、馬、侯、姜、高、胡、袁、許、夏、曾、陳、詹、賴、葉、簡、顏、謝、龔、饒。

以上這些姓氏如果生了屬牛的孩子，或是您的生肖屬牛，後天就等於有這種現象：

1. 在科名上：從事行業的層次會比較低＝（得40分）
2. 在祖德上：包括祖產的獲得及祖墳的庇蔭得不到關照＝（得40分）
3. 在長上情：不容易得父母的關愛及長輩上司的提攜＝（得40分）
4. 在天資上：從父母得到的先天資質很低＝（得40分）
5. 在賺錢型態上：一點都不輕鬆愉快＝（得40分）

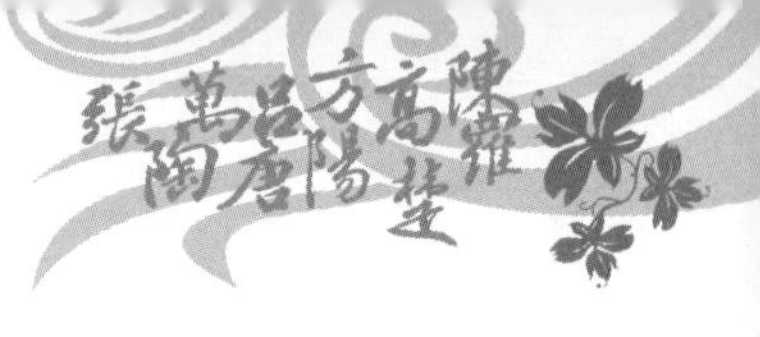


◎**生肖屬虎的姓氏喜用：**

王、午、朱、李、林、汪、宋、岳、狄、馬、孫、夏、馮、康、武、柳、陳、游。

以上這些姓氏如果生了屬虎的孩子，或是您的生肖屬虎，請參考老鼠喜用得分解說。

◎**生肖屬虎的姓氏權用：**

丁、孔、江、池、卓、胡、杜、沈、柯、崔、洪、紀、涂、張、范、彭、邱、許、曾、湯、梁、廖、童、趙、郭、駱、翁、賴、潘、溫、戴、顏、黎、簡、楊、韓、錢。

以上這些姓氏如果生了屬虎的孩子，或是您的生肖屬虎，請參考老鼠權用得分解說。

◎**生肖屬虎的姓氏忌用：**

于、方、白、何、呂、吳、余、周、姜、唐、徐、施、姚、高、黃、莊、蔡、葉、詹、劉、曹、蔣、蕭、鄭、盧、魏、蘇、嚴、饒。

以上這些姓氏如果生了屬虎的孩子，或是您的生肖屬虎，請參考老鼠忌用得分解說。

◎**生肖屬兔的姓氏喜用：**

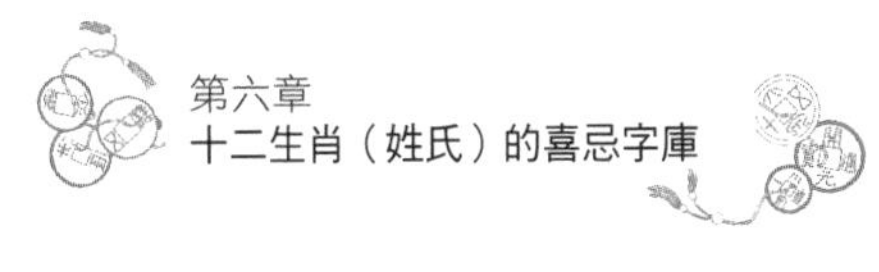

方、石、田、呂、江、余、李、曲、池、周、宋、朱、柯、姜、洪、唐、康、苗、梁、涂、柳、程、高、華、潘、游、葉、藍、戴、蕭。

◎**生肖屬兔的姓氏權用：**

于、古、吳、林、汪、沈、杜、徐、彭、胡、施、范、孫、莊、紀、馮、黃、邵、袁、廖、楊、盧、趙、董、賴、郭、陳、連、童、駱、溫、歐、董、秦、傅、湯、曹、鄧、錢、薛、蔣、羅、蔡、魏、蘇、嚴。

◎**生肖屬兔的姓氏忌用：**

丁、王、毛、尤、白、何、巫、卓、許、馬、夏、侯、倪、張、曾、詹、邱、鄒、劉、簡、翁、鄭、鍾、韓、謝、饒、龔。

◎**生肖屬龍的姓氏喜用：**

王、午、水、白、汪、李、明、卓、易、曾、洪、孫、湯、馬、溫、馮、習、楊、游、韓、繆。

**◎生肖屬龍的姓氏權用：**

丁、朱、江、林、沈、柯、孟、胡、侯、涂、范、紀、姚、柳、彭、許、帥、柳、翁、鄒、蔡、潘、詹、簡、趙、曹、康、黎、駱、童、顏、鄭、羅、張。

**◎生肖屬龍的姓氏忌用：**

于、方、尤、石、古、毛、田、宋、余、呂、何、吳、杜、周、巫、金、邱、施、程、唐、高、倪、阮、姜、莊、徐、黃、梁、傅、邵、董、郭、鍾、鄧、劉、賴、錢、盧、陳、連、戴、蘇、薛、葉、歐、謝、嚴、饒、龔。

**◎生肖屬蛇的姓氏喜用：**

丁、于、方、午、毛、尤、石、古、田、呂、朱、包、宋、馬、曲、周、柯、姚、姜、高、夏、許、唐、胡、苗、雷、賀、連、翟、謝、顏、駱、賴、趙、鄒、葉、廖、蕭、羅、鄭、嚴。

**◎生肖屬蛇的姓氏權用：**

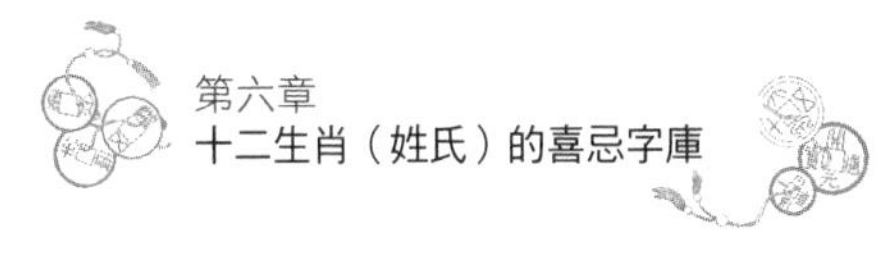

白、李、江、吳、何、杜、林、金、邱、卓、紀、施、馮、彭、莊、黃、楊、郭、董、柳、阮、邵、歐、童、曹、張、翁、詹、楊、藍、鄧、蔡、簡、薛、錢、鍾、蔣、韓、熊、戴、魏、龔。

◎**生肖屬蛇的姓氏忌用：**

王、余、巫、沈、汪、洪、侯、溫、涂、湯、康、倪、曾、徐、范、游、梁、孫、程、陳、潘、劉、盧、傅、黎、蘇、饒。

◎**生肖屬馬的姓氏喜用：**

丁、毛、尤、朱、王、余、宋、林、姜、夏、許、彭、談、賴、詹、蔡、葉、蕭、張、龍、顏、謝、廖。

◎**生肖屬馬的姓氏權用：**

方、李、吳、杜、周、柯、侯、卓、紀、馬、阮、姚、程、倪、袁、唐、曾、施、曹、孫、歐、徐、范、柳、梁、賀、童、趙、陳、董、連、傅、楊、翁、錢、薛、簡、

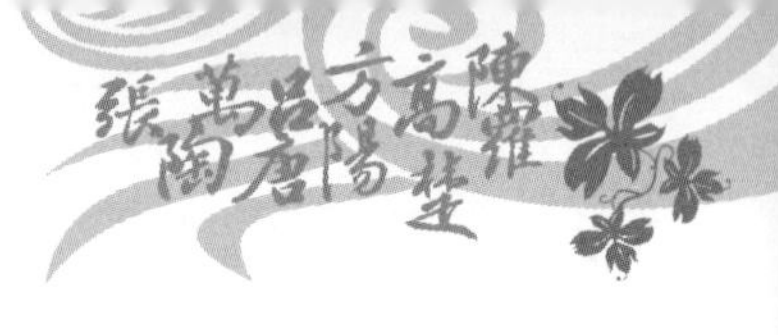

藍、鄧、蔣、戴、盧、羅、魏、蘇、饒、龔。

**◎生肖屬馬的姓氏忌用：**

于、石、古、白、田、巫、江、呂、何、沈、洪、汪、金、涂、胡、馮、湯、康、邵、潘、游、黃、高、溫、邱、郭、駱、劉、韓、鄭、黎、鄒、鍾、嚴。

**◎生肖屬羊的姓氏喜用：**

丁、午、毛、田、朱、余、宋、林、曲、馬、姜、柳、苗、連、黃、葉、魏、蕭、蘇。

**◎生肖屬羊的姓氏權用：**

于、方、李、杜、周、柯、彭、程、馮、涂、施、許、莊、邱、徐、姚、唐、張、范、夏、康、華、楊、陳、鄧、曹、傅、梁、趙、童、賴、廖、翁、劉、薛、盧、蔣、潘、簡、董、駱、鄒、戴、羅、藍、熊、蔡、謝、饒。

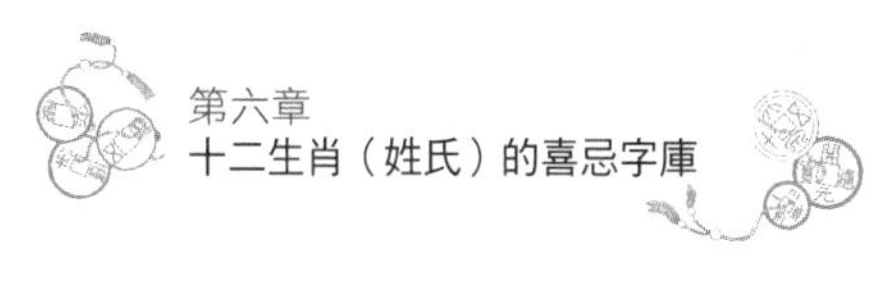


◎生肖屬羊的姓氏忌用：

王、尤、石、古、巫、呂、吳、何、江、金、汪、侯、洪、胡、阮、沈、倪、卓、袁、紀、曾、高、孫、詹、湯、游、郭、溫、鄭、嚴、鍾、錢、顏、韓、龔。

◎生肖屬猴的姓氏喜用：

尤、方、孔、石、伍、李、呂、江、巫、周、沈、紀、袁、孫、高、唐、康、歐、賀、游、詹、郭、顏、謝、嚴。

◎生肖屬猴的姓氏權用：

于、古、毛、何、吳、宋、汪、洪、倪、姜、馮、孟、徐、許、范、涂、胡、莊、程、彭、姚、童、駱、邵、施、湯、溫、曾、曹、董、賴、潘、廖、簡、傅、連、梁、趙、鍾、藍、黎、韓、羅、蕭、鄧、饒。

◎生肖屬猴的姓氏忌用：

丁、王、白、朱、田、余、杜、林、金、柯、馬、卓、邱、夏、阮、黃、柳、葉、

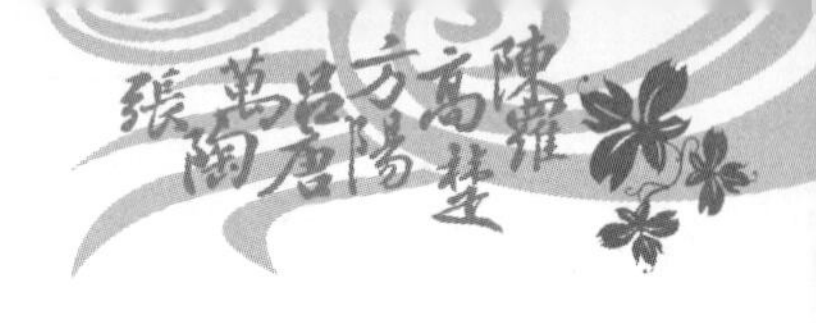

蘇、陳、翁、劉、蔡、楊、蔣、魏、錢、戴、鄭、盧、薛、鄒。

◎**生肖屬雞的姓氏喜用：**

于、尤、方、毛、田、包、余、紀、周、唐、章、苗、邱、彭、童、詹、連、董、賀、顏、鄧、謝、蕭、魏。

◎**生肖屬雞的姓氏權用：**

丁、石、古、吳、江、杜、宋、何、袁、倪、沈、金、卓、柯、許、姜、施、莊、程、胡、阮、邵、姚、徐、涂、康、曾、曹、范、孫、秦、張、黃、駱、傅、溫、盧、郭、賴、梁、趙、藍、潘、廖、蔡、鍾、游、薛、黎、羅、鄒、簡、鄭、饒、蔣、戴、蘇、龔。

◎**生肖屬雞的姓氏忌用：**

王、白、朱、呂、李、巫、林、汪、馬、馮、侯、洪、夏、高、柳、湯、楊、歐、錢、翁、陳、葉、劉、韓、嚴。

◎**生肖屬狗的姓氏喜用：**

田、朱、何、馬、紀、苗、夏、童、駱、黃、董、傅、盧、戴、蕭、繆、饒。

◎**生肖屬狗的姓氏權用：**

丁、于、方、毛、余、宋、侯、倪、柯、周、胡、孫、唐、曹、許、施、姜、姚、馮、范、連、雷、康、柳、楊、湯、陳、葉、潘、歐、劉、簡、蔡、趙、薛、顏、藍、羅、蔣、鄧、魏、鍾。

◎**生肖屬狗的姓氏忌用：**

王、尤、古、石、巫、呂、江、吳、李、卓、汪、沈、洪、涂、程、邱、阮、高、梁、張、溫、翁、錢、賴、鄒、郭、游、黎、韓、鄭、嚴、謝、龔。

◎**生肖屬豬的姓氏喜用：**

田、李、余、宋、江、林、孟、姜、苗、涂、柳、康、梁、游、潘、藍。

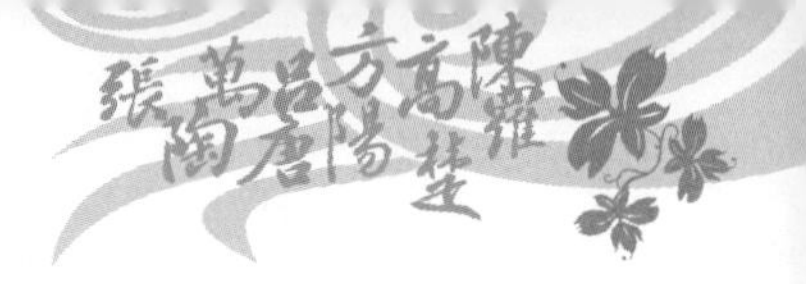

### ◎生肖屬豬的姓氏權用：

于、方、孔、牛、朱、杜、柯、沈、金、汪、周、池、唐、馮、洪、姚、范、程、莊、孫、彭、湯、郭、傅、溫、賴、黃、曹、廖、楊、秦、董、盧、楊、陳、翁、簡、鄧、蔣、薛、蕭、鍾、葉、劉、錢、黎、魏、蘇。

### ◎生肖屬豬的姓氏忌用：

丁、白、王、石、古、毛、尤、呂、吳、何、侯、卓、馬、紀、袁、胡、許、高、施、邵、夏、曾、阮、倪、邱、張、駱、歐、詹、趙、韓、連、蔡、鄒、顏、羅、鄭、謝、戴、饒、嚴、龔。

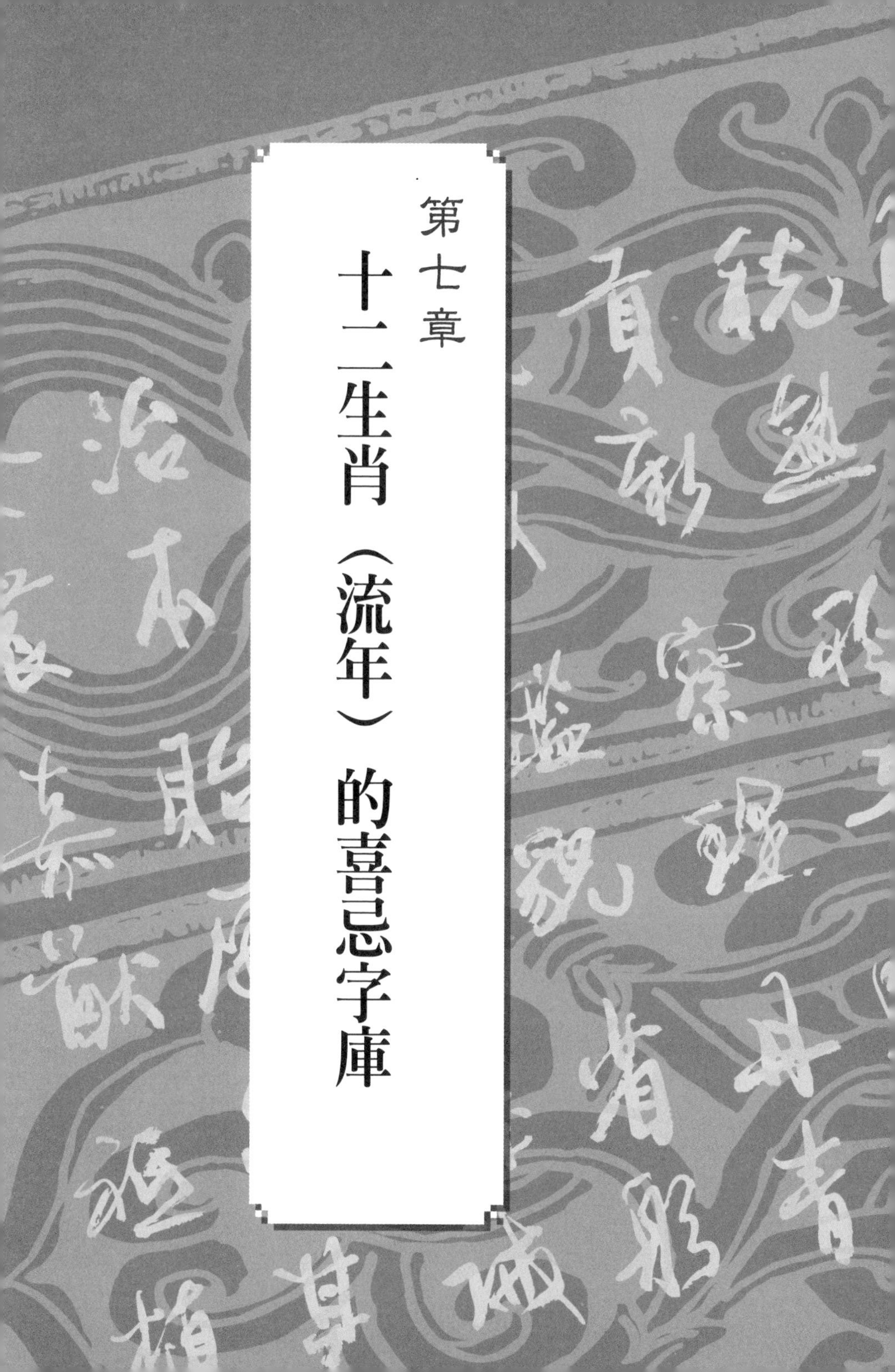

# 第七章

# 十二生肖（流年）的喜忌字庫

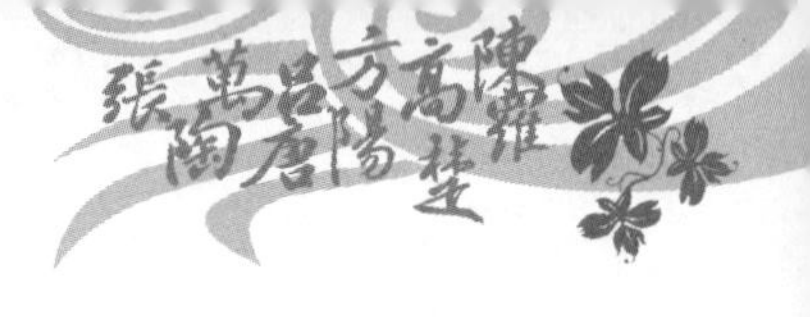


每一個人的名字跟自己的生肖與流年（天干、地支）喜忌文字所產生的吉凶對應，每年有所不同。（字有分陰陽邊，有些字陰邊好陽邊差；或陽邊好陰邊差，在選擇上須慎重）。

以下就每種生肖哪一些字用了會有加分效果，哪一些字用了會扣分，請慎重選吉。

## 第一節　子（鼠）生的人與流年喜用文字參考字庫

與生肖呈現三合關係（加90分）：喜申猴辰龍──三合。

祐、祖、祜、祝、祺、祿、禎、福、禧、禮、禪、宸、農、震、振、龍、瀧、瓏、龔、寵、龐、麒、麟、麗、麓、貝、貞、財、貫、賀、賁、贊、言、記、詠、詩、詮、詹、語、誥、諄、課、諒、論、諦、諺、謙、謝、袁、珅、暢、環、紳、園、社、祁、譽、誼。

與生肖呈現三會關係（加85分）：喜亥豬丑牛──三會。

豫、毅、緣、犁、生、牲、產、甥、甦、牡、牧、特、物、隆、浩、皓、紐、核、孩、家、象、豪、鈕。

**與生肖呈現安身立命關係（加82分）：喜洞喜穴喜夜晚—得地。**

定、室、家、宸、容、寄、富、寬、寰、寶、古、台、右、同、名、君、呈、吾、呂、周、和、品、咪、員、哲、唐、商、喬、單、嚴、回、因、固、圃、宇、安、宜、宏、宗、宙、國、圍、園、圖、圜、圓。

**與生肖呈身分相當關係（加81分）：喜逢大為王—得位。**

王、大、太、元、君、冠、令、夫、奇、首、帥、奕、玉、玫、玨、珊、珀、珍、班、珪、現、理、琪、琴、琮、琳、琦、瑋、瑜、瑞、瑗、瑛、瑩、璇、璋、璜、璘、璧、環、璩、璨、璽、璿。

**與生肖呈可得溫飽關係（加80分）：喜五穀—得食。**

種、積、穠、稼、利、蓁、臻、稷、穎、粉、精、粹、糧、登、鼓、豌、彭、豐、

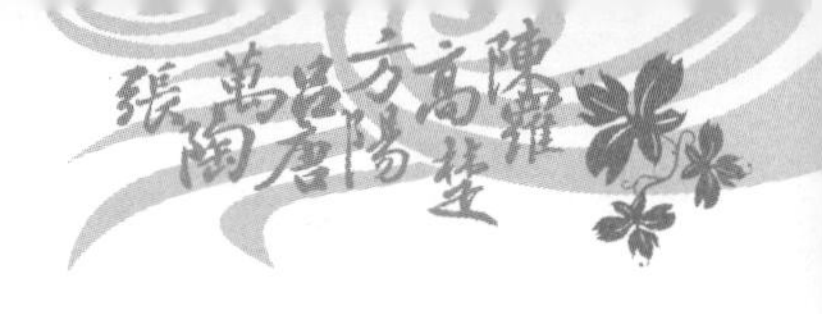

黍、麵、秉、秀、科、秦、程、稟、麥。

**與生肖呈貴人相助關係（加85分）：喜金—相生**

金、銘、鋒、鋼、鈞、鉅、鈿、錄、鈴、鈕、錚、釗、鏘、鈺、鍾、鎮、錢、銳、銀、銅、鐵、錳、鍊。

**與生肖呈好友很多關係（加80分）：喜水—比旺**

永、泳、汝、沂、江、河、汰、沛、治、泊、法、津、淨、浩、涵、淞、深、添、港、清、游、湄、湧、湘、湯、溫、灣、湲、滋、滿、潔、潤、濃、漢、孔、存、字、孝、孜、孟、季、孰、孳、學、孺、李、享。

**與生肖呈身分提升關係（加80分）：喜彩衣—升格。**

衣、褚、襄、袖、采、綵、市、帔、希、帝、常、幀、幕、幗、彥、彭、形、紀、素、紜、紘、紐、統、紳、組、絲、經、綑、絹、繡、綻、綜、綾、綠、綿、表、袁、衫、裁、裕、裳、綸、緒、維、練、緻、緯、緣、縈、緹、績、繼、織、續。

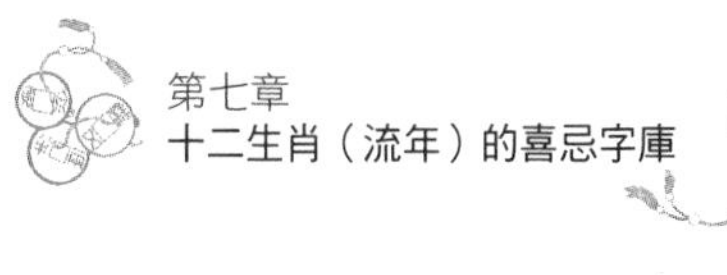

# 第二節 子（鼠）生的人與流年忌用文字參考字庫

**與生肖呈現不合的關係（扣80分）：忌逢午馬—相沖。**

駕、駘、駙、駰、駱、駿、騁、騂、騄、騅、騏、騫、騰、驃、驅、驄、驊、驍、馮、馬、馳、馴、馹、駟、駐、駒、驕、驛、驥、驪、驤、許、夏、赤、南、火。

**與生肖呈現刑剋的關係（扣70分）：忌逢卯兔—相刑。**

月、明、卿、印、仰、勉、逸、青、東、柳、木、勝、期、郁、服、望、朔、朝、朗。

**與生肖呈現破壞的關係（扣70分）：忌逢酉雞—相破。**

雄、雅、集、雙、離、進、雁、雋、雕、羿、翊、翃、翎、翔、翡、翠、翩、翰、翼、耀、酷、酥、醒、兆、飛、非、習、鵑、鳴、鳳、鶯、鶴、鴻、鵝、鷹。

**與生肖呈現拖累的關係（扣70分）：不喜木—刑洩。**

木、林、本、格、根、桑、桂、桶、桐、桓、桔、梧、梁、棟、梓、梵、棋、棉、棚、榆、楊、植、楚、杭、松、柳、柔、枚、柱、柯、核、栗、楷、榮、樣、業、森、

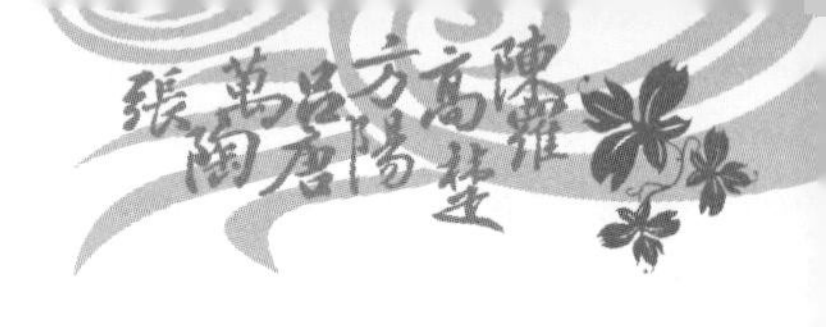

杉、杜、杏、桃、株、權、榛、樹、樵、橋、横、檳、梨、橡、樂。

**與生肖呈現對立的關係（扣80分）：忌逢未羊——相害。**

朱、未、羊、美、姜、羚、善、義、群、羲、妹、儀、詳、祥、洋、翔。

**與生肖呈現貶低身分的關係（扣65分）：忌逢小忌當老二——降格。**

士、臣、叔、姿、小、少、亞、二。

**與生肖呈現對立不爽的關係（扣85分）：忌土忌火——相剋。**

執、培、基、堂、堅、堆、堡、堯、場、墨、墩、墾、壇、壘、炎、灼、為、烈、烘、然、煙、煌、煉、焜、煖、烊、照、煦、熊、燈、燕、熔、燦、瑩、炫、圭、在、地、圳、坊、均、坐、坎、坡、坤、垂、域、城、熠、熹、無、煜、煥。

**與生肖呈現犧牲的關係（扣67分）：忌逢人忌逢蛇——犧牲。**

佑、位、伸、企、伊、伯、伶、何、佩、佳、依、俊、俐、倍、俞、修、倉、倍、倫、儒、偉、偕、健、偵、傑、傳、儀、億、優、虹、蜀、蜂、蜜、蝴、蝶、蟬、蟠、蟻、蜞、螢、引、弘、張、弦、強、弼、彊、彎、廷、延、建、迴、仁、仕、今、介、代、仙、仰、仲、任、佐、巡、迎、述、迪、通、連、造、進、達、運、道、遠、趙、超、起、越。

**與生肖呈現得不到溫飽的關係（扣78分）：忌逢肉—不得食。**

惠、慈、慧、感、慰、憲、憨、懇、應、戀、怡、性、恆、恰、恬、情、慎、慷、憶、懷、惟、肌、肋、股、肴、胥、胎、能、胡、脩、有、服、朔、朝、郁、心、志、忝、忠、念、思、息、恩、悉、悠、期、勝、朦。

**與生肖呈現不容易有安身立命之場所（扣82分）：忌逢白天太陽—勞碌。**

昀、旻、昇、明、昕、昭、映、星、昱、時、晉、晏、晃、晨、普、晴、晶、智、暉、暄、曉、曙、旦、旨、旬、旭、旺、易、昌、昆、曜、曦、光、耀、照、輝。

**歌訣（一）**

羊鼠相逢一旦休。蛇鼠一窩難重重。兔鼠同籠刑且剋。雞鼠相見破害中。倘遇午馬相沖對。身心難安福不榮。

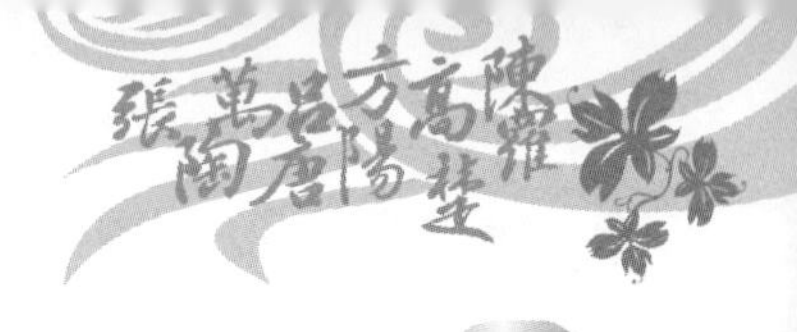

# 第三節　丑（牛）生的人與流年喜用文字參考字庫

**與生肖呈現三合關係（加90分）：喜巳蛇酉雞—三合。**

迪、連、造、進、運、達、道、遠、遵、酷、酥、鄭、醒、兆、飛、非、羽、雄、雅、集、雙、離、雁、雋、羿、翊、翃、翎、翁、翡、翠、翰、翼、耀、習、鵑、虹、蜀、蜂、蜜、蝴、蝶、蟬、蟠、蟻、蜞、螢、引、弘、張、弦、強、弼、彊、彎、廷、建、迴、巡、迎、述、鳴、鳳、鶯、鶴、鴻、鵜、鷹。

**與生肖呈現三會關係（加85分）：喜亥豬子鼠—三會。**

該、孔、存、字、孝、孜、核、孩、家、象、豪、豫、毅、孟、季、孰、孳、學、李、享、孺。

**與生肖呈現安身立命關係（加82分）：喜洞穴喜門欄—得地。**

寬、寰、圃、圍、守、宏、宙、宛、宜、家、寅、富、園、圜、開、閎、閨、閩、閱、厚、原、序、庫、庭、康、庸、廣。

**與生肖呈身分相當關係（加81分）：喜逢小喜當老二—得位。**

少、小、尚、工、巧、左、二、貳、士、壯、壬、臨、丞、相、力、功、加、助、勁、勃、勇、動、務、勘、勤、勸。

**與生肖呈可得溫飽關係（加80分）：喜草喜五穀—得食。**

稼、利、蓁、稷、粉、精、粹、糧、秉、秀、科、秦、程、稟、種、穠、登、鼓、豌、豐、艾、芃、芊、芎、芳、芝、芷、芸、范、苑、苗、茗、茵、茜、莎、莊、菁、菊、蘭、蓮、藍、藝。

**與生肖呈貴人相助關係（加85分）：喜金—相生。**

鈞、鉅、鈿、錄、鈴、金、銀、銅、鐵、錳、銘、鋒、鋼、錚、釗、鈺、鍾、錢、銳、鍊。

**與生肖呈好友很多關係（加80分）：喜水—比旺。**

物、隆、浩、鈕、泳、汝、沂、生、牲、產、甥、甦、牡、牧、特、江、河、治、泊、法、津、淨、涵、湘、淞、深、添、港、清、游、湧、滿、潤、漢、灣。

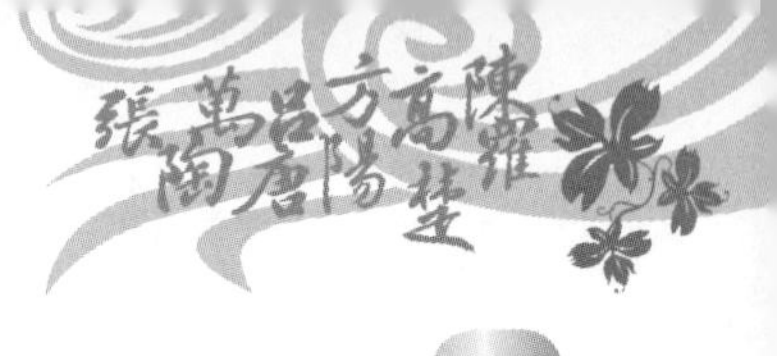


## 第四節　丑（牛）生的人與流年忌用文字參考字庫

與生肖呈現不合的關係（扣80分）：忌逢未羊──相沖。

義、群、羲、妹、儀、詳、祥、朱、未、羊、美、羚、善、洋、翔。

與生肖呈現刑剋的關係（扣75分）：忌逢戌狗──相刑。

誠、狄、狀、狂、獲、獻、戍、戎、我、戰、戴、茂、盛、威、城、然、猶、猛、狷。

與生肖呈現拖累的關係（扣70分）：不喜木──剋洩。

棟、梓、棋、棉、本、林、森、材、杜、村、桃、株、格、根、桑、桂、桶、桐、桓、桔、梧、梁、樑、棚、榆、楊、植、杭、松、柳、柔、枚、柱、柯、核、栗、楷、榮、樣、柵、欄、權、榛、横、檳、橡、樂。

與生肖呈現破壞的關係（扣70分）：忌逢辰龍──相破。

寵、龐、麒、麟、麗、麓、貝、宸、震、振、龍、瀧、瓏、曨、襲、龔、貞、財、

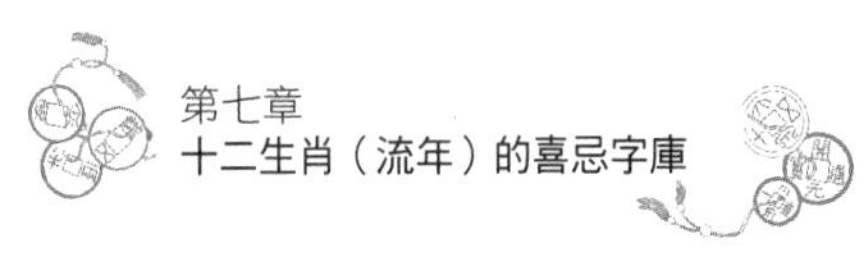


貫、賀、贊、言、記、詠、詩、論、詮、詹、語、誥、諄、課、諒、諦、諺、謝、誼。

**與生肖呈現對立的關係（扣70分）：忌逢午馬─相害。**

駕、駘、駙、駰、駱、駿、騁、馮、馬、馳、馴、駟、駰、駐、駒、驛、驊、騄、騅、騏、騫、騰、驃、驅、驄、驍、驥、驤、驪、許、夏、赤、南。

**與生肖呈現對立不爽的關係（扣85分）：忌土忌火─相剋。**

坡、坤、垂、域、城、執、培、基、堂、堅、堆、堡、堯、場、墨、墩、墾、壇、壘、炎、圭、在、地、圳、坊、均、坐、坎、均、為、烈、烘、然、煙、煌、煉、焜、煖、烊、照、煦、熊、燈、燕、熔、燦、炫、熠、熹、無、煜、煥。

**與生肖呈現犧牲的關係（扣67分）：忌當大王忌抬頭忌彩衣─犧牲。**

裳、裴、褚、社、祈、祁、祐、祖、神、祥、祺、禎、福、彩、市、帆、希、帛、帝、帥、衣、表、衫、袁、裁、裝、裡、裕、帷、幀、幗、幔、彤、形、彥、彬、彰、彭、紅、紀、約、紋、紜、素、紗、維、絹、紳、經、繡、綜、綸、絲、緯、緹、織、

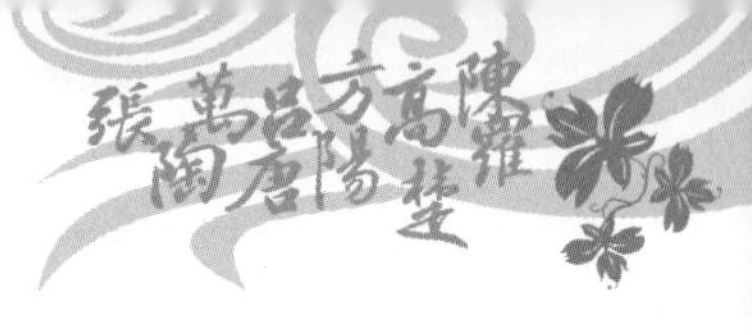

續、繼、緻、王、大、元、君、冠、令、夫、奇、首、玉、珍、珪、理、琤、琴、琪、琮、璇、璋、璜、環、瑩、瑞、琳。

**與生肖呈現一生勞碌的關係（扣70分）：忌逢白天忌逢山忌逢小口──勞碌。**

嶽、嶺、耶、耿、聆、聖、職、仁、今、仕、仙、仲、伸、企、伊、伶、何、佩、佳、依、俊、俐、信、修、倍、倫、倚、偉、健、山、屹、岷、岩、岱、岳、峭、峨、峰、崁、崇、崎、崑、嵩、聲、阡、防、阪、阮、阿、陣、陵、陳、隊、隨、旦、旨、旬、旭、旺、易、昀、昊、明、昭、昶、晏、晨、晢、晰、暉、暄、光、輝、照、句、可、只、召、古、台、司、吉、合、名、吾、君、吟、呂、告、咨、品、咸、哩、員、唱、單、噹、啟、喧、喬。

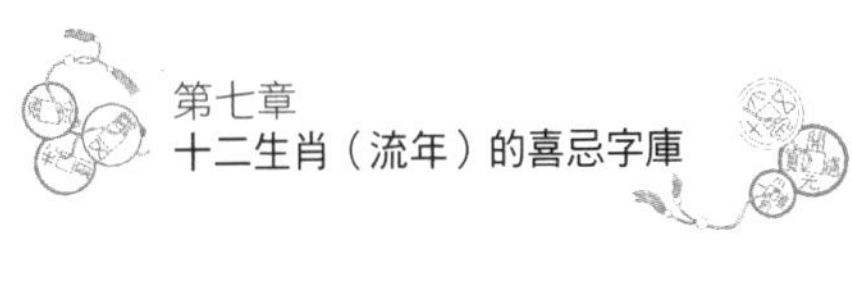

## 第五節　寅（虎）生的人與流年喜用文字參考字庫

**與生肖呈現三合關係（加90分）：喜午馬戌狗—三合。**

茂、盛、威、狄、狀、狂、獲、獻、然、猶、猛、狷、火、炎、灼、為、烈、烘、然、馮、馬、馳、馴、馹、駟、駐、駒、駕、駘、駙、駱、駿、騁、驛、驊、騄、騅、騏、騫、騰、驃、驅、驄、驍、驤、許、夏、赤、南、成、戎、武、我、戰、戴、煙、煌、煉、焜、煖、烊、照、煦、熊、燈、熔、燦、炫、熠、熹、無、煜、煥。

**與生肖呈現三會關係（加85分）：喜卯兔—三會。**

月、柳、勉、青、肌、肋、育、股、肴、肯、胥、胎、胡、脈、有、服、東、朋、望、朦、騰、郁、期、勝、朕、朔。

**與生肖呈現安身立命關係（加82分）：喜山喜森林—得地。**

山、林、森、屹、峒、岡、岱、岳、岢、峒、峰、峻、島、崔、崢、崗、嵐、崴、嵩、嶸、嶺、巒、嶽、彬、琳、霖、楚。

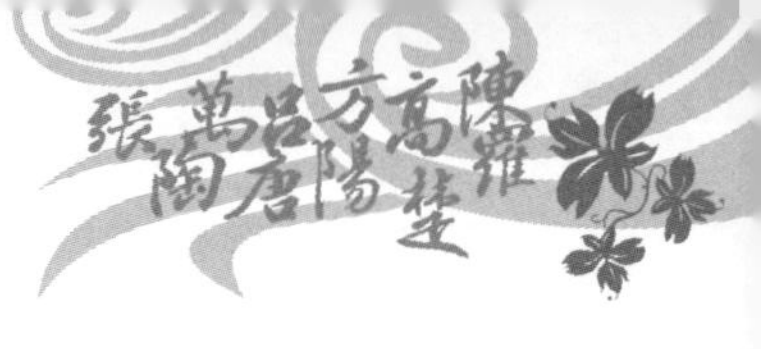

**與生肖呈身分相當關係（加81分）：喜當大王喜抬頭—得位。**

現、理、琪、琴、琮、琦、大、王、君、元、冠、令、奇、首、玉、珍、爰、永、奕、玫、玨、珀、班、珪、珮、琤、瑜、瑋、瑞、瑗、瑛、瑩、璇、璋、璜、璘、璧、環、璩、璪、璽、璿。

**與生肖呈可得溫飽關係（加80分）：喜食肉—得食。**

感、慈、慕、慰、慧、憑、心、必、忠、志、念、恩、怡、性、恕、恬、恭、悅、悉、情、惇、惟、惠、愈、愉、意、愛、憲、懇、懋、懷、戀、慷、憶、想、憨、肌、育、胥、朋、望、騰、期、勝。

**與生肖呈貴人相助關係（加85分）：喜水—相生。**

海、涵、涓、洮、淡、淦、永、池、泳、汝、汕、沂、江、河、汰、沅、沛、治、泊、法、泉、洋、津、流、洲、淨、浩、浦、深、淵、添、港、清、游、湧、湘、溫、湲、溪、滋、滿、漳、潔、潤、澤、漢。

**與生肖呈好友很多關係（加80分）：喜木——比旺。**

棟、梓、棋、棉、榆、植、楚、杭、東、青、月、竹、林、本、森、李、材、杜、村、桃、株、桑、桂、桐、梁、柳、柔、柱、查、栗、榮、樣、業、橡、楷。

**與生肖呈身分提升關係（加80分）：喜披彩衣——升格。**

衣、表、裁、裝、裡、裳、褚、衿、彩、綵、市、帆、希、帛、帝、常、帷、幕、幗、彤、彥、彬、彰、彭、紅、紀、約、素、紜、級、紘、紐、紘、綺、絪、經、絹、綻、緩、綠、網、綴、綸、緒、維、緻、緯、緣、縈、緹、縷、繼、織。

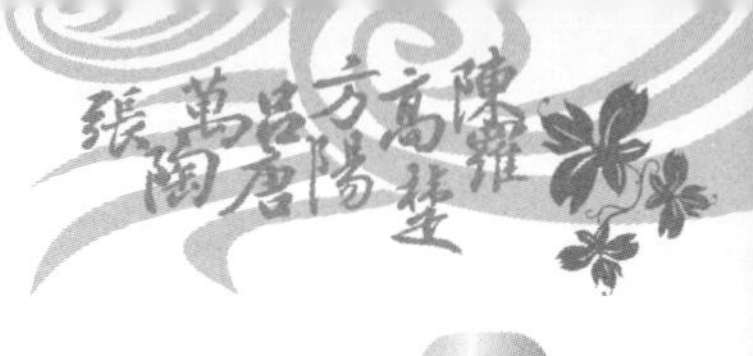


# 第六節 寅（虎）生的人與流年忌用文字參考字庫

**與生肖呈現不合的關係（扣80分）：忌逢申猴—相沖。**

紳、禮、園、社、祁、祐、袁、珅、環、寰、祖、祜、祝、祺、祿、禎、福、禧、禪。

**與生肖呈現刑害的關係（扣80分）：忌逢巳蛇—刑害。**

蝶、螢、螞、蟬、蜞、蛸、引、虹、蜀、蜂、蜜、蝴、弘、張、弦、強、弼、彊、廷、延、建、迴、迪、逑、迎、通、連、逸、進、運、道、達、遠、遵。

**與生肖呈現破壞的關係（扣70分）：忌逢亥豬—相破。**

核、該、孩、家、豪、象、豫、緣、毅。

**與生肖呈現對立不爽的關係（扣85分）：忌金忌土—相剋。**

銳、錸、士、在、地、圭、圳、坊、金、銀、銅、鐵、錫、錳、鉻、鋒、鋼、鈞、

鉅、鈿、錄、鈐、鈕、錚、釗、鈺、鍾、錢、坐、均、坎、坡、坤、坦、垂、城、域、執、培、基、堂、堅、堆、堡、堯、場、墨、墩、塈、壘。

**與生肖呈現貶低身分的關係（扣65分）：忌逢小及翹腳—降格。**

小、少、士、臣、叔、姿、亞、宏、翃、弘、云、雄、芸、雲、耘、紜。

**與生肖不容易有安身立命之場所（扣82分）：忌逢洞穴門欄—受困。**

芃、芊、芳、宇、守、宅、安、宏、宜、宗、宛、定、官、宙、宣、室、客、宵、家、容、宸、寄、密、富、寧、賓、寥、察、寬、寰、寵、寶、厘、原、厚、厝、序、庇、店、府、庫、庭、廣、因、困、圃、圍、圜、閎、開、間、閩、閭、閣、艾、申、由、甲、男、留、當、番、畔、界、甸、雷、芝、芷、芸、茂、苑、苗、莎、蓁、蘭、茹、茜、荀、蒨、董、蓓、華、蔡、蒼、茗、荷、花、苓、蔭、耶、聆、聞、聰、職、聯、阿、陪、陳、階、際、隨、邢、郊、都、鄰、鄧。

**與生肖呈現刑傷的關係（扣78分）：忌開口忌逢人—刑傷。**

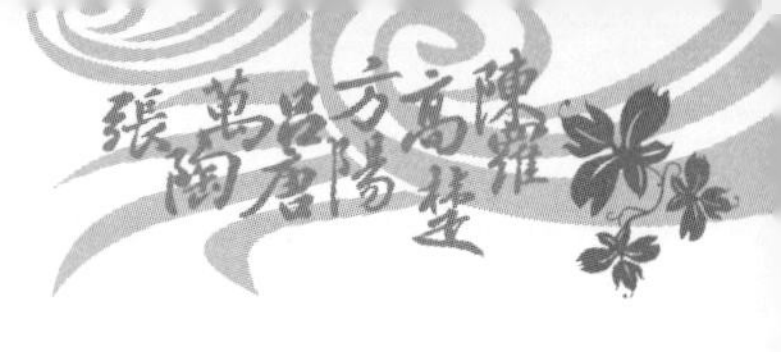

仕、代、仲、任、位、伸、伶、佩、依、佳、候、俊、信、倍、修、偉、健、儀、億、優、傑、句、可、只、召、古、台、石、史、司、吉、同、合、向、名、吳、吾、呈、呂、吟、周、告、咨、咸、品、哩、員、商、唱、唯、喻、喜、器、啟、喧、嚴、仁、今、龍、晨、宸、農、振、瀧、龐、麒、麗、虔、處、彪、琥、獻、好、如、妁、妙、妤、妞、妘、娥、婕、姻、媛、安、嬋、姬。

**與生肖呈現得不到溫飽的關係（扣78分）：忌逢五穀──不得食。**

秀、秉、科、秋、秦、程、秩、稜、稚、種、穀、穠、稼、穌、積、利、和、臻、粉、粟、精、粽、糧、登、鼓、豐、彭。

**歌訣（一）**

蛇遇猛虎如刀戮。亥豬相破意不如。虎落平陽遭犬欺。

龍虎相爭難言吉。申猴相刑且相沖。施恩無功災難罹。

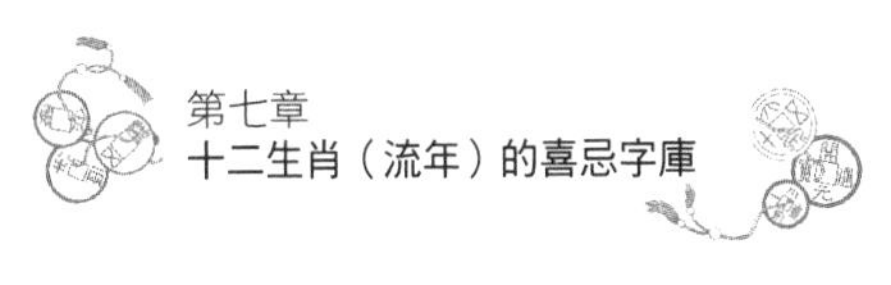

# 第七節　卯（兔）生的人與流年喜用文字參考字庫

**與生肖呈現三合關係（加90分）：喜亥豬未羊——三合。**

該、孩、核、家、象、豪、豫、毅、緣、美、姜、善、羚、義、群、妹、羲、儀、詳、祥、翔、洋。

**與生肖呈現三會關係（加85分）：喜寅虎——三會。**

虔、處、彪、虖、號、演、琥、虞、爐、獻、盧。

**與生肖呈現安身立命關係（加82分）：喜洞喜穴喜夜晚——得地。**

宗、宛、定、官、宙、室、客、宵、家、容、宮、密、富、寧、賓、寨、寬、古、台、守、宅、宏、宋、宜、右、同、名、呈、呂、周、和、品、咪、哲、唐、商、喬、單、嚴、回、因、固、圃、國、多、汐、夕、外。

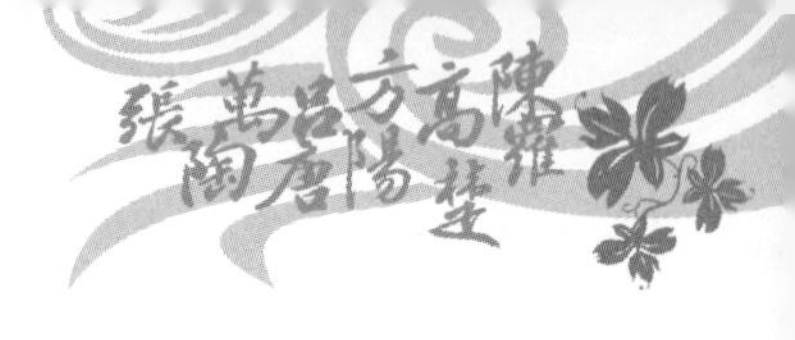


與生肖呈身分相當關係（加81分）：喜逢小—得位。

士、臣、小、少、叔。

與生肖呈可得溫飽關係（加80分）：喜草喜五穀—得食。

菡、艾、芃、芒、芊、芍、芳、芮、芷、芸、范、若、苗、茲、茜、茵、莎、莊、菁、菱、菊、葉、蓁、蔣、蔡、蕭、蘋、蘭、秀、秉、科、秋、秦、秩、程、稜、稠、種、穀、稼、稷、利、和、臻、籽、粉、粘、粟、精、糧、黍、登、鼓、彭、豐、豌。

與生肖呈身分提升關係（加80分）：喜彩衣—升格。

禮、采、彩、綵、衣、表、衫、裁、裝、裡、裕、裳、褚、襄、社、祁、祐、祝、票、祥、祺、福、祿、禧、禪、布、帆、希、常、幕、彥、彬、彰、彭、紅、紀、約、紋、紜、紗、紘、純、絃、統、紹、紳、組、絲、繡、綻、綾、綠、網、綱、綿、練、緻、緗、緹、縷、織、繹、繪、繼。

與生肖呈貴人相助關係（加85分）：喜水—相生。

海、消、涵、淑、涓、永、泳、池、汝、沂、江、河、沅、沖、沙、沛、治、泊、法、泉、洋、洛、津、流、淨、浦、洮、濤、滔、淡、淞、淦、添、港、清、游、湧、湖、湘、湲、源、溪、溶、滋、漾、滿、演、漳、潘、潔、潭、潤、澤、濃、漢。

**與生肖呈好友很多關係（加80分）：喜木—比旺。**

棋、棚、榆、木、本、林、森、杜、村、杏、桃、株、格、根、桑、桂、桶、桐、桔、梧、梁、棟、梓、楊、楚、松、柳、柔、枚、柱、柯、查、栗、楷、榮、樣、欄、業、權、榛、橋、橫、梨。

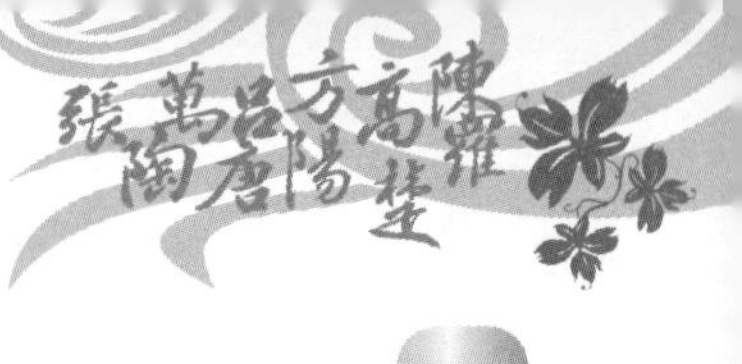

# 第八節 卯（兔）生的人與流年忌用文字參考字庫

**與生肖呈現不合的關係（扣80分）：忌逢酉雞—相沖。**

翩、翰、翼、酋、猶、酷、醒、鳴、鵑、鳳、鶯、鶴、鵝、鸝、鴻、飛、兆、非、羿、翃、翁、翎、習、翔、耀、翠、雄、雁、雞、雅、集、進、雍、雌、雕、離、雋。

**與生肖呈現刑剋的關係（扣75分）：忌逢子鼠—相刑。**

孔、存、字、孝、孜、孚、孟、季、孰、孳、孩、學、孫、孺、享、李、郭、好、孿。

**與生肖呈現破壞的關係（扣70分）：忌逢午馬—相破。**

馬、許、馴、馮、駕、駒、騁、駿、騏、騄、驃、騰、驊、驍、驛、駘、駙、夏、驕、驤、南、驪、驤、火、驄、驅。

**與生肖呈現對立的關係（扣70分）：忌逢辰龍—相害。**

言、記、詠、詩、辰、龍、宸、農、震、振、瀧、瓏、龔、寵、龐、麒、麟、麗、

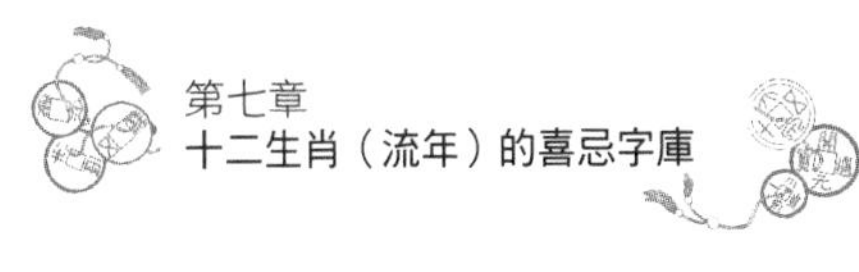

麓、貝、貞、財、貫、賀、贊、詮、詹、語、誥、諄、課、諒、論、諦、諺、謙、誼。

**與生肖呈現犧牲的關係（扣67分）：忌逢人逢蛇逢大—犧牲。**

蜎、引、弘、張、弦、強、蟬、仁、仕、今、介、代、仙、仲、任、佐、佑、位、伸、企、伊、伯、伶、何、佩、佳、依、俊、俐、信、修、倫、偕、健、億、優、虹、蜀、蜂、蝴、蝶、蜞、蟠、弼、廷、建、巡、述、迪、通、連、造、進、達、道、遠、遵、大、太、王、元、君、令、夫、首、玉、玫、玨、珀、珍、班、珪、現、理、琇、琪、琴、琮、琳、琦、琤、瑋、瑜、瑞、瑗、瑛、璇、璋、璜、璘、環、璩、璿。

**與生肖呈現沖剋的關係（扣77分）：忌逢日逢光—相沖。**

昜、昌、昆、昀、旻、昇、明、昕、昭、映、星、昱、時、晉、晏、晃、晨、普、晴、晶、智、旦、旨、旬、旭、旺、暉、暄、曉、曙、曜、曦、光、耀、照、輝。

**與生肖呈現得不到溫飽的關係（扣78分）：忌逢肉—不得食。**

心、志、忠、念、思、息、悉、悠、惠、慈、慧、感、慰、憲、憨、應、懇、戀、

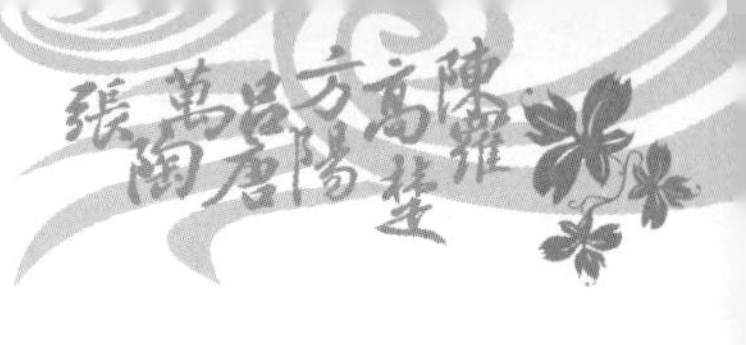


怡、性、恆、恬、情、慎、慷、憶、懷、惟。

與生肖呈現受制的關係（扣78分）：忌逢耳旁—受制。

耶、耿、聯、聆、職、防、阪、阮、阿、陣、陵、陸、階、際、邢、邦、那、邱、郁、郊、郭、鄉、鄰、鄭、鄧。

與生肖呈現不容易有安身立命之場所（扣82分）：忌上山—受制。

崎、崢、崑、崧、崔、嵩、嶺、屹、峻、峨、崁、巖。

與生肖呈現對立不爽的關係（扣85分）：忌金忌土—相剋。

鋒、鉛、鋼、鈞、鉅、金、銀、銅、鐵、錫、鑽、銘、錕、鈿、錄、鈕、錚、鈺、鍾、鐘、鎮、鍊、銳、鍵、鑑、錐、在、地、圭、圳、坊、坐、均、坎、坡、坤、坦、垂、城、域、培、基、堂、堆、堯、場、墩、壘。

與生肖呈現破洩的關係（扣85分）：不喜火—破洩。

焜、煖、烊、照、燈、燕、熔、炎、灼、為、烈、烘、然、煙、煌、煉、燦、炫、熠、熹、無、煜。

## 歌訣（一）

玉兔見龍雲裡去。子鼠相刑剋六親。雞兔正沖災厄至。
午馬相破病呻吟。若逢巳蛇再相遇。終日惶惶淚沾襟。

# 第九節　辰（龍）生的人與流年喜用文字參考字庫

**與生肖呈現三合關係（加90分）：喜子鼠申猴──三合。**

祐、祖、祝、祺、祿、禎、福、禔、袁、珅、暢、環、紳、園、社、祁、禕、禘、禧、禮、禪、孔、存、字、孝、孜、孟、孰、學、孺、李。

**與生肖呈現得利相助關係（加80分）：喜午馬──龍馬配。**

駕、駘、驃、駰、駱、駿、騁、騂、騄、馮、馬、馳、馴、馹、駟、駐、駒、騅、騏、騰、驊、驍、驛、驤、驪。

**與生肖呈身分相當關係（加81分）：喜彩衣喜逢大──得位。**

琦、琤、瑋、瑜、瑞、瑗、瑛、瑩、璇、璜、璘、璧、環、璩、璿、璽、衣、表、袁、衫、裁、裕、裳、大、太、夫、王、尊、首、冠、元、君、令、奇、帥、玉、玨、珀、珍、班、珪、現、理、琪、琴、琮、琳、褚、襄、衿、采、綵、市、帔、希、帝、席、常、幀、幕、彥、彭、形、彤、紀、素、紜、紘、紐、統、紳、組、絲、經、絪、絹、繡、綻、綜、綾、綠、綿、綸、緒、維、練、緻、緯、緣、縈、緹、績、繼、織、續。

**與生肖呈身分能力提升關係（加85分）：喜日喜月喜雲雨—升格。**

昜、昌、昆、昀、旻、昇、日、旦、旨、旬、旭、旺、明、昕、昭、映、星、昱、時、晉、晏、晃、晨、普、晴、晶、智、暉、暄、曉、曙、曜、曦、光、耀、照、輝、月、有、朋、服、朔、朕、朗、望、期、朝、朦、朧。

**與生肖呈貴人相助關係（加85分）：喜水—相生。**

湧、湘、湯、溫、湲、灣、永、泳、汝、沂、江、河、汰、沛、治、泊、法、津、淨、浩、涵、淞、深、添、港、清、游、湄、滋、滿、潔、潤、濃、漢、雨、雯、雰、雱、雲、雷、電、霂、霄、霆、震、霈、霍、霑、霓、霖、霸、霹、霜、霽、靂、靄。

**與生肖呈好友很多關係（加60分）：喜木—比旺。**

東、杲、杳、杵、木、本、札、朴、朵、朽、李、杉、杏、材、村、杓、林、杜、

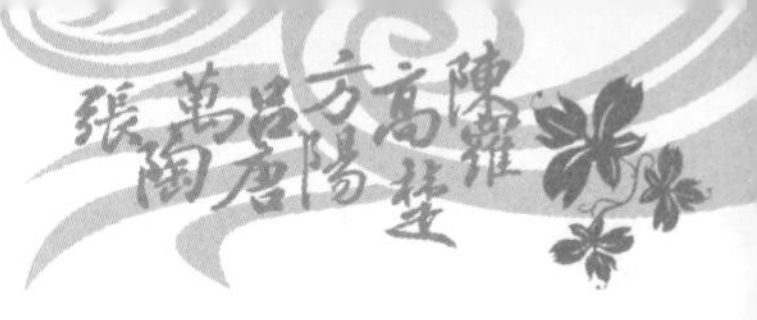


杞、束、杖、杠、杭、杯、松、杼、板、析、林、枝、杮、杰、柄、柏、某、染、柔、柚、柢、查、柮、柱、柜、柯、栓、校、栗、根、格、桂、栽、桑、桓、梁、梓、梢、梧、梭、梵、梨、楠、棋、稜、棚、楝、棠、棨、森、棐、植、棵、楊、楚、楓、榆、業、極、楷、榔、榕、榛、樹、榮、榭、構、樂、樊、樓、標、樑、橋、樺、檀、檜。

# 第十節　辰（龍）生的人與流年忌用文字參考字庫

**與生肖呈現不合的關係（扣80分）：忌逢戌狗—相沖。**

戌、戎、戰、戴、茂、盛、威、城、誠、狄、狀、狂、獲、獻、然、猶、猛、狷。

**與生肖呈現刑剋的關係（扣75分）：忌逢辰龍—自刑。**

瀧、龔、寵、龐、晨、宸、農、振、震、龍、瓏、麒、麟、麗、麓、言、君、雨、五、尤、貝、民、展、京。

**與生肖呈現對立的關係（扣70分）：忌逢卯兔—相害。**

柳、卿、印、仰、逸、勉、迎。

**與生肖呈現破壞的關係（扣70分）：忌逢丑牛—相破。**

牝、牡、牧、特、物、牷、生、牲、產、甥、牟、犁、犀、續、姓、隆、浩、皓、紐、鈕。

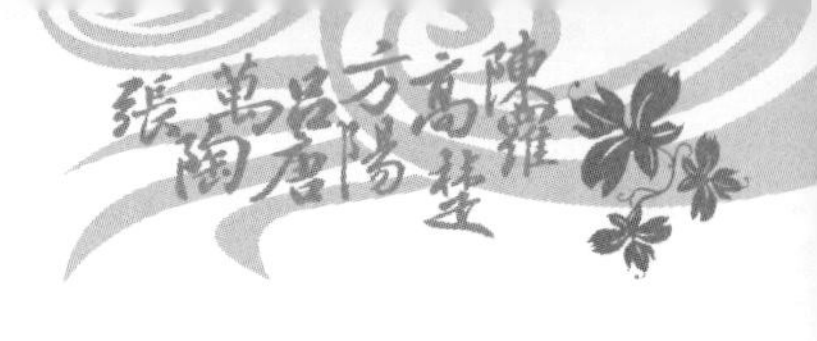

與生肖呈現天羅地網的關係（扣65分）：忌逢未羊—羅網。

美、姜、羚、善、義、群、羲、詳、祥、翔、洋。

與生肖呈現相鬥的關係（扣65分）：：忌逢寅虎—相鬥。

虛、演、琥、虞、虢、虎、虔、處、彪、虖、號、爐、獻、豹、盧、獅。

與生肖呈現被困住的關係（扣65分）：忌逢洞穴門欄草叢—困龍。

富、寧、賓、寨、察、宇、守、宅、安、宏、宋、宜、宛、定、官、宙、室、客、宵、家、宸、寄、密、寬、寰、厘、厚、厝、廈、序、庇、庠、庫、庭、廂、康、廉、廣、困、圃、國、圖、閔、閩、開、間、闔、闡、闊、閎、艾、芃、芒、芊、花、芬、芥、芸、范、茂、茁、若、苑、苓、苗、英、茲、茹、茵、荃、茜、荀、莎、莞、莊、荷、菁、菱、菊、華、萱、葉、蓉、蓁、蓮、蔣、蘭。

與生肖呈現得不到溫飽的關係（扣78分）：忌肉忌五穀—不得食。

愉、慷、憶、懷、秀、心、志、忝、忠、念、思、恁、恕、恭、息、恩、悉、悠、

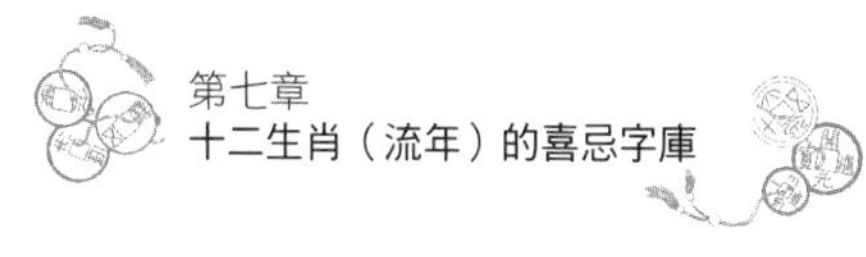



惠、愚、慈、愈、感、想、愿、態、憲、慰、慕、憨、憩、懋、懇、戀、怡、性、恆、恰、情、惟、耒、科、秋、秦、秩、程、稜、稚、稠、稟、種、穀、稿、穠、稷、穎、穌、積、穗、利、和、穫、蓁、臻、籽、粉、粘、粟、梁、精、粽、糧、麥、黍、黏、登、彭、豐、豌。

## 與生肖呈現貶低身分的關係（扣65分）：忌逢人逢蛇逢大小口及盤腿翹腳—降格。

達、遠、導、仁、今、虹、蜀、蜂、蜜、蜿、蝴、螢、螞、蟻、蟠、蜞、引、弘、張、弦、弼、彊、彎、廷、延、建、迴、巡、迎、述、迪、通、速、造、逸、逢、進、運、道、遊、仕、代、仙、仰、仲、任、佐、佑、位、伸、企、伊、伯、伶、何、佩、佳、依、侯、俊、俐、信、俞、修、倍、倫、儒、倚、偉、偕、健、傅、傳、儀、億、優、句、可、只、召、古、台、石、史、司、吉、同、合、向、名、后、吳、吾、呈、呂、吟、告、和、咨、品、咸、唐、員、商、問、唯、喜、單、喻、喬、噹、啟、喧、嚴、兀、允、冗、克、宏、弘、弦、雄、光、先、公、去。

## 與生肖呈現對立不爽的關係（扣85分）：忌土忌金—相剋。

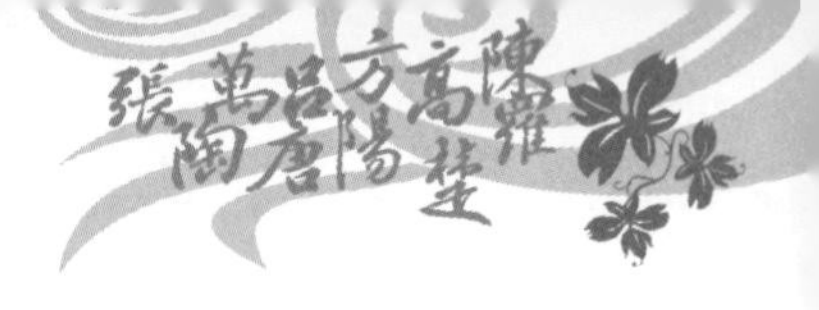

釧、鏝、金、銀、銅、鐵、錫、鑽、銘、鋁、鉛、鋼、鈞、鉅、鈿、錄、鈴、鈔、鈕、錚、銖、釗、針、鐘、鎮、錢、銳、鍵、錐、在、地、圭、圳、坐、均、坎、坡、坤、坦、垂、城、域、培、基、堂、堅、堆、堡、堯、場、墨、墩、墾、壇、壘。

**與生肖呈現生洩的關係（扣65分）：不喜火—生洩。**

火、炎、灼、為、烈、烘、然、煙、煌、煉、焜、煖、烊、照、熊、燈、燕、熔、燦、炫、熠、熹、無、煜、煥。

**歌訣（一）**

玉兔見龍雲裡去。戌狗對面正相沖。丑牛未羊天羅網。受制無奈志難揚。龍虎相鬥不相容。辰龍自刑無始終。

## 第十一節　巳（蛇）生的人與流年喜用文字參考字庫

**與生肖呈現三合關係（加90分）：喜酉雞丑牛──三合。**

翎、翔、翡、翠、翩、酉、酷、酋、酥、醒、飛、兆、非、雄、雅、集、雙、離、進、雁、雋、雕、羿、翊、翃、翰、翼、耀、習、鳴、鵑、鳳、鶯、鶴、鵝、鷹、生、犁、牲、產、甥、甦、牡、牧、特、物、隆、紐。

**與生肖呈現三會關係（加85分）：喜午馬未羊──三會。**

驅、驄、驊、驍、驕、驛、馬、馳、馴、駟、駐、駒、駕、駘、駙、駰、駱、駿、騁、駻、騄、騅、騏、騫、騰、驃、驥、驤、驪、許、夏、南、朱、羊、美、姜、羚、善、義、群、羲、妹、儀、詳、祥、翔。

**與生肖呈現身分提升關係（加80分）：喜彩衣喜辰龍──升格。**

表、衫、裁、裕、裳、褚、襄、市、帔、希、常、幀、幕、彥、彭、形、彤、彬、杉、紀、紘、宸、農、震、振、龍、瓏、龔、寵、麒、麟、貝、財、貫、賀、賁、贊、

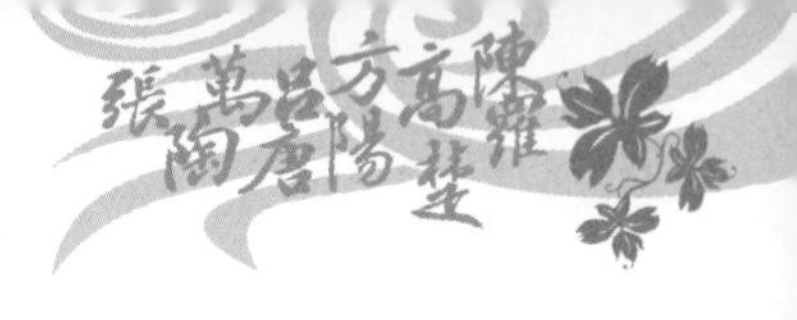

言、記、詠、詩、詮、詹、語、誥、諄、課、諒、論、諺、謙、謝、誼、衣、彩、綵、紘、紐、統、組、絲、經、絪、絹、綻、綜、綾、綠、綸、緒、維、練、緻、緯、緣、縈、緹、績、織。

**與生肖呈身分相當關係（加81分）：喜當小──得位。**

臣、小、少、六、士、亞。

**與生肖呈現安身立命關係（加82分）：喜洞喜穴喜夜晚──得地。**

宇、安、宜、宏、宙、定、室、宸、容、寄、富、寬、寰、寶、古、台、右、同、名、呈、吾、呂、周、和、品、咪、員、哲、唐、商、喬、單、嚴、回、因、固、圃、圍、圓、田、由、男、甸、界、畔、略、畢、番、畯、當、疇、疆、黃、苗、思、壘、迪、戰、雷、多、汐、夕、外。

**與生肖呈可得溫飽關係（加80分）：喜逢肉──得食。**

心、志、忠、念、思、息、恩、悉、惠、慈、慧、感、慰、憲、憨、戀、怡、性、

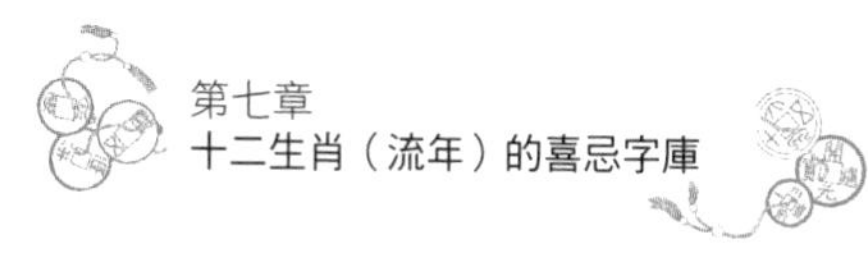


恰、恬、情、慎、慷、憶、惟、肌、肋、股、肴、胥、胎、能、胡、有、服、朔、期、郁、勝。

**與生肖呈貴人相助關係（加85分）：喜木─相生。**

桃、株、桑、桂、桐、棟、梓、木、本、林、森、材、杜、村、棋、棉、榆、植、楚、杭、柳、柔、柱、查、栗、榮、樣、業、楷、權。

**與生肖呈好友很多關係（加80分）：喜火─比旺。**

為、烈、烘、烽、烔、焜、火、炎、炫、炬、炳、焦、然、煒、煌、煬、照、喧、熊、熔、熒、燕、營、燦、耀、勳、燁、赤、朱、離、午、南、夏。

# 第十二節　巳（蛇）生的人與流年忌用文字參考字庫

**與生肖呈現不合的關係（扣80分）：忌逢亥豬—相沖。**

核、孩、家、象、豪、豫、毅、緣。

**這些字既刑又破（扣78分）：忌逢申猴—刑破。**

袁、珅、坤、暢、環、紳、園、遠、神、伸。

**與生肖呈現對立的關係（扣70分）：忌逢寅虎—相害。**

虎、虔、處、彪、虖、號、虛、演、琥、虞、虢、爐、獻、盧、獅。

**與生肖呈現犧牲的關係（扣67分）：忌逢白天忌逢人—犧牲。**

健、傳、傅、儀、億、優、日、仁、今、仕、代、仙、仰、仲、任、佐、佑、位、俐、信、修、倍、倫、儒、倚、偉、偕、旦、旨、旬、旭、易、旺、昌、昆、昀、旻、昇、明、昕、昭、映、星、昱、時、晉、晏、晃、晨、普、晶、智、暉、暄、曉、曙、曜、曦、光、耀、照、輝。

**會有刑傷的字（扣72分）：忌逢山—刑傷。忌逢大逢王—強出頭。**

珪、現、理、琪、琴、琮、琳、琦、琤、瑋、瑜、瑞、瑗、瑛、瑩、璇、璋、璜、璘、璧、環、璩、王、大、太、元、始、君、冠、令、夫、奇、首、帥、尊、亦、玉、玫、玨、珀、珊、珍、班、璪、璿、山、屹、岐、岡、岱、岳、岢、峒、峰、峻、峒、島、崔、崢、崗、嵐、崴、嶸、嶺、巒、嶽。

**這些字有受困的感覺（扣68分）：忌盤腿撇腳—不得位。**

去、宏、雄、文、支、交、光、先、允、充、公、共、具、典、其、異、爰、受、友、反、叔、取。

**與生肖呈現得不到溫飽的關係（扣78分）：忌逢五穀—不得食。**

稟、種、穠、稼、利、蓁、稷、秉、秀、科、秦、程、粉、精、粹、糧、登、鼓、豌、豐。

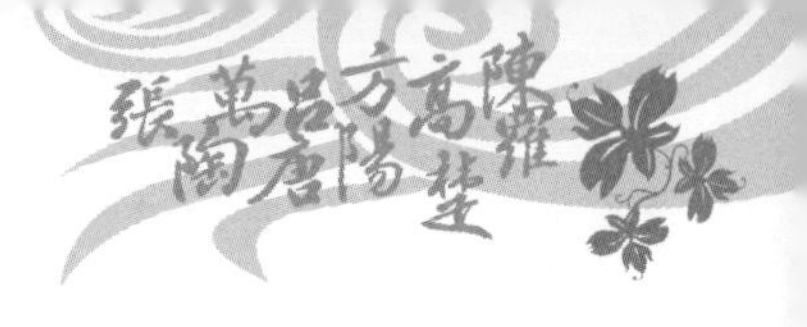

**與生肖呈現對立不爽的關係（扣85分）：忌水忌金—相剋。**

游、湄、湧、湘、湯、永、泳、汝、沂、江、河、汰、沛、治、泊、法、津、淨、浩、涵、淞、深、添、港、清、溫、灣、湲、滋、滿、潔、潤、濃、漢、孔、存、字、孝、孜、孟、季、孰、孳、學、李、享、孺、金、銀、銅、鐵、錫、鑽、錳、銘、鋁、錕、鋒、鉛、鋼、鈞、鉅、鈿、錄、鈴、釵、鈔、鈕、錚、銖、釗、釧、鏘、鏝、針、鈺、鍾、鎮、錢、銳、鍵、錐。

**歌訣（一）**

蛇遇猛虎如刀戮。運多波折少福祿。相刑相沖遇猴豬。

強顏歡笑暗自憂。倘遇白天又逢人。剋親耗財賣田園。

# 第十三節　午（馬）生的人與流年喜用文字參考字庫

與生肖呈現三合關係（加90分）：喜寅虎戌狗——三合。

茂、戴、盛、威、虎、虔、處、彪、號、虛、演、琥、虞、虢、盧、爐、獻、豹、獅、成、戎、戰、城、誠、狄、狀、狂、獲、然、猶、猛、狷。

與生肖呈現三會關係（加85分）：喜巳蛇未羊——三會。

虹、蜀、蜂、蜜、蝴、蝶、蟠、蟻、蜞、蜎、螢、引、弘、張、弦、強、弼、彊、彎、廷、建、迴、巡、迎、述、迪、通、連、造、進、運、遵、達、道、遠、朱、未、羊、美、姜、羚、善、義、群、羲、妹、儀、詳、祥、洋、翔。

與生肖呈身分相當關係（加81分）：喜逢大逢王——得位。

大、王、太、元、君、冠、令、夫、首、奇、帥、奕、玉、玫、玨、珀、珊、珍、班、珪、現、理、琇、琪、琴、琮、琳、琦、琤、瑋、瑜、瑞、瑗、瑛、瑩、璇、璋、璜、璘、璧、環、璩、瓘。

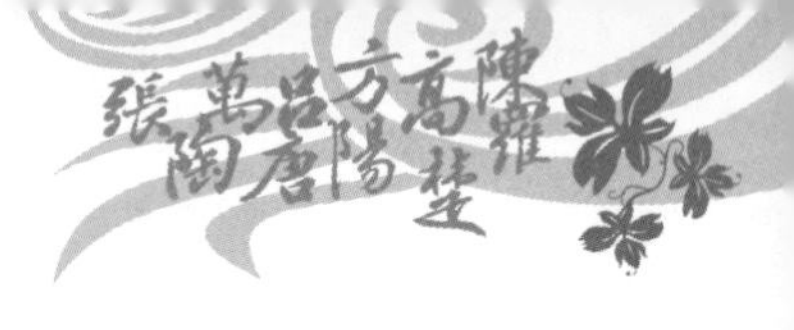

**與生肖呈現安身立命關係（加82分）：喜大洞穴—得地。**

宜、安、宇、宏、宗、宙、定、家、宸、容、寄、富、寬、寰、寶。

**與生肖呈身分提升關係（加80分）：喜彩衣喜逢單人—升格。**

辰、伶、何、佩、佳、依、俊、俐、信、倉、倍、倫、儒、偉、偕、健、偵、儀、傑、傳、億、農、震、振、龍、瓏、龔、寵、龐、麒、麟、麗、麓、貝、財、貫、賀、賺、賁、贊、仕、今、介、代、仙、仰、仲、任、佐、佑、位、伸、企、伊、伯、優、衣、裁、表、袁、裕、裳、褚、襄、采、彩、綵、市、帔、希、帝、常、幀、幕、幗、彥、彭、形、彤、紀、素、紜、統、紳、組、綺、經、絪、絹、網、綻、綜、綾、綠、綿、綸、緒、維、練、緻、緯、緣、縈、緹、積、繼、織、續。

**與生肖呈可得溫飽關係（加80分）：喜草喜五穀—得食。**

秀、秉、科、秋、秦、秩、程、稜、稚、稠、稟、種、穀、穠、稼、稷、穎、穌、積、穗、利、獲、和、蓁、臻、籽、粉、粘、粟、粱、粹、糧、精、粽、麥、黍、豆、登、豌、豐、芃、芒、芝、芸、苓、茉、英、茲、茵、荃、莊、菁、菊、華、葉、董、蓓、蓮、蕭、蘭。

**與生肖呈貴人相助關係（加85分）：喜木—相生。**

木、本、林、森、彬、材、杜、村、桃、株、根、桑、桂、桶、桐、梧、梁、棟、梓、梵、棋、棉、榆、楊、植、楚、松、杸、柔、柱、柯、查、核、栗、榮、楷、業、權、楨、樹、樵、橫、樂。

**與生肖呈好友很多關係（加80分）：喜火—比旺。**

炎、灼、為、烈、烘、然、煙、煌、煉、焜、煖、烊、照、煦、熊、燈、燕、燦、瑩、炫、熠、無、煜、煥。

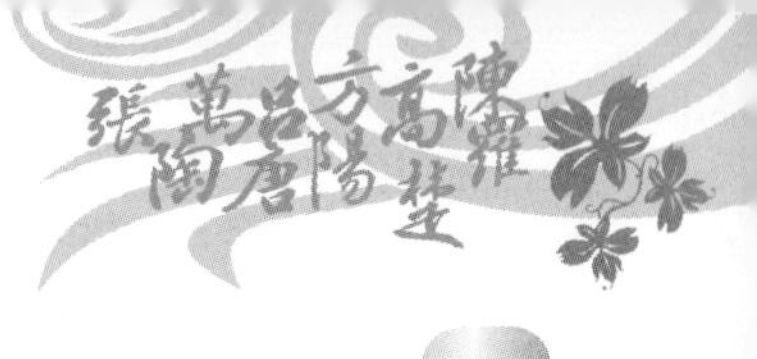

# 第十四節　午（馬）生的人與流年忌用文字參考字庫

與生肖呈現不合的關係（扣80分）：忌逢子鼠—相沖。

孔、存、字、孝、孜、孟、季、孰、學、李、享、孺。

與生肖呈現刑剋的關係（扣75分）：忌逢午馬—自刑。

許、馮、馬、馳、馴、駎、駟、駐、駕、駘、駙、駰、駱、駿、騁、騂、騄、騅、騫、騰、驃、驄、驊、驍、驛、驥、驤、驪。

與生肖呈現破壞的關係（扣70分）：忌逢卯兔—相破。

仰、勉、迎、逸、月、卿、印、柳、勝、期、郁、服、望、朔、朝、朗。

與生肖呈現對立的關係（扣70分）：忌逢丑牛—相害。

生、牲、產、甥、甦、牡、牧、特、物、隆、浩、皓、紐、鈕。

**與生肖呈現貶低身分的關係（扣65分）：忌逢小逢田—降格。**

小、島、炭、崇、崎、崢、士、亞、尾、姿、少、叔、臣、二、山、出、岳、屹、岷、岡、岩、岱、峭、峻、峨、峰、崑、崧、崔、嵩、嶺、嶽、巍、巒、巖、田、申、甲、由、男、甸、畀、界、畔、留、畢、異、番、當、疇、疆、壘、雷、苗、富。

**這些字有刑傷現象（扣68分）：忌逢小口—嘆氣無奈。**

只、可、句、召、古、台、石、吉、同、合、向、名、君、呈、呂、吟、周、和、告、咨、咸、品、哩、哲、員、商、問、唱、唯、喜、單、喻、喬、嘉、噹、啟、喧、嚴。

**與生肖呈現得不到溫飽的關係（扣78分）：忌逢肉—不得食。**

心、忠、念、思、恁、恕、恭、息、恩、悉、悠、惠、愚、慈、愈、感、愿、態、慧、慰、志、必、忝、慕、憑、憲、憨、應、戀、怡、性、恰、恢、恬、情、愉、慎、慷、憶、懷、肌、肋、育、股、肩、肯、肴、胥、胎、胡、脈、脩。

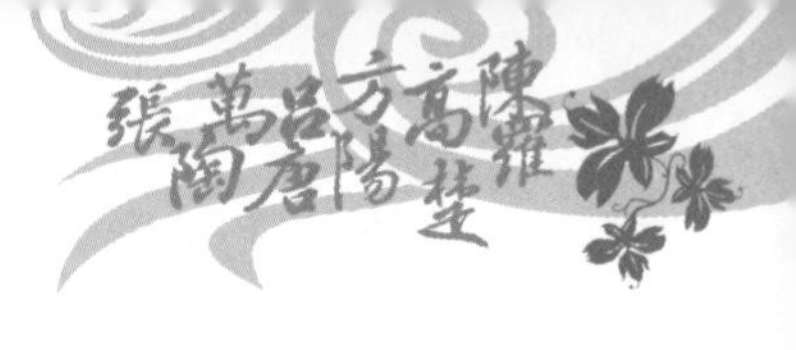


**這些字有失位現象（扣64分）：忌盤腿忌撇腳與翹腳—不得位。**

光、先、允、充、公、去、宏、雄、文、支、交、共、具、典、其、異、爰、受、友、反、叔、取。

**與生肖呈現一生勞碌的關係（扣70分）：忌逢白天太陽—勞碌。**

旦、旨、旬、旭、旺、易、昌、昆、昀、旻、昇、明、昕、昭、映、星、昶、昱、晏、晃、晨、晢、普、晴、晶、智、暉、暄、曉、曙、曦、曜。

**與生肖呈現對立不爽的關係（扣85分）：忌逢子水忌逢金—相沖。**

永、深、淵、汽、添、泳、池、汝、汕、汎、沂、江、河、汰、沅、沖、沙、沛、治、泊、法、洋、洛、津、流、淨、浩、浦、消、海、涵、涓、洮、濤、滔、淡、淞、淦、湧、港、游、湖、湯、溫、湲、溪、滋、漾、滿、演、漳、潔、潘、潭、潤、潮、澈、澤、漢、濃、金、銀、銅、鐵、錫、鋁、鑽、錳、錕、鋒、鉛、鋼、鈞、鉅、鈿、錄、鈴、鈕、錚、釗、釧、鈺、針、鍾、鎮、錢、銳、鍵、鑑、錐。

**與生肖呈現拖累的關係（扣70分）：不喜土—洩身。**

在、地、圭、圳、坊、坐、均、坎、坡、坤、坦、垂、城、域、培、基、堂、堆、堡、堯、場、墨、墩、墾、壇、壘。

**歌訣（一）**

自古白馬怕青牛。忌逢雙口罵不休。鼠馬相沖身心煩。
馬兔相破暗裡憂。若逢金水又相會。耗親傷己萬事休。

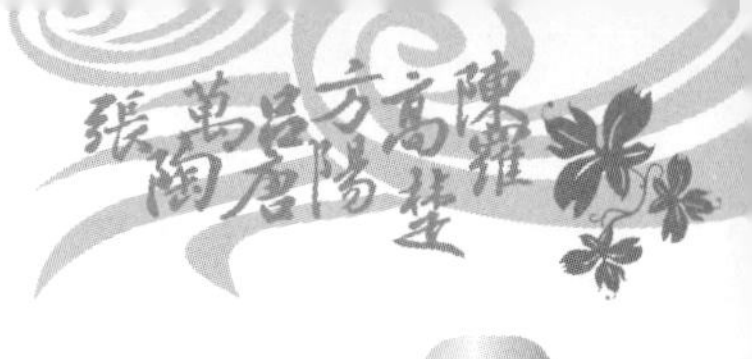


# 第十五節　未（羊）生的人與流年喜用文字參考字庫

**與生肖呈現三合關係（加90分）：喜亥豬卯兔—三合。**

核、孩、該、家、象、豪、豫、聚、眾、緣、毅、月、柳、卿、印、逸、勉、迎、勝、青、本、陳、朋。

**與生肖呈現三會關係（加85分）：喜巳蛇午馬—三會。**

虹、彊、彎、蜀、蜂、蜜、蜿、蝴、蝶、螢、螞、蟬、蟻、蜞、蜎、引、弘、張、弦、強、弼、廷、延、建、巡、迎、逑、迪、通、連、逢、逸、進、遊、道、達、遠、遵、運、馬、馳、馴、駐、駕、駒、騁、駿、騏、騄、騰、驃、驊、驛、許、夏。

**與生肖呈現身分相當關係（加81分）：喜逢小喜翹腳—得位。**

小、少、亞、姿、叔、尾、去、公、充、允、先、弘、宏、雄、閎。

**與生肖呈現安身立命關係（加82分）：喜洞穴門欄—得地。**

宇、安、守、宅、宏、宋、宜、宛、官、宙、室、密、序、庇、府、庠、庫、庭、康、廂、廣、閩、開、閎、闆、闈。

**與生肖呈可得溫飽關係（加80分）：喜草喜五穀—得食。**

艾、芒、芊、芍、芎、芳、芝、芷、芸、茂、茁、苓、苗、茗、茵、荀、莊、荷、菁、芃、菊、華、葉、蓁、蓬、蓮、蔣、蘆、蘭、秀、秉、科、秋、秦、秩、程、稜、稚、稠、種、穀、穎、穌、穗、利、蓁、臻、蘇、粉、粟、精、粹、糧、黍、麥、豆、登、鼓、豐、凱。

**與生肖呈貴人相助關係（加85分）：喜木—相生。**

木、本、梵、棋、棉、棚、林、森、材、杜、村、桃、株、根、桑、桂、桶、桐、梧、桔、梁、棟、梓、榆、楊、植、楚、杭、松、柳、柔、枚、柱、柯、查、核、栗、楷、榮、樣、欄、柵、業、樹、樵、橫、梨、樂。

**與生肖呈好友很多關係（加80分）：喜火—比旺。**

炎、灼、為、烈、烘、然、煙、煌、煉、焜、煖、照、熊、燕、燈、燦、瑩、熠、熹、無、煜、楠。

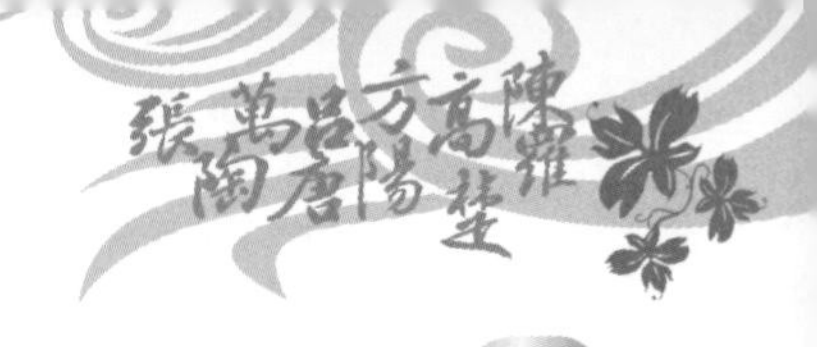

# 第十六節　未（羊）生的人與流年忌用文字參考字庫

與生肖呈現不合的關係（扣80分）：忌逢丑牛—相沖。

生、牲、產、甥、甦、牡、牧、特、物、隆、浩、皓、紐、鈕。

這些字有刑破的現象（扣70分）：忌逢戌狗—刑破。

成、茂、盛、威、城、誠、狄、狀、狂、獲、獻、然、猶、戎、我、戰、戴、猛、狷。

與生肖呈現對立的關係（扣70分）：忌逢子鼠—相害。

子、孔、存、字、孝、孜、孟、季、孰、孳、學、李、享、孺。

這些字有天羅地網的現象（扣70分）：忌逢辰龍—羅網。

宸、贊、言、記、詠、詩、詮、農、震、振、龍、龔、寵、瀧、瓏、麒、麟、麗、麓、貝、貞、財、貫、賀、賁、詹、語、誥、諄、課、諒、論、諦、諺、謙、誼、君、雨、五、尤、民、展、京。

**與生肖呈現犧牲的關係（扣67分）：忌逢大逢王逢人—犧牲。**

大、璜、璘、環、璩、衣、表、衫、裕、裁、裳、褚、襄、裕、采、彩、綵、市、帔、希、帝、常、幀、彥、彭、形、彤、紀、素、紜、紘、紐、統、紳、組、絲、經、絪、絹、繡、綻、綜、綾、綠、綿、綸、緒、維、練、緻、太、王、元、君、冠、令、夫、奇、首、奕、玉、玫、玨、玦、珀、珊、珍、班、珪、現、理、琪、琴、琮、琳、琦、琤、瑋、瑜、瑞、瑗、瑛、瑩、璇、璋、緯、緣、緹、積、繼、織、續、仁、企、仕、今、介、代、仙、仰、仲、任、佐、佑、位、伸、伊、伯、伶、何、佩、佳、依、俊、俐、信、修、倍、倫、儒、偉、偕、健、偵、傑、傳、億、優。

**與生肖呈現得不到溫飽的關係（扣78分）：忌逢肉—不得食。**

心、志、忠、念、思、息、恩、悉、悠、惠、慧、慈、感、慰、憲、憨、懇、應、念、怡、性、恆、恬、情、慎、慊、憶、懷、惟。

**這些字有失位的現象（扣65分）：忌逢小口—犧牲。**

古、台、右、同、名、君、呈、吾、呂、周、和、品、咪、員、哲、唐、商、喬、單、嚴。

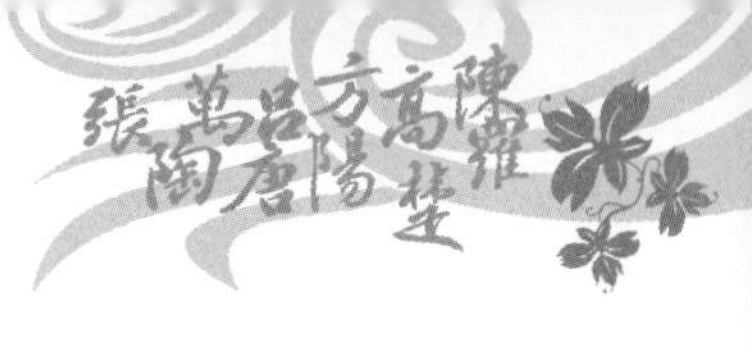


**與生肖呈現對立不爽的關係（扣85分）：忌水忌金—相剋。**

永、銅、鐵、錫、鋁、鑽、泳、汝、沂、江、河、海、汰、沛、治、泊、法、津、淨、浩、涵、淞、深、添、港、清、游、湄、湧、湘、湯、溫、灣、湲、滋、滿、潔、潤、濃、漢、金、銀、錳、銘、鉊、錕、鋒、鉛、鈞、鋼、鉅、鈿、錄、鈴、錚、銖、釗、釧、針、鈺、鍾、鎮、錢、銳、鍵、鑑、錐。

**這些字有洩的現象（扣67分）：不喜土—洩身。**

在、土、圭、圳、坊、均、坐、坎、坡、坤、坦、垂、城、域、培、基、堂、堅、堆、堯、場、墨、墩、墾、壇、壘。

**歌訣（一）**

羊鼠相逢一旦休。牛羊相沖多怨尤。辰龍戌狗羅網會。多禍多愁多煩憂。若披彩衣又逢人。官祿財帛不得求。

# 第十七節 申（猴）生的人與流年喜用文字參考字庫

**與生肖呈現三合關係（加90分）：喜子鼠辰龍——三合。**

孔、存、字、孝、孜、孟、瓏、龔、寵、龐、麒、麟、麗、麓、貝、貞、財、貫、賀、賁、贊、言、記、詠、季、孰、學、李、孺、宸、農、震、振、龍、瀧、詩、詮、詹、語、誥、諄、課、諒、論、諦、諺、謙、謝、譽、誼、永、泳、汝、沂、江、河、汰、沛、治、泊、法、津、淨、浩、涵、淞、深、添、港、清、游、湧、湘、湯、溫、灣、湲、滋、滿、潔、潤、濃、漢。

**與生肖呈現安身立命關係（加82分）：喜洞喜穴喜夜晚——得地。**

宇、安、宜、宏、宗、宙、定、室、家、宸、容、寄、富、寬、寰、寶、厚、原、序、庫、庭、康、龐、府、圓、囿、團、閎、閩、閣、閭、多、汐、夕、外。

**與生肖呈現身分提升關係（加80分）：喜披彩衣喜開口喜言喜逢人——升格。**

仁、仕、今、褚、襄、采、彩、綵、市、帔、希、帝、常、幀、幕、彥、彭、彤、

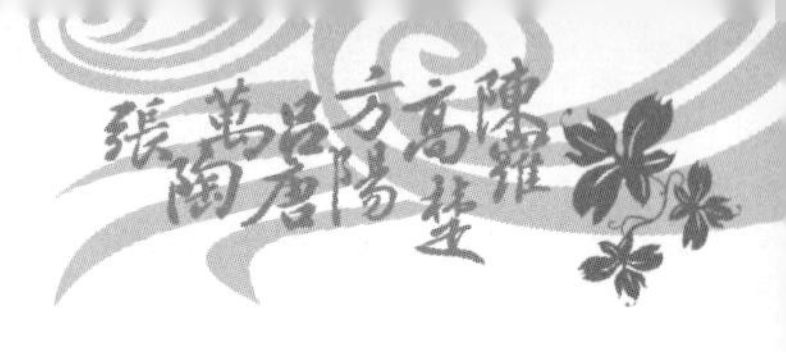

形、紀、素、耘、介、代、仙、仰、仲、任、佐、佑、位、伸、企、伊、伯、伶、何、佩、佳、依、俊、俐、信、俞、修、倉、倍、倫、儒、偉、偕、健、偵、億、優、立、站、章、竟、竣、童、端、競、衣、表、袁、衫、裁、裕、裳、紘、紐、統、紳、組、絲、經、絪、絹、繡、綻、綜、綾、綠、綿、綸、緒、維、練、緻、緯、緣、縈、緹、績、織、繼、續、句、可、只、召、古、台、石、司、吉、同、合、向、名、后、吳、吾、呈、呂、周、告、和、品、哲、哩、員、商、唱、唯、喜、單、喻、喬、嘉、器、啟、喧、嚴、言、訂、訊、訓、託、記、訪、設、許、註、評、証、詞、詠、詣、詩、詮、詹、詳、誌、語、課、誼、諄、談、諒、論、諺、謙、謝、識、譽、讀、讓。

**與生肖呈貴人相助關係（加85分）：喜土─相生。**

在、地、圭、圳、坊、坐、均、坎、坡、坤、坦、垂、培、執、基、堂、堆、堯、場、墩、墨。

## 第十八節　申（猴）生的人與流年忌用文字參考字庫

**與生肖呈現不合的關係（扣80分）：忌逢寅虎—相沖。**

虔、處、彪、虖、號、演、琥、虞、爐、獻、盧。

**與生肖呈現刑剋的關係（扣75分）：忌逢巳蛇—刑破。**

虹、蟠、螞、蟻、蜞、蜎、螢、蜂、蜀、蜜、蝴、蝶、蟬、引、弘、張、弦、強、弼、彊、廷、建、延、巡、迎、逑、迪、通、連、造、進、達、運、道、遠、遵。

核、該、孩、家、象、豪、毅、緣、聚、眾。

**與生肖呈現對立的關係（扣70分）：忌逢亥豬—相害。**

**與生肖呈現一生勞碌的關係（扣70分）：忌逢大逢太陽—犧牲。**

大、現、理、琪、琴、琮、琳、琦、琤、瑋、瑜、瑞、瑗、瑛、瑩、璇、璋、璜、璘、環、璩、日、明、旦、旨、旬、旭、旺、昜、昌、昆、昀、旻、昇、太、元、君、

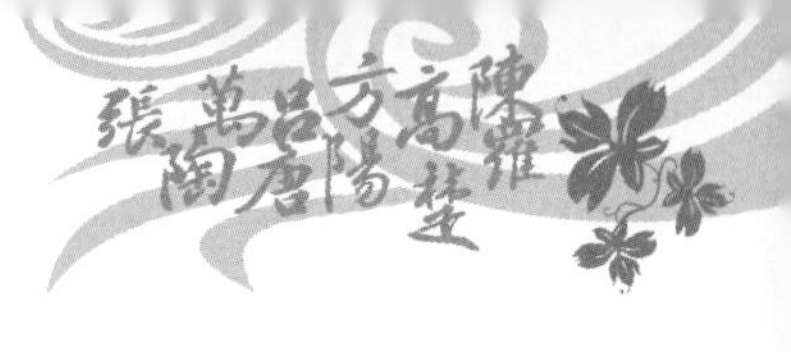

王、冠、令、奇、首、玉、玫、玨、玦、珀、珊、珍、班、珪、昕、昭、映、星、昱、時、晉、晏、晃、晨、普、晴、晶、智、暉、暄、曉、曜、曦。

**與生肖呈現刑傷的關係（扣65分）：忌逢山逢林逢木—沖剋。**

林、彬、森、杉、材、山、岐、岱、岳、岢、峒、峰、蜂、桾、島、崔、崢、嵩、嶸、嶺。

**與生肖呈現得不到溫飽的關係（扣78分）：忌逢肉逢田—不得食。**

心、志、忠、念、思、息、悉、悠、惠、慧、慈、感、慰、憲、應、戀、怡、性、恆、恬、慎、懷、憶、惟、肌、肋、股、肴、胥、胎、能、胡、有、服、朔、期、秉、秀、科、秦、程、種、稼、穠、利、蓁、稷、粉、精、糧、登、鼓、豌、豐、田、由、甲、男、甸、界、畔、留、畢、異、番、當、疇、壘、專、苗、福、富。

**與生肖呈現受制的關係（扣60分）：忌逢耳旁—受制。**

耶、耿、聊、聆、聖、聞、聰、聯、聲、聽、阡、防、阪、阮、阿、附、限、陌、陣、院、陛、陰、陶、隊、階、隋、陽、隆、邢、邦、那、邵、邱、郁、部、郭、都、

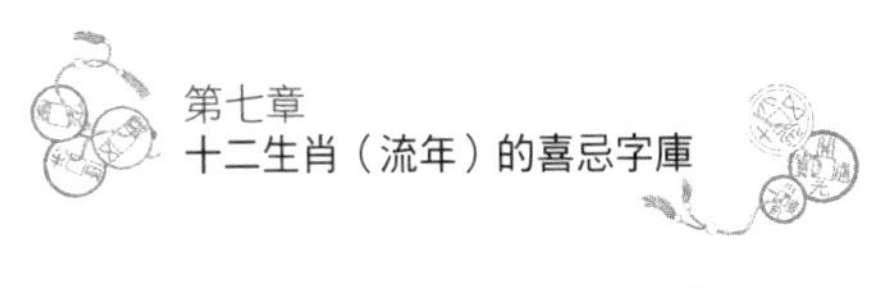


鄰、鄭、鄧。

**與生肖呈現對立不爽的關係（扣85分）：忌火忌木—相剋。**

炎、桂、桶、桓、桔、梧、梁、樑、棟、梓、棋、棉、榆、楊、植、楚、杭、松、柳、柔、枚、灼、為、烈、烘、然、煙、煌、煉、焜、煖、烊、照、煦、熊、燈、燕、熔、瑩、炫、熠、煜、無、煥、熹、本、林、森、材、杜、桃、株、格、根、桑、柱、柯、核、栗、楷、榮、樣、柵、欄、業、權、樹、樵、橫、橡、樂。

**與生肖呈現不合的關係（扣80分）：不喜金—難容。**

金、銀、銅、鐵、錫、鋁、錳、錕、鋒、鈞、鉅、鈿、錄、鈴、銖、釗、釧、鈺、鍾、鎮、錢、銳、鍵、錐、鑑、鏘。

**歌訣（一）**

豬遇猿猴似箭投。最怕寅虎相沖剋。逢人逢田損五穀。

傷親耗財賣家屋。若論相刑巳蛇會。勞勞碌碌命曲折。

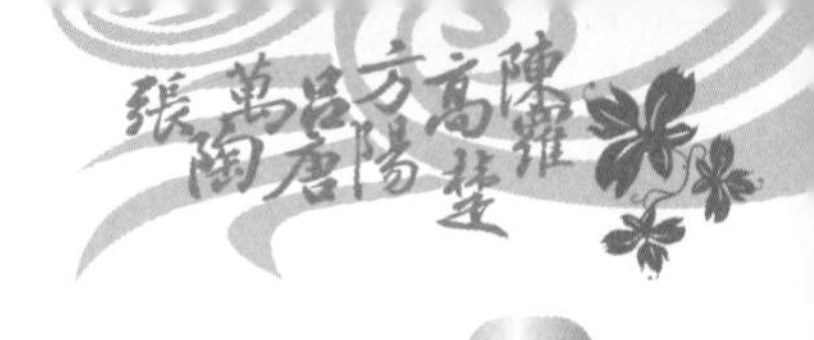


# 第十九節 酉（雞）生的人與流年喜用文字參考字庫

**與生肖呈現三合關係（加90分）：喜巳蛇丑牛—三合。**

虹、蜀、蜂、蜜、蜎、迴、巡、迎、蜞、螞、蟻、蝴、蝶、螢、蟠、引、弘、張、弦、強、弼、彊、彎、廷、建、逑、迪、通、連、造、進、運、達、道、遠、遵、生、牲、產、甥、甦、牡、牧、特、物、隆、犁、紐。

**與生肖呈現安身立命關係（加82分）：喜洞穴—得地。**

守、宅、宣、室、安、客、家、宋、宜、宛、定、官、宙、容、宸、宮、寄、密、富、寧、賓、察、寬、寵、寶、序、庇、店、庭、康、廂、廣、龐、開、間、閩、闈、闔。

**與生肖呈現身分提升關係（加80分）：喜彩衣喜戴冠—升格。**

表、衫、帷、幕、幔、形、彥、彬、裁、裝、裡、裕、裳、裴、褚、襄、祝、彩、綵、釋、市、帆、希、帛、帔、席、常、彩、彰、彭、紅、糾、紀、約、紋、素、紜、級、紘、純、紐、統、絃、紹、紳、組、綢、紫、絢、絲、絡、經、絹、繡、綻、綜、綾、綠、網、綴、綿、綸、維、練、緻、緯、緣、縈、緗、緹、積、縷、縹、織、繞、

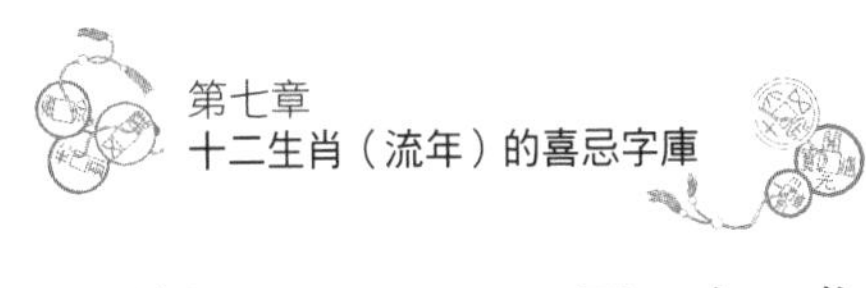


繹、繼、續、常、發、堂、裳、登、當。

**與生肖呈可得溫飽關係（加80分）：喜五穀—得食。**

秀、耒、獲、和、臻、米、科、秋、秦、秩、程、稜、稚、稠、種、穀、稿、穠、稼、稷、穎、積、利、籽、粉、粘、栗、精、粹、粽、糧、麥、麰、麴、黍、黏、豆、鼓、豌、豐、豎、凱。

**與生肖呈身分相當關係（加81分）：喜金雞獨立喜逢單口喜逢小—得位。**

小、古、石、司、吉、同、合、名、后、吳、呈、和、唐、哲、哩、員、商、問、唯、喻、啟、日、旦、旨、旬、旭、旺、易、少、亞、士、尾、章、華、平、中、市、聿、希、單、立、童、靖、端、句、可、只、召、昆、昀、旻、昇、昕、星、昱、時、晉、晨、晢、署、曉、曦。

**與生肖呈貴人相助關係（加85分）：喜土—相生。**

土、在、地、圳、坊、坐、均、坡、坎、坤、坦、垂、城、域、培、基、堂、堆、堅、堡、堯、場、墨、墩、墾、壇、壘。

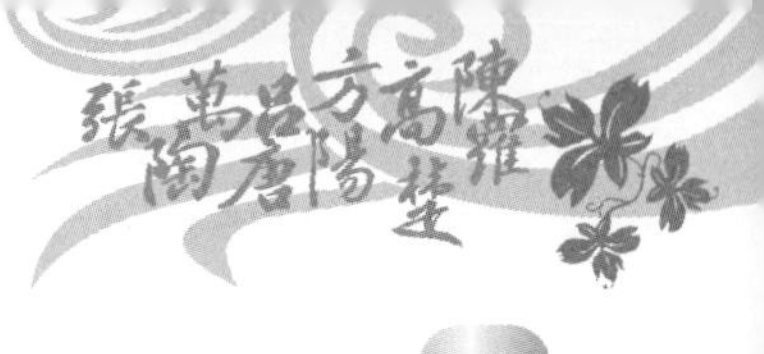


# 第二十節　酉（雞）生的人與流年忌用文字參考字庫

與生肖呈現不合的關係（扣80分）：忌逢卯兔—相沖。

月、印、柳、卿、仰、逸、勉、迎、青、勝、朋、東、陳、棟。

與生肖呈現刑剋的關係（扣75分）：忌逢酉雞—自刑。

酋、酥、雅、集、雋、雙、酒、猶、酪、酷、醒、鵑、鶯、鶴、鷹、鴻、翁、翎、習、翔、翡、座、雄、雞、雌、雍、離。

與生肖呈現破壞的關係（扣70分）：忌逢子鼠—相破。

存、孔、字、孝、孜、孚、孟、季、孰、孳、學、孫、孩、孺、享、郭、好、孿。

與生肖呈現對立的關係（扣70分）：忌逢戌狗—相害。

成、戎、戒、戰、戴、茂、盛、威、城、誠、狄、狀、狂、獲、獻、然、猶、猛、狷。

**與生肖呈現犧牲的關係（扣67分）：忌逢大逢王逢人逢盤腿撇腳——犧牲。**

大、天、瑗、瑤、瑰、瑩、璀、璇、夫、奇、奕、奎、奘、尊、帝、首、冠、君、令、玫、玟、珊、玲、珀、珍、珮、班、珪、現、理、琪、琳、琥、琦、琴、琨、琮、瑟、瑞、瑛、瑋、瑜、璘、璞、璠、璩、環、璧、瓊、仁、今、仕、代、仙、仰、仲、任、佐、佑、企、伊、伯、伶、何、佩、佳、依、侯、俊、俐、信、倍、倫、倚、偉、偕、健、傅、儀、億、優、公、去、宏、雄、光、先、允、充、共、具、其、異、文、支、交、爰、受、友、反、取。

**與生肖呈現得不到溫飽的關係（扣78分）：忌逢肉——不得食。**

心、必、慰、慕、憑、憲、憨、憩、怡、性、志、忠、念、思、恁、恕、息、恩、悉、惠、愚、慈、愈、感、愛、想、態、慧、恰、恢、情、惟、愉、慎、慷、憶、懷、肌、肋、育、股、肩、肴、肯、胥、胎、胡、脈、膺。

**與生肖呈現對立不爽的關係（扣85分）：忌火忌木——相剋。**

火、炎、灼、桑、桂、桶、桐、桓、為、烈、烘、然、煙、煌、煉、焜、煖、烊、照、煦、熊、燈、燕、燦、瑩、炫、熠、熹、無、煜、本、林、森、李、材、杜、村、

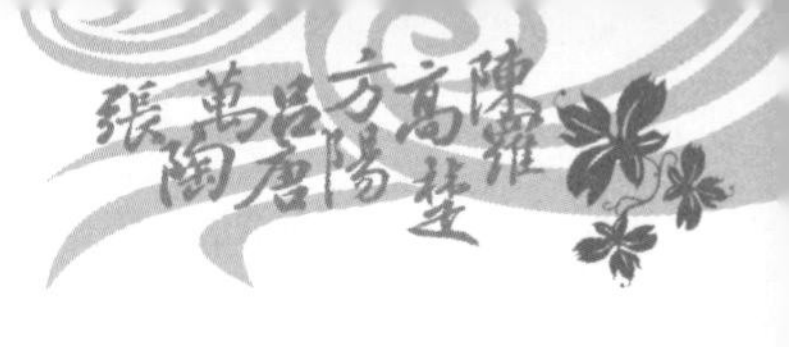


桃、株、格、根、桔、梧、樑、棟、梓、棋、棉、棚、榆、楊、杭、松、柳、柔、枚、柱、柯、核、栗、楷、榮、樣、業、權、榛、樵、横、梨、橡、樂。

**與生肖呈現破洩的關係（扣85分）：不喜水—生洩。**

水、永、游、湧、湖、湘、湯、溫、湲、淙、泳、池、汝、汕、汎、沂、江、河、汰、沅、沖、沛、治、泊、法、泉、洛、津、流、淨、浩、浦、消、涵、淑、涓、滔、濤、淡、淞、深、添、港、清、溪、滋、漾、滿、演、漫、潘、潤、潭、澤、濃、漢、潔。

**與生肖呈現刑傷的關係（扣85分）：忌逢金—自刑。**

金、銀、銅、鐵、鉊、錫、錳、銘、鋸、鋒、鉛、鋼、鈞、鉅、鈿、錄、鈴、鈕、銖、釗、釧、鈺、鍾、鎮、鐘、錢、銳、鍵、鑑、錐。

**歌訣（一）**

金雞遇犬雙淚流。忌逢卯兔正相沖。雞鼠相破不相容。
酉雞自刑無始終。最忌逢大又逢火。抬頭盤腿桌上供。

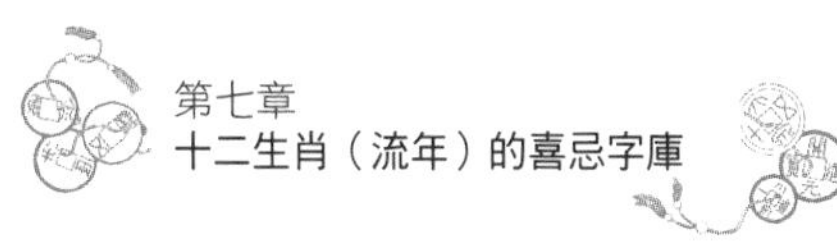


# 第二十一節 戌（狗）生的人與流年喜用文字參考字庫

**與生肖呈現三合關係（加90分）：喜寅虎午馬──三合。**

虔、處、騁、駿、麒、騄、騰、彪、號、虛、演、琥、虞、虢、盧、獻、豹、獅、馮、馬、馳、馴、駐、駕、駒、驃、驍、驊、許。

**與生肖呈身分相當關係（加81分）：喜逢小喜逢單人──得位。**

小、少、士、亞、次、尾、介、仕、代、仰、仲、任、佐、佑、位、伸、伊、伯、何、佩、佳、依、侯、俊、俐、信、修、倍、倫、儒、倚、偉、偕、健、傅、傳、儀、優。

**與生肖呈現安身立命關係（加82分）：喜洞穴喜逢平原喜逢田──得地。**

宇、安、芊、芍、花、芮、芷、芸、茂、苑、苞、苓、英、茲、茗、莊、菁、菱、華、葉、董、蒨、蔭、蓬、蔣、蔡、蕭、藝、蘆、蘭、由、甲、田、男、甸、畀、畔、留、畢、異、宅、守、宏、宋、宜、宗、宛、定、官、宙、宣、室、宥、客、家、宵、容、宮、寄、密、寧、賓、察、寬、審、閔、閎、閨、閣、闊、闈、艾、芃、芒、番、當、疇、疆、雷、苗、專、油、福、富。

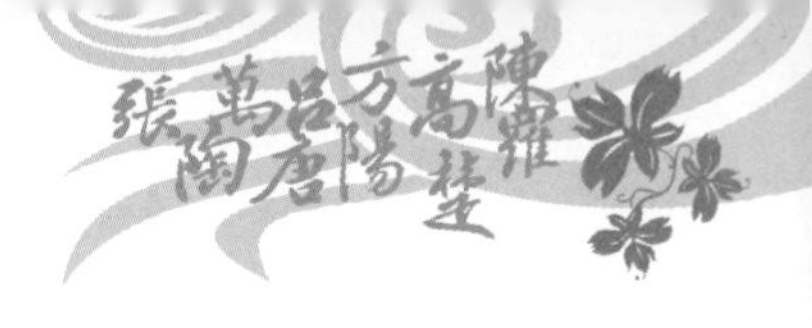

**與生肖呈可得溫飽關係（加80分）：喜逢肉—得食。**

心、必、志、恁、恕、息、恩、悉、惠、愚、慈、愈、感、想、態、愿、慧、忠、念、思、憑、憲、憨、憩、懋、戀、怡、性、恆、恰、恢、恬、情、惟、愉、慎、慊、憶、懷、肌、肋、育、股、肩、肴、肯、胥、胎、能、胡、脈、有、朋、服、朗、郁、期、勝。

**與生肖呈身分提升關係（加80分）：喜彩衣—升格。**

衣、帝、師、席、常、帷、幀、幕、彤、形、彥、彬、彩、彰、彭、紅、糾、紀、約、紋、素、紜、級、表、衫、裁、裝、裡、裕、裴、褚、襄、釉、彩、綵、市、帆、希、帛、帔、帥、紗、紘、純、紐、絃、統、紹、紳、組、綢、紫、絢、綺、絡、綑、經、絹、繡、綻、綜、綾、綠、綱、綴、綵、綿、綸、緒、維、練、緻、緘、緯、緣、縈、緗、緹、絲、縉、績、縷、縵、縹、織、繹、繙、繪、繼、續。

**與生肖呈貴人相助關係（加85分）：喜土—相生。**

在、地、圭、圳、坊、坐、均、坎、坡、坤、坦、垂、城、域、培、基、堂、堅、堆、堡、場、墨、墩、墾、壇、壘。

# 第二十二節 戌（狗）生的人與流年忌用文字參考字庫

**與生肖呈現對立不爽的關係（扣85分）：忌逢辰龍—相沖。**

辰、震、振、龍、瀧、瓏、龔、寵、龐、麒、麟、麗、麓、貝、貞、財、貫、賀、宸、農、賁、贊、詠、記、詩、論、詮、語、誥、諄、課、諒、諦、諺、謙、誼、許、言、君、雨、五、尤、民、展、京、信。

**與生肖呈現刑剋的關係（扣75分）：忌逢丑牛—相刑。**

生、犁、牲、產、甥、甦、牡、特、物、隆、浩、皓、紐、鈕。

**與生肖呈現破壞的關係（扣70分）：忌逢未羊—刑破。**

朱、未、羊、美、姜、羚、善、義、群、羲、妹、儀、詳、祥、洋、翔。

**與生肖呈現對立的關係（扣70分）：忌逢酉雞—相害。**

酉、酥、翔、翡、雁、雄、酒、猶、醒、醋、鵑、鳴、鳳、鶯、鶴、鵝、鴻、飛、

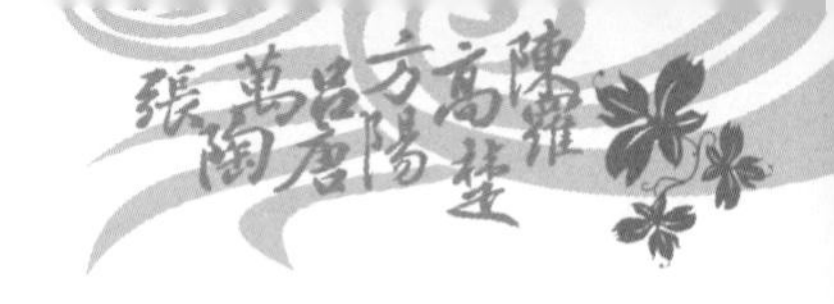

羽、翁、翃、翌、翎、習、翊、雅、集、雙、進、雌、雕、雍。

## 與生肖呈現刑傷的關係（扣70分）：忌逢口逢山逢金水逢大逢太陽—刑傷。

句、只、大、夫、太、央、奇、尊、奕、奘、奎、奮、帝、首、君、冠、令、王、玟、玫、珊、玲、珀、召、古、石、吉、同、合、向、名、后、吳、吾、君、呈、呂、吟、周、告、和、咨、品、唐、哲、哩、員、商、唱、問、唯、單、喜、喻、喬、嚴、啟、珂、珍、珮、班、現、理、琪、琳、琴、琨、琮、瑟、瑞、瑛、瑋、瑜、瑗、瑤、璀、璇、璘、璞、璩、環、璿、瓊、瓏、山、岳、屹、岷、岡、岩、岱、峭、峻、峨、峰、島、淙、崎、崢、崑、嵩、嶺、嶽、巍、巔、巒、巖、日、旦、旨、旬、旭、旺、易、昌、昆、昀、旻、明、昕、昭、映、星、昶、昱、時、晏、晃、晨、暑、晶、景、智、暉、暄、暢、曉、曦、曜、金、銀、銅、鐵、鋁、錳、錫、錕、鉛、鋼、鈞、鈿、錄、錚、鈕、銖、釧、釗、針、鈺、鍾、鎮、錢、銳、鍵、錐、水、永、泳、池、汝、汕、汎、沂、江、河、汰、沅、沖、沙、沛、治、泊、法、泉、洋、洛、津、流、淨、浩、浦、海、濟、涵、淑、涓、洮、濤、淡、淦、深、淵、添、港、清、游、湄、湧、湘、湯、溫、灣、湲、溪、滋、漾、演、漫、漳、潘、潤、潮、澈、澤、濃。

**與生肖呈現得不到溫飽的關係（扣78分）：忌逢五穀——不得食。**

秀、耒、科、秋、和、蓁、臻、籽、秦、秩、程、稜、稚、稠、種、穀、稿、穠、稼、稷、穎、穌、積、利、穗、粉、粘、粟、精、粹、粽、糧、麥、麵、黍、黏、登、鼓、豌、豐、彭。

**與生肖呈現對立不爽的關係（扣85分）：忌火忌木——相剋。**

火、炎、灼、熹、無、煜、煥、營、本、林、森、材、李、杜、村、杏、桃、株、格、根、桑、桂、桶、為、烈、烘、然、煙、煌、煉、焜、煖、烊、照、煦、熊、燈、熔、瑩、炫、桐、桓、桔、梧、樑、棟、梓、梵、棋、棉、棚、榆、楊、植、松、柳、樂、枚、柱、柯、查、核、栗、楷、榮、欄、柵、業、權、楨、榛、樵、横、梨、樂、橡。

**歌訣（一）**

金雞遇犬雙淚流。龍狗正沖六親憂。單口成吠性剛烈。
雙口成哭多乞求。更忌牛羊相刑破。禍害無盡萬事休。

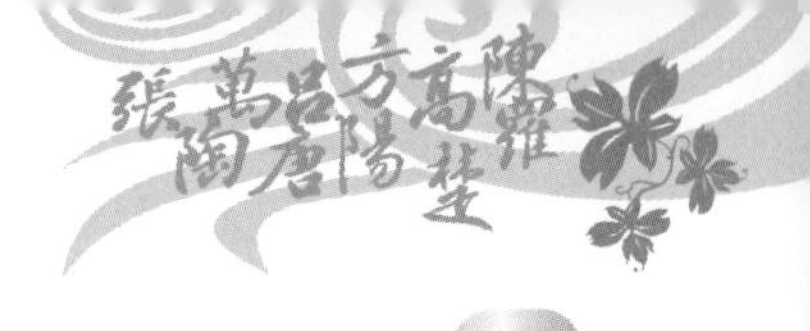

# 第二十三節 亥（豬）生的人與流年喜用文字參考字庫

**與生肖呈現三合關係（加90分）：喜卯兔未羊——三合。**

柳、卿、印、月、仰、逸、勉、青、勝、東、朋、美、姜、羚、善、義、羲、妹、儀、詳、祥、翔、洋。

**與生肖呈現三會關係（加85分）：喜子鼠丑牛——三會。**

存、孔、字、孝、孜、孚、孟、季、孰、學、孩、孫、孺、享、李、郭、好、孿、生、牲、產、甥、甦、牟、牝、牧、特、物、拴、犁、犢、牲、姓、隆、浩、皓、鈕。

**與生肖呈可得溫飽關係（加80分）：喜五穀——得食。**

禾、秀、耒、和、蓁、臻、籽、粉、粘、栗、粹、粽、糧、精、麥、麵、麴、黍、黏、登、鼓、豌、科、秋、秦、秩、程、稜、稚、稠、稟、種、穀、稿、穠、稼、稷、穎、積、穗、利、穫、豐、彭。

**與生肖呈現安身立命關係（加82分）：喜洞穴喜門欄—得地。**

宇、守、宅、安、宏、宋、宜、定、官、宙、室、客、家、容、宸、宮、富、寧、賓、寨、寬、廣、康、廂、廉、開、閎、閣、閭、闈。

**與生肖呈身分相當關係（加81分）：喜逢小喜翹腳—得位。**

小、少、亞、臣、士、去、宏、雄、允、充、芸、私、松、法。

**與生肖呈貴人相助關係（加85分）：喜金—相生。**

金、銀、銅、鐵、鋁、錫、錳、鉛、錕、鋒、銘、鋼、鈞、鉅、鈿、錄、鈴、鈕、錚、銖、釗、針、鈺、鍾、鎮、錢、銳、鍵、錐、鑑。

**與生肖呈好友很多關係（加80分）：喜水—比旺。**

永、泳、池、淨、浦、浩、消、淑、洮、涓、汝、汕、汎、沂、江、河、汰、沅、沖、沙、治、法、泉、洋、洛、津、流、洲、滔、淦、深、港、清、湄、湧、湘、湯、溫、灣、湲、源、溪、滋、漾、滿、漫、漳、潘、潭、潤、潮、澈、澤、濃。

# 第二十四節　亥（豬）生的人與流年忌用文字參考字庫

與生肖呈現不合的關係（扣80分）：忌逢巳蛇—相沖。

虹、蜀、蟠、蜎、蜞、引、弘、張、強、弼、彊、彎、廷、建、延、巡、迎、迮、迪、通、連、速、造、逢、逸、進、運、道、遊、達、遠、遵、趙、赳、越、超、蜂、蜜、蜿、蝴、蝶、螢、螞、蟬、起、趨。

與生肖呈現刑剋的關係（扣75分）：忌逢亥豬—相刑。

核、該、孩、家、象、豪、豫、聚、毅、緣。

與生肖呈現破壞的關係（扣70分）：忌逢寅虎—相破。

虔、處、彪、虛、號、演、琥、虞、爐、盧、獻、豹、虢。

與生肖呈現對立的關係（扣70分）：忌逢申猴—相害。

申、伸、坤、紳、珅、暢、袁、猿、遠、環、侯。

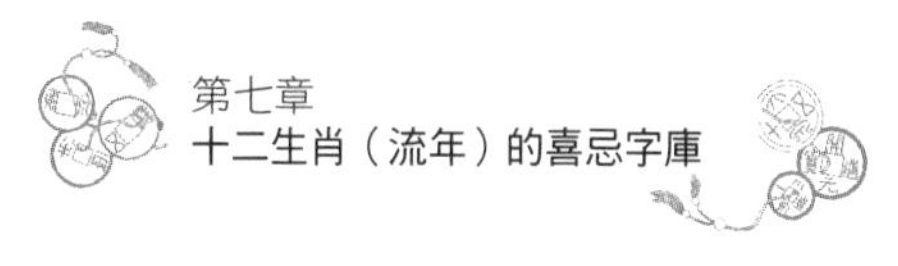


**與生肖呈現犧牲的關係（扣67分）：忌逢大逢王逢人逢彩衣—犧牲。**

天、夫、瑛、瑋、瑜、瑗、瑤、瑰、瑩、璀、璇、璘、璞、璩、環、璿、瓊、瓏、仁、介、仕、代、仙、仲、任、佐、佑、位、伸、企、伊、伯、伶、何、佛、佩、佳、依、侯、俊、信、修、倍、倫、儒、倚、偉、偕、健、偵、傅、傑、儀、億、優、儷、衣、表、衫、袁、裁、裝、裡、裕、裳、裴、太、央、奇、奕、奎、奘、尊、帝、首、君、冠、令、王、玉、玫、玟、珊、玲、珀、珍、珮、珂、班、珪、現、理、琪、琳、琥、琨、琴、琮、琰、瑞、褚、襄、社、祈、祐、崇、祖、祝、票、祥、祭、祺、禮、禎、祿、禔、禧、禪、禮、讓、釉、釋、彩、綵、市、帆、希、帛、帔、帝、席、常、帷、幀、彤、形、彥、彩、彰、彭、紅、糾、紀、約、紋、素、紜、級、紗、紘、純、紐、絃、紹、紳、組、綢、紫、絢、絲、絡、經、絹、綻、綜、綾、綠、綱、綴、綵、綿、綸、緒、維、練、緻、緘、緯、縈、緗、緹、績、縵、縹、織、繙、繹、繼、續。

**與生肖呈現受制的關係（扣85分）：忌逢耳—受制。**

耶、耿、聊、聆、陪、陵、陳、陸、陰、陶、階、隨、際、邢、邦、那、邵、邱、郊、郎、郁、郡、部、聘、聞、聰、聯、職、聽、阡、防、阪、阮、陀、附、限、陌、

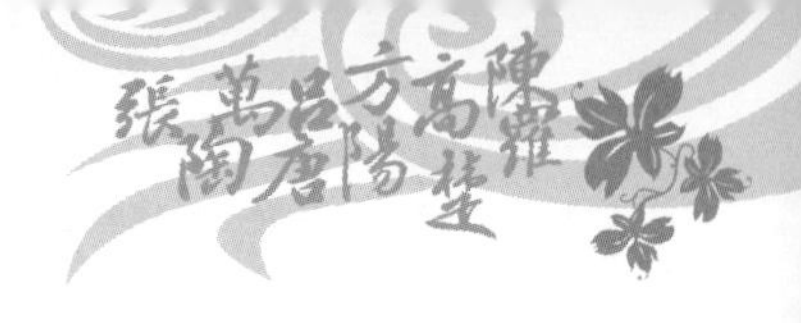

陣、院、陸、郭、都、鄉、鄰、鄭、鄧。

與生肖呈現得不到溫飽的關係（扣78分）：忌逢肉—不得食。

必、志、忠、念、思、恁、恕、恭、息、恩、悉、悠、惠、愚、慈、愈、感、愛、想、態、慧、慰、憑、憲、憨、憩、墾、應、慕、怡、性、恆、恰、恢、恬、情、惟、愉、慎、慷、憶、懷。

與生肖呈現刑傷的關係（扣85分）：忌逢山—刑傷。

屹、岷、岡、岩、岱、岳、峭、峻、峨、峰、島、崁、崇、崎、崢、崑、崧、崔、嵩、嶺、嶽、巍、巔、巒、巖。

與生肖呈現一生勞碌的關係（扣70分）：忌逢日—勞碌。

旦、旨、旬、晨、晳、普、晴、旭、旺、易、昌、昆、昀、旻、昇、明、昕、昭、映、星、昶、昱、時、晉、晏、暑、晶、景、智、暉、暄、暢、曉、曙、曜、曦。

## 與生肖呈現對立不爽的關係（扣85分）：忌土忌火—相剋。

在、地、坦、垂、城、域、培、基、堂、堆、場、墨、墩、壇、壘、堯、堡、炎、灼、為、烈、烘、然、圭、圳、坊、坐、均、坎、坡、坤、煙、煌、煉、焜、煖、烊、照、煦、熊、燈、燕、熔、瑩、熹、無、煜、煥。

## 歌訣（一）

豬遇猿猴似箭投。豬蛇相沖財難求。逢大逢肉福難享。
彩衣上身多煩憂。若再加逢寅虎會。財散情斷萬事休。

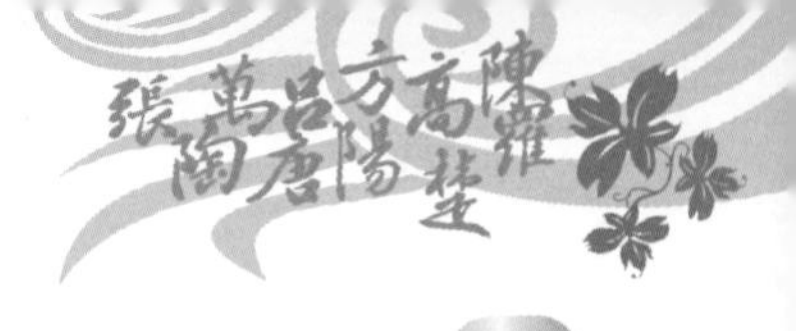

# 第二十五節　用生肖姓名學論名（實際案例）

例：李秋明生肖屬子鼠

| 姓名拆解＼陰陽 | 陰 | 陽 |
|---|---|---|
| 姓 李 | 子 | 木 |
| 名一 秋 | 禾 | 火 |
| 名二 明 | 日 | 月 |

## ◇實際論名過程

實際案例：李秋明（女）—民國49年次（庚子年）。

李：陽邊為「木」，木中藏卯兔，與鼠為子卯刑。庚子年生，庚為金又剋木，表示在男性長輩或上司助力方面較弱，貴人運與名望聲譽都不好，同時在十歲之前，父親的運勢也不佳。

陰邊為「子」，與本命生肖「子水」為水水比旺，較能得助於母親及女性長輩或上司的蔭助，也表示睡眠品質好，頭腦清晰，反應敏捷，亦主十~二十歲之間，行運較佳。

秋：陽邊為「火」，屬鼠之人逢午火或馬字之字形，為水火相沖。庚子年生，庚為金又逢火剋，表示行事困難，錢財難聚，婚姻易破，子息緣薄，任性固執，易犯小人，一生是非不斷。身體方面要多注意消化系統與循環系統方面的疾病。陰邊為「禾」，老鼠喜歡吃五穀雜糧。名字喜歡有「米」、「叔」、「豆」、「麥」、「禾」、「艸」、「梁」、「田」，表示得食，生活無憂，和女性朋友與同事之間相處愉快。

明：陽邊為「月」，月中藏卯兔，與鼠為子卯刑。表示人際關係不佳，與男性下屬和兒子之間的互動，時常會有隔閡，工作事業難以順遂。平常要多注意腎臟、膀胱、泌尿系統方面的疾病。

陰邊為「日」，老鼠見光死，會有很強的危機感，行事不遂，坐立難安，理財觀念不佳，與子息溝通不良，要注意婦科方面之疾。女性特別注重「名一陽邊」所代表的感情世界與「名二陰邊」所代表的婚後福德與財庫，命名時要更加謹慎。

## ◇實際命名過程

一、不同的姓氏適合不同的年份，因為姓氏代表的意涵甚廣，影響至鉅，故新生兒出世之年，若與生肖不合，則行事必多蹇，事倍功半。所以選擇生肖喜用，當然是

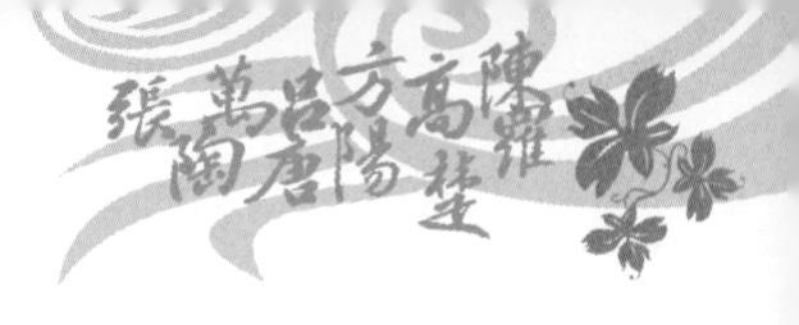


創造美好人生的一大步，如不能如您所願，那在名字方面一定要多加強。

二、選用本命生肖所喜用的字庫，加強人際關係的和諧，長輩上司的協助，功名聲譽的提升，婚姻事業的平順，身體方面的健康。

三、文字的意義，避免使用太過艱澀難懂，負面不雅，冷僻庸俗的文字，可參考姓名學單字釋義真傳擇字命名。

四、文字要配合當地通用的發音，要順口通暢，不要有太過饒舌以及不好的諧音，並且配合三才五格八十一數理劃數，則更能相得益彰。

五、因應當地的習俗，在命名時，避免與長上有同字或同音的字。

六、若能配合選擇「字形」為喜用八字之五行，就是最能幫助當事人理想的姓名組合。

# 第八章 命名資料庫

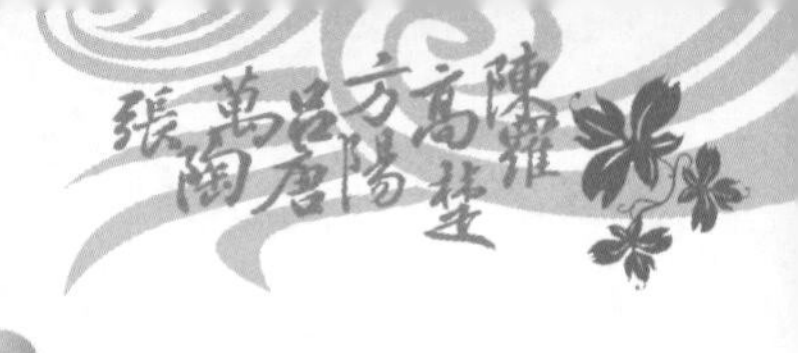


本書以坊間最多命理老師使用的生肖姓名學，以及歷史悠久的八十一劃數三才五格姓名學，加上靈動性很高的格局派姓名學，淺顯易懂的專論介紹，配合數理與文字的解析，每個姓氏適合命名的劃數，讓讀者可以非常輕鬆自在的自己命名或改名。

## 第一節　姓名學單字釋義真傳

本節內容，爰錄自新竹吳慕亮教授，民國97年端午佳節所發行之《延陵堂‧姓名學真傳》大作，其分上中下三冊，全套精裝版本，內容精闢，解說詳盡，獨超群類，珠落玉盤，計三千三百三十頁。若以吾儕觀之，此策學說，堪稱前無古人之上乘芸帙。吳慕亮教授，別號：延陵布衣、玄魁居士、隆中逸叟、方外處士、臥龍散人、閒雲老朽、野鶴簑翁之雅稱，乃當代五術名家。現任：財團法人〈軒轅聖教〉二宗伯及〈中國五術教育協會〉名譽理事長，以傳道授業，著書立說，執經問難，弘法利生，纘承文化為不朽之聖業！

風城‧吳教授慕亮曰：「千古聖傳之『字義』闡微，豈曉文字有神，唸經靈驗，感應玄機。故本節拙文，先列單字，再釋標詞，旋以筆劃順序，編纂而成。耗費時間，將屆半載，計數千餘字，弗敢言精雕細琢，惟堪慰殫精竭慮之勤。當今姓名學家，命理耆宿，以及五術界之賢達彥士，若有緣獲得書策，冀望深入探賾，彷彿高舉明燈，庶幾普照，航海迷津，乘風破浪；猶如飛鴻展翼，騰空翱翔，自在懽忭，不亦快哉！」故從1～27劃數「字義」很多，本書礙於篇幅，僅取命名常用字體，依筆劃數，以做介紹，列臚於後，以饗同好！

## 一劃

一：權威果斷之象。官祿顯彰，處事果斷，家聲遠傳。

乙：權威招祥之象。金榜題名，富貴榮華，家庭和悅。

## 二劃

人：聰明智巧之象。詩禮傳家，文質彬彬，名聲遠播。

卜：預測禍福之象。聰明有智，溫和英俊，晚歲吉馨。

丁：體健智巧之象。功名財富，家庭和樂，貴者裨助。

力：生命運動之象。精神飽足，樂觀奮鬥，門庭和順。

了：聰明果斷之象。其性自恃，難得人緣，晚必孤獨。

二：權威顯達之象。官居極品，性情溫和，譽滿天下。

又：反覆連續之象。情緒浮動，見異思遷，難成大業。

乃：口舌搬弄之象。是非不斷，耗財損神，晚運孤獨。

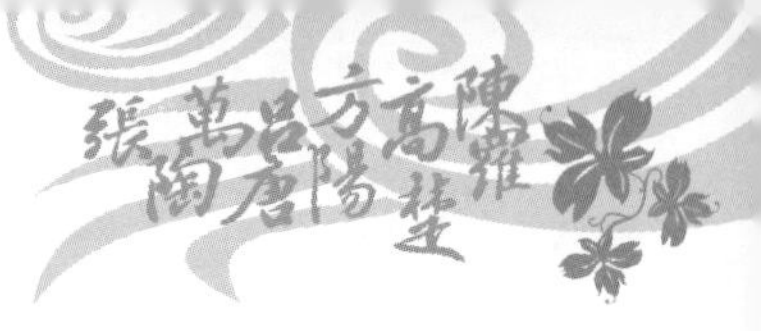

## 三劃

子：延續香嗣之象。精神充沛，身強力壯，起居愜意。
凡：平庸凡輩之象。清雅小貴，勤儉持家，家門和順。
上：富貴榮華之象。高官食祿，後裔興旺，偉業有成。
士：地位崇高之象。居官受祿，金榜題名，名揚四方。
于：安穩清榮之象。利益子女，起居安康，清貴得榮。
千：人事眾多之象。貴人相輔，事業成功，大利中年。
小：自我謙虛之象。知書達禮，生機蓬勃，宏業日蒸。
大：高人一等之象。金碧輝煌，福壽雙全，威名外傳。
三：陰陽合道之象。福祿壽齊，日月星照，朝廷貴客。
女：敬重婦女之象。知書達禮，相夫教子，家庭安康。
寸：比喻短小之象。氣度狹窄，刑害骨肉，駿業難成。
山：土石高出之象。心胸寬大，家業晉陞，名聲遠播。
川：水流不息之象。智慧兼備，精力充沛，無往弗利。
才：智慧能力之象。智慧雙全，才識超群，貴氣顯彰。
口：發音嚼食之象。豐衣足食，情感濃厚，晚景享福。
己：自我肯定之象。努力奮發，積極進取，事成業就。
巾：飾布蓋物之象。才智兼備，溫和賢淑，夫榮子貴。
土：樸素誠信之象。誠信務實，貴介器重，駿業成功。
丸：聰明俊秀之象。功名顯著，企業有成，利於中年。

# 四劃

之：賢淑有成之象。性情溫和，聰明智高，事業有成。
云：聰明秀慧之象。學識淵博，膽識如虎，領袖奇才。
勻：心平氣和之象。溫和賢淑，相夫教子，家庭隆昌。
壬：職掌重仕之象。貴介器重，職仕樞使，名聞遐邇。
水：江洋大海之象。智慧齊備，毅力過人，事成名就。
丑：滑稽聰明之象。心性樂觀，善解眾意，獲貴攏助。
方：正正當當之象。人脈達暢，田產廣進，光明磊落。
今：把握現在之象。努力不懈，毅力堅強，家慶興旺。
孔：智慧聰明之象。學博識廣，名列前茅，譽冠千秋。
互：彼此相輔之象。貴介相助，家庭和睦，晚歲享福。
元：萬象更新之象。寒谷向陽，欣欣向榮，吉利雙收。
允：上下相應之象。貴者相輔，駿業成功，平地發福。
引：解除迷惑之象。耳聰目明，能解眾意，宏業有成。
仁：慈善智巧之象。貴仕相資，功名早就，善解人意。
升：步步青雲之象。眾儕相資，事業成功，家庭興隆。
少：含苞待放之象。活潑體壯，平步青雲，家門幸福。
心：思想意願之象。器量寬懷，意志堅強，善解人意。
日：太陽光照之象。公正無私，磊落光明，事業華貴。
公：威嚴有尊之象。官高祿重，名聲遠播，家庭和順。
火：光熱取暖之象。生機蓬勃，意志堅強，企業日榮。

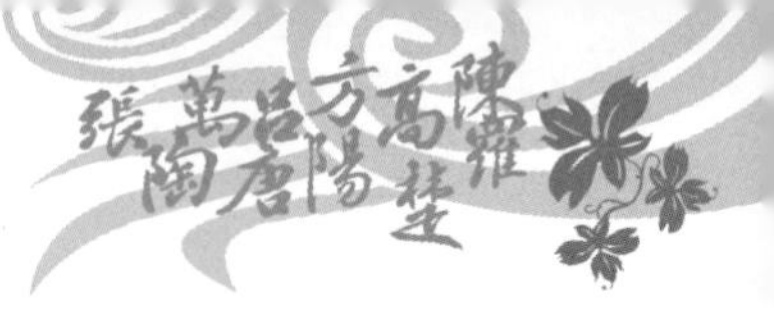


| |
|---|
| 毛：表皮鬚髮之象。獨力奮強，自我陶醉，起居安康。 |
| 比：彼此較量之象。貴仕相助，宏業日蒸，家中和樂。 |
| 分：力量分散之象。精神弗濟，意志耗弱，事業挫敗。 |
| 化：改變原貌之象。愛慕虛榮，富屋貧者，放蕩此生。 |
| 木：高大植物之象。意志堅強，功名顯彰，駿業亨達。 |
| 戶：家眷住所之象。貴者明現，家庭和樂，田財豐盈。 |
| 夫：人中豪傑之象。學博識廣，名利雙收，名聲遠震。 |
| 中：溫和幸福之象。能解人意，錢財豐盈，家中幸福。 |
| 井：衣食豐足之象。田財廣進，身體健康，家道興隆。 |
| 介：引進牽合之象。人脈廣達，口齒伶俐，企業向榮。 |
| 內：自我肯定之象。意志堅強，辛勤有成，晚年隆昌。 |
| 太：至大至剛之象。順水行舟，無往弗利，威名遠播。 |
| 天：廣闊無邊之象。才學出眾，金榜題名，門庭昌盛。 |
| 支：母子相生之象。貴介裨助，起居安適，親情濃厚。 |
| 斗：比喻度量之象。廣置田產，進退得宜，金碧輝煌。 |
| 丹：精神充沛之象。身體康健，貴介鼎助，事成業就。 |
| 尹：居官俸祿之象。天賜官祿，金碧輝煌，夫榮子貴。 |
| 予：慷慨喜樂之象。樂觀進取，仁慈待人，晚年招祥。 |
| 友：敦睦交好之象。貴仕相現，愜意無憂，家庭溫馨。 |
| 尤：與眾不同之象。穎悟英敏，事業有成，門庭安定。 |
| 文：學養超人之象。學博識廣，涵養深厚，氣質超群。 |

月：比喻皓潔之象。事事圓滿，貴者攜助，利益婦女。

## 五劃

禾：五穀豐收之象。五穀滿倉，欣欣向榮，後裔興旺。

永：長久不變之象。富貴久榮，起居安適，金玉輝煌。

弘：器量寬大之象。居官食祿，品格高超，能恤弱者。

巧：聰明精靈之象。才智超群，學博識廣，無往不利。

平：安適生活之象。諸事如意，財富漸增，家庭和順。

世：福壽雙收之象。後裔興旺，廣進田產，身體健康。

丘：溫和招祥之象。學識豐富，無有災厄，晚景吉慶。

仕：居官食祿之象。聰明俊秀，氣質非凡，在朝為官。

仙：精神喜悅之象。性情溫和，度量宏寬，適合修行。

仔：延續香火之象。人丁壯旺，身體康健，衣食足豐。

卉：美麗花草之象。年輕活潑，貴仕寵愛，夫榮子貴。

充：精力飽滿之象。功名事業，日蒸向上，晚景享福。

司：職掌樞使之象。財官雙美，食祿千鐘，威名遠播。

史：職掌重權之象。學博廣識，朝廷貴客，聲譽遠傳。

市：人物聚集之象。財帛豐裕，交友廣達，駿業成功。

示：表達心意之象。思慮周全，企業欣榮，廣結人脈。

玄：高深奧妙之象。外貧內富，智謀超群，朝廷貴客。

石：堅硬礦物之象。意志堅定，衣食無缺，住宅安逸。

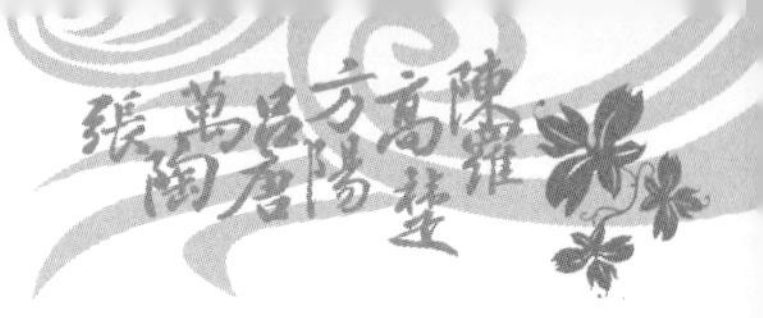

生：欣欣向榮之象。朝氣蓬勃，諸事如意，福壽雙全。

申：精力充沛之象。精神飽足，意志堅定，駿業吉利。

左：東方青龍之象。聰明智巧，文武兼備，名震四方。

冉：行動緩慢之象。膽識不足，保守舊規，平淡餘生。

古：事物久遠之象。保守內向，誠信篤行，晚年亨祥。

可：肯定自己之象。天生聰穎，凡事稱意，門庭光耀。

刊：心虛無主之象。身體虛弱，妻兒緣稀，疾病弗息。

功：勳績顯著之象。居官食祿，宏業亨達，名聲遠播。

卡：堵塞不暢之象。停滯墮落，心灰意冷，親緣薄弱。

甘：美味可口之象。富貴齊全，眾儕景仰，庭內溫馨。

丙：先苦後甘之象。初年勞碌，奮力上進，晚年隆昌。

丕：金玉滿堂之象。豐衣足食，子孫滿堂，功名顯著。

北：受凍失志之象。自我沉淪，一曝十寒，六親緣薄。

卯：日出扶桑之象。功名顯彰，財富日增，大利晚景。

本：草木根基之象。實事求是，田財廣積，興業漸序。

布：生活安康之象。聰明智巧，企業日蒸，功名日進。

必：肯定事物之象。意志堅定，努力不懈，晚年吉慶。

未：含苞待放之象。努力奮發，中年忙碌，晚來享福。

末：物極必反之象。初運受福，中年揮霍，晚景淒苦。

民：百姓結合之象。人脈廣達，貴者相助，駿業有成。

白：光明正大之象。品性亮節，威嚴公正，駿業成功。

目：眼睛視覺之象。聰明智巧，自力奮發，品性高潔。

矛：刺人長柄之象。其性好鬥，刑訟牢災，放蕩無羈。

令：上下位階之象。英雄氣慨，生而多災，六親緣薄。

代：上下敦睦之象。貴者相輔，誠實待人，家業進展。

仗：上下爭奪之象。粗暴無禮，固執己見，刑剋妻兒。

冬：陰寒風烈之象。萬物收藏，生機全無，事業挫敗。

主：權威吉祥之象。官貴顯達，五穀滿倉，名播寰宇。

加：眾志一心之象。貴介裨助，廣進田財，步步青雲。

占：財帛廣納之象。天賜厚祿，衣食足豐，家門和順。

叮：心事繁雜之象。勞心費力，徒勞無功，苦不堪言。

台：地位高低之象。清貴溫和，中歲成功，晚享清福。

召：呼喚他人之象。性情果斷，招凶造禍，刑訟獄災。

尼：僧尼修行之象。自我肯定，淡泊名利，骨肉疏離。

立：光明正大之象。品格高尚，襟懷坦然，樹建功業。

巨：成就超群之象。聰明智巧，金碧輝煌，無往弗利。

甲：成就非凡之象。廣進田財，聰明俊秀，家庭溫馨。

田：衣食無缺之象。五穀滿倉，名播四方，金碧輝煌。

正：光明正大之象。貴者器重，前程非凡，坦白無私。

旦：日出扶桑之象。企業向榮，利益中年，庭內和樂。

朮：植物草木之象。欣欣向榮，成就可期，家門和悅。

札：書信筆記之象。飽學五車，誠信務實，宏業亨達。

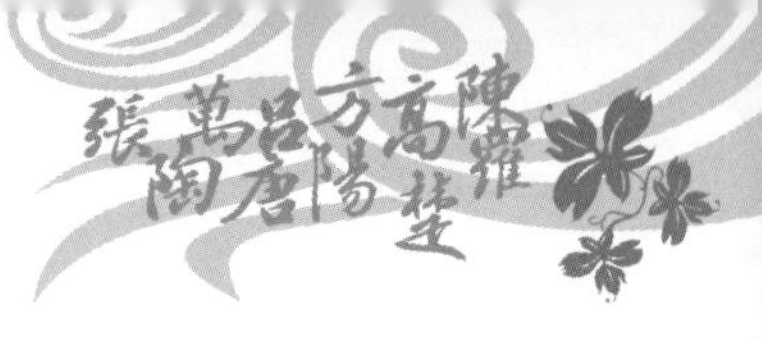


以：人丁旺盛之象。聰明俊秀，事亨利達，晚歲吉慶。
右：慧黠穎悟之象。文章秀麗，武術超群，人中豪傑。
央：地位超然之象。穎悟智巧，名播四方，衣祿無缺。
幼：得寵受惠之象。祖產蔭佑，好運連綿，平地發福。
戊：計算時日之象。自立奮勉，意志堅強，起居安適。
玉：美麗女人之象。高貴氣質，廣置田產，夫榮子貴。
用：才藝齊備之象。才智兼備，誠信務實，晚景欣然。

## 六劃

竹：品性亮節之象。忠貞職守，文質彬彬，眾儕景仰。
衣：蔽身服飾之象。衣食無缺，身體健康，婚姻圓滿。
朴：樹木聳直之象。文章秀麗，高風亮節，家庭和順。
旭：旭日初昇之象。心地光明，事業向榮，家庭溫馨。
旬：時日循環之象。富貴可期，時運相濟，無往不利。
光：榮耀富貴之象。功名顯赫，威望遠播，行善積德。
百：比喻眾多之象。才藝齊備，事業心重，起居安和。
全：才智兼備之意。文武合一，名利雙收，福壽皆美。
字：記錄事物之象。飽學五車，聰明俊秀，譽冠遠近。
存：田產廣豐之象。祖業鴻展，積玉如山，名聲遠傳。
有：夢事如願之象。榮華富貴，福壽雙全，前程無量。
多：精力充沛之象。勤奮不懈，意志堅定，晚景吉福。

好：完美無缺之象。高座華堂，金碧輝煌，諸事如意。

式：生活規範之象。按部就班，誠信務實，事業有成。

吏：居官食祿之象。文章秀麗，地位崇高，家門有慶。

求：請託相助之象。智謀兼備，私利厚己，事成業就。

州：地域廣大之象。富貴可期，心胸寬宏，名揚天下。

向：彼此相對之意。溫和有禮，貴仕明現，駿業成功。

如：衣食豐足之象。聰明伶俐，衣祿無缺，生活幸福。

名：人物稱號之象。聲譽好評，衣祿豐盈，晚年清福。

回：除舊佈新之象。樂觀進取，生機蓬勃，家庭和樂。

守：謹守正道之象。負責盡職，公正廉明，家庭隆昌。

合：理念相同之象。貴者資輔，駿業成功，聲譽遠傳。

印：掌握實權之象。居官食祿，領袖格局，揚名四方。

吉：祥瑞造福之象。萬事如意，辛勤招祥，晚運亨通。

同：理念一致之象。貴者相輔，工作順暢，家內和諧。

先：領悟在前之象。聰明俊秀，知書達禮，聲譽首冠。

在：實存人物之象。務實謙虛，知書達禮，豐衣足食。

臣：居官統稱之象。君王器重，智謀雙全，庭中有慶。

至：已達標準之象。精神飽足，意志堅強，樹立功德。

宇：無邊無界之象。學博識廣，功名冠群，駿業稱意。

安：生活無憂之象。貴仕相輔，舒適稱心，家庭興旺。

汀：水中沙洲之象。離群孤居，徒勞無功，虛擲光陰。

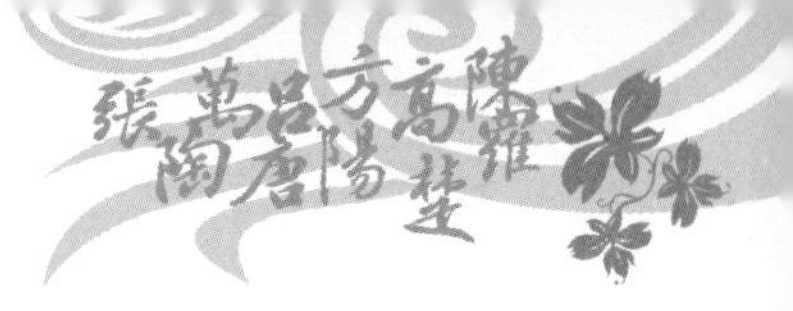

丞：威權富貴之象。朝廷貴客，名聲遠播，文章秀麗。

任：天賜官祿之象。官高爵祿，妻賢子孝，彩筆斐然。

企：理想抱負之象。精神飽足，樂觀進取，事業有成。

休：消極沉淪之象。意志薄弱，災厄近身，三省始安。

再：東山再起之象。奮勵圖強，無畏險難，晚歲吉亨。

夙：天亮晨起之象。精神飽足，萬事如意，名震南北。

寺：廟宇處所之象。清心寡慾，文章秀麗，起居舒適。

戎：軍裝兵器之象。有勇無謀，英雄氣短，刑剋骨肉。

曲：彎折不直之象。聰明智巧，能識大局，門庭融洽。

次：順序等級之象。先苦後甘，宏業漸達，晚運吉福。

自：無求他人之象。實事求是，努力不懈，起居安適。

行：往來走動之象。年輕活潑，精力充沛，事業騰達。

西：太陽下山之象。家業退敗，體弱多病，晚年苦楚。

各：心神分散之象。私利厚己，器量狹窄，刑剋親情。

圭：法度標準之象。品德高超，名聲遠播，眾儕景仰。

考：探討研究之象。樂觀積極，好學弗倦，襟懷磊落。

艮：方位東北之象。祖上賜福，年輕力壯，欣欣向榮。

亥：黯淡無光之象。自我沉淪，悲觀消極，六親緣薄。

伏：黯淡無光之象。功名無望，財富難得，終生黯淡。

伐：彼此爭鬥之象。頑固乏智，放肆無禮，一生牢獄。

冰：孤寒無機之象。親情疏離，浪跡天涯，潦倒終生。

妃：高貴婦人之象。天生潔淨，品格高尚，衣食豐足。

帆：車船布蓬之象。意志堅定，辛勤勞苦，晚運吉慶。

交：互通心聲之象。溫和有禮，貴仕鼎助，宏業有成。

仲：賢能多才之象。善解眾意，聰明俊秀，中年吉慶。

兆：心靈感應之象。聰明智巧，成敗難測，晚景稍吉。

匠：具有專長之象。穎悟靈巧，吃苦上進，門庭和順。

地：乘載萬物之象。天賜官祿，志高業盛，人間福客。

圳：溝渠流水之象。財帛豐富，起居和融，文章秀麗。

年：光陰歷程之象。平步青雲，奮力圖強，晚運吉福。

朱：絳紅發紫之象。富貴名門，如日中天，無往弗利。

舟：行水工具之象。實事求是，弗進則退，勞苦奔波。

亦：意志薄弱之象。膽怯無識，迷惑理智，事業艱難。

仰：榮華受尊之象。智慧雙全，名聲遠播，子女聰秀。

伊：彼此相資之象。貴介明現，清閒有福，晚年亨利。

伍：彼此相聚之象。貴者裨助，樂觀合群，家庭和睦。

因：事物起源之象。生性保守，道德觀重，勤儉持家。

屹：聳立高山之象。氣量宏寬，行善積德，名威遠播。

羊：溫順吉祥之象。溫和賢淑，努力事業，晚年享福。

羽：鳥類毛髮之象。愛慕麗服，不拘小節，活潑奮發。

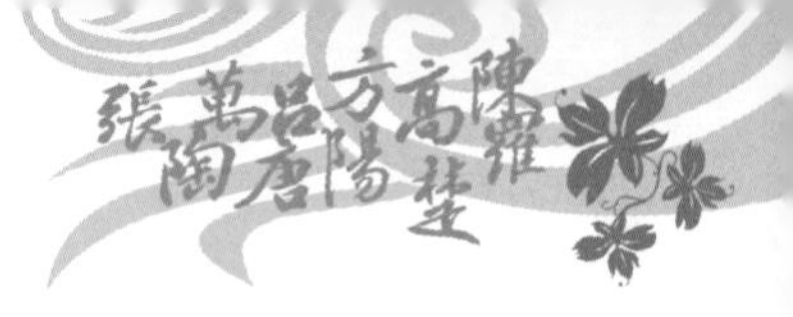


## 七劃

杞：植物名號之象。溫和賢淑，玲瓏伶俐，夫榮子貴。

酉：夜晚點燈之象。事業有成，五穀豐收，父慈子孝。

甫：身體力壯之象。身體健康，諸事如意，居住安適。

廷：權威招福之象。官居一品，食祿千鐘，名威遠播。

汝：自我謙虛之象。知書達禮，敬老尊賢，門庭和悅。

池：蓄積水源之象。慧黠巧智，器量寬宏，事業成功。

妙：似魚得水之象。如日中天，成就非凡，諸事如意。

孜：努力不懈之象。意志堅定，中年吉祥，晚則吉慶。

延：拓展懇請之象。友情堅固，延年益壽，名譽廣傳。

貝：珍貴人物之象。貴者介助，事業順利，家庭溫暖。

孚：誠實守信之象。誠信務實，駿業成功，貴者相資。

彤：婦德美好之象。清雅賢淑，氣質高尚，夫榮子顯。

形：描繪事物之象。聰明智巧，飽學五車，庭內溫馨。

杉：高壯樹木之象。成就廣植，慈悲為懷，眾望所歸。

希：五內期望之象。積極奮發，自強奮力，晚臨有慶。

岑：尖高小山之象。聰明智巧，文章秀麗，活潑喜樂。

汕：魚兒得水之象。歡欣鼓舞，諸事如意，金碧輝煌。

妥：適合穩當之象。貴介明現，步步青雲，晚運吉慶。

坊：相互交替之象。穎悟慧黠，學博識廣，門庭隆昌。

均：嚴正公平之象。慈懷濟眾，行善積德，家庭安康。

局：完整事物之象。衣祿無缺，福壽雙全，子孫興旺。
見：親眼目睹之象。實事求是，富判斷力，事業如願。
豆：穀類植物之象。衣祿可足，襟懷坦然，婚姻美滿。
里：眾儕相聚之象。貴者鼎助，廣進田產，庭內和睦。
男：威武雄壯之象。居官爵祿，添丁進財，庭內興隆。
宏：廣大建物之象。田產廣置，生活安康，器量寬懷。
宋：朝名姓氏之象。田產豐裕，子孫興旺，名聲好評。
村：眾儕聚居之象。貴者鼎助，喜悅活潑，親情濃厚。
成：完結事物之象。凡事如意，金碧輝煌，名聞遐邇。
妊：婦女懷孕之象。添丁進財，家庭和氣，萬事遂心。
孝：侍奉父母之象。飲水思源，氣量宏寬，庭內融洽。
杏：高直樹木之象。貴人相助，文質彬彬，家門和樂。
谷：山間空地之象。淡泊名利，自我設限，起居平淡。
冶：變化氣質之象。意志堅強，中歲創業，晚年享福。
好：女中豪傑之象。高貴氣質，夫榮子貴，幸福喜樂。
佐：聰明智巧之象。文章秀麗，天生聰俊，能解眾意。
作：勞苦奔波之象。固執頑劣，無智乏才，一生痛苦。
伸：變化氣質之象。積極上進，耐勞刻苦，中年吉慶。
劭：金玉滿堂之象。行善積德，威望遠播，後裔興旺。
圻：田產廣豐之象。福祿豐亨，名利齊揚，聲譽遠播。
呈：顯露才智之象。學博識廣，貴者器重，門庭和悅。

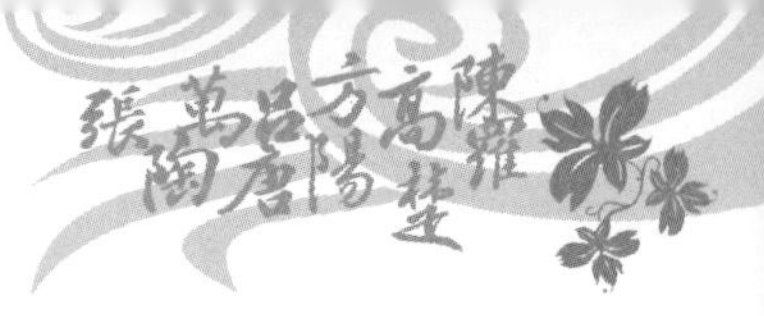


初：事物開頭之象。一元復始，萬象更新，諸事如意。
足：下肢腳部之象。衣食充足，精力充沛，婚姻圓滿。
序：按部就班之象。謙虛有禮，斐然成章，晚年享福。
克：先苦後甘之象。應對智巧，費心勞神，晚歲享福。
坎：險難重重之象。失志灰心，事業乏成，多招凶禍。
亨：萬事如意之象。通達事理，才智兼備，家庭隆昌。
伯：尊嚴有威之象。官貴顯達，名聲遠播，後裔興旺。
含：等待時機之象。停滯弗進，消極退縮，凡庸度日。
伶：聰明活潑之象。利齒善辯，聰明有智，晚歲孤獨。
兌：喜悅歡心之象。諸事如意，妻賢子孝，名利雙收。
佃：福祿雙收之象。福厚壽長，家庭隆昌，聲譽遠傳。
利：以刀割禾之象。自私自利，理智昏迷，財帛可豐。
助：貴仕資輔之象。眾望所歸，名聲遠播，門庭隆昌。
君：富貴榮華之象。天賜富貴，朝廷貴客，金玉滿堂。
呂：樂章音律之象。人中豪傑，才智兼備，聲名遠播。
壯：身體力健之象。精神飽足，精力充沛，企業成功。
志：毅力超然之象。品格亮節，毅力遠矚，無往弗利。
灼：前程光明之象。智慧兼備，品格高超，名揚四方。
良：人品端莊之象。如日東昇，品格高貴，朝廷卿客。
佑：智勇兼備之象。將帥奇才，膽識高超，榮貴清雅。
吾：自我肯定之象。智仁通達，義利分明，家庭幸福。

妘：飄浮弗定之象。巧言令色，不守婦道，品性低俗。
攸：左右相攝之象。同舟共濟，尊卑有序，貴者相助。
杆：貴仕相輔之象。聰明智巧，事業成功，門庭和樂。
江：大水匯流之象。智巧自如，財源廣進，器量寬宏。
汎：大水橫流之象。耽於淫樂，遊手好閒，刑剋骨肉。
汐：晚間漲潮之象。前程晦暗，耗損家產，福壽難全。
邑：村莊部落之象。生活安康，貴者鼎助，衣食豐足。
甬：果樹開花之象。家業旺盛，貴攜輔弼，成就非凡。
言：以口說話之象。善解人意，口齒伶俐，招惹是非。
秀：聰明美麗之象。文章俊秀，顏容亮麗，婚姻幸福。

## 八劃

沛：水流盛大之象。精神飽足，積極奮發，衣食豐盈。
函：飽學五車之象。文章秀麗，氣宇超凡，家道順昌。
明：日月合拱之象。祖產豐大，詩禮傳家，父慈子孝。
青：年輕力壯之象。樂觀奮發，前程無量，德高望重。
采：美麗色澤之象。聰明智巧，貴者寵愛，室內溫馨。
易：順水行舟之象。富貴榮華，空手得財，平地發福。
承：祖業豐盛之象。詩禮傳家，光耀門風，家道旺盛。
昇：日出扶桑之象。鵬程萬里，富貴榮華，家中興隆。
長：專精才能之象。智慧超群，學有專精，眾儕導師。

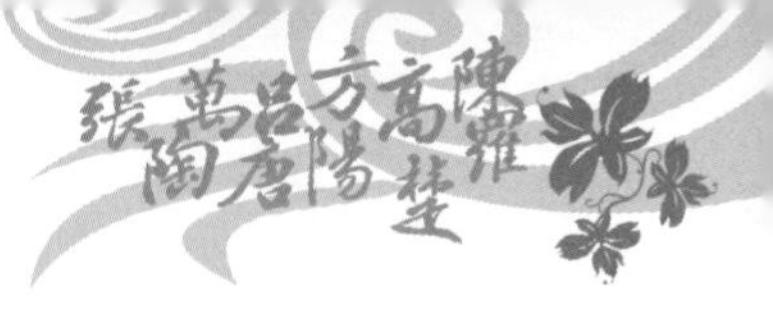


| |
|---|
| 昌：發達興隆之象。順水行舟，名利雙收，事業騰達。 |
| 汰：汰舊換新之象。聰明活潑，樂觀奮發，起居安適。 |
| 宜：美好適當之象。萬事如意，氣質高超，家內和樂。 |
| 沅：水勢廣盛之象。意志堅定，金榜題名，功勳顯彰。 |
| 沆：水流激湧之象。其性爽直，工作稱意，家庭興隆。 |
| 宙：循環往復之象。自強不息，後裔興旺，家中福亨。 |
| 叔：親情濃厚之象。心懷博愛，諸業如意，名聲好評。 |
| 宛：曲轉美妙之象。聰明智巧，妙筆生花，善解眾意。 |
| 直：心地光明之象。慈悲為懷，努力事業，家門和樂。 |
| 定：情緒安穩之象。駿業成功，步步青雲，起居如意。 |
| 其：天生聰穎之象。才智兼備，能解眾意，事成功就。 |
| 弦：琴瑟和鳴之象。夫唱婦隨，宏業日蒸，家運和順。 |
| 典：職掌實權之象。官彰爵厚，文學超群，遠播威名。 |
| 門：間隔內外之象。企業亨達，家庭和樂，自強不息。 |
| 泫：水勢盛大之象。學博識廣，膽識過人，富貴可期。 |
| 金：珍貴寶物之象。富貴榮華，人見喜愛，幸福和順。 |
| 汪：水勢深廣之象。氣度恢宏，廣進田產，家聲遠傳。 |
| 念：當下思索之象。自我儉德，品性亮節，家內溫馨。 |
| 林：數木叢生之象。貴者攜助，駿業騰達，家內和順。 |
| 東：太陽初升之象。田產廣進，氣宇超群，家道興隆。 |
| 朋：同類相聚之象。貴者攜助，交友廣達，心地光明。 |

沁：感受深遠之象。聰智靈巧，心胸廣大，諸事如意。

忮：意志堅決之象。正人君子，義理分明，器量寬宏。

武：研習兵書之象。伶俐智巧，身體力壯，公正嚴明。

忠：誠心誠意之象。誠實信用，任重道遠，事成業就。

艾：年輕貌美之象。欣欣向榮，生性活潑，愜意喜樂。

忻：心中喜悅之象。得意歡欣，自我奮發，事業如意。

尚：精力飽足之象。自強不息，駿業成功，家庭幸福。

亞：智德雙全之象。智巧聰明，仁慈善心，禮義寬宏。

杵：春磨米穀之象。衣食可足，廣進田產，家內和樂。

果：成就非凡之象。開花結果，駿業飛騰，名揚四方。

秉：職掌權柄之象。官居九品，爵祿厚豐，家庭福至。

松：樹木蒼翠之象。欣欣向榮，喜悅活潑，富貴榮華。

杭：朝氣蓬勃之象。金榜題名，萬象更新，名聲好評。

旺：精神飽足之象。身體健康，宏業亨達，如日中天。

坪：平坦無坎之象。順水行舟，諸事如願，和睦平安。

依：錦衣掛袍之象。祖業豐盛，五穀滿倉，親朋成群。

佳：金碧輝煌之象。喜樂無窮，金榜題名，妻賢子孝。

杰：才智逾人之象。穎悟慧黠，功名顯赫，名揚四方。

兒：延續香嗣之象。身體康健，精力充沛，家道興隆。

享：天官賜福之象。官居極品，財源廣進，闔家平安。

佺：五福齊全之象。天庭貴客，人間福報，高座華堂。

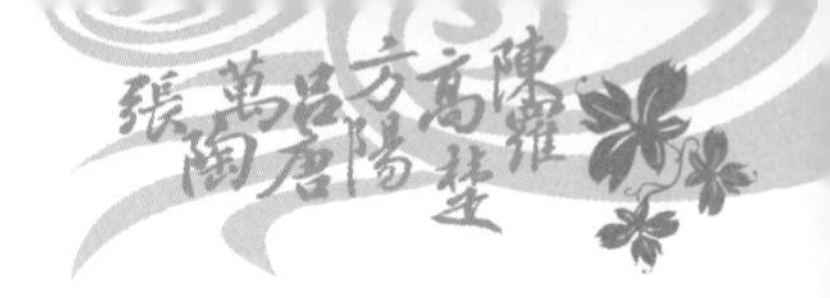


協：貴介輔助之象。穎悟俊秀，事業成功，家庭隆昌。

奇：驚異事物之象。膽大如虎，成敗異常，波浪無停。

宗：四海一德之象。交友廣識，祖產廣達，子孫興旺。

幸：險中得福之象。憂心費神，勞而無功，晚歲吉臨。

昕：太陽東昇之象。企業向榮，功名顯彰，諸事如意。

析：解說事理之象。學識超群，經驗豐富，善解眾意。

欣：五內愜意之象。歡喜和順，駿業騰達，名譽佳評。

社：眾儕聚合之象。貴者相助，田產廣置，門庭若市。

祁：眾多心願之象。貴攜輔助，偉業騰達，家道興旺。

卦：預測吉凶之象。聰明有智，群眾導師，名望遠播。

坤：心胸廣大之象。居官一品，行善積德，子孫興旺。

官：榮享俸祿之象。金榜題名，職掌眾權，威震八方。

岡：聳立山峭之象。領袖奇才，權威果斷，名揚四海。

庚：年事顯現之象。先苦後甘，奮力開創，晚歲有慶。

昆：手足親情之象。貴者鼎助，宏業日昇，家門興盛。

佩：高官厚祿之象。官貴顯達，積玉滿櫃，名聲遠播。

佰：富貴顯達之象。居官掌權，下屬成群，榮華終生。

和：生存活動之象。精神充沛，辛勤利亨，晚景享福。

坡：地勢傾斜之象。事業弗穩，成敗難測，晚則稍安。

奉：君臣位階之象。任重道遠，恪守職責，起居安定。

孟：月圓花好之象。氣質高雅，順水推舟，文章秀麗。

帛：財產廣豐之象。祖產鴻達，財源廣進，家庭福臨。
府：人物善美之象。居官俸祿，添丁進財，門庭隆昌。
旻：秋高氣爽之象。月圓皓潔，精神飽足，文質彬彬。
枚：樹木枝幹之象。駿業亨達，中運招祥，桑榆享福。
京：五穀滿倉之象。廣置田產，衣食豐足，庭內和樂。
來：理想寄託之象。自我設限，得過且過，平淡此生。
佼：誠實信用之象。篤行誠信，做事務實，家門隆昌。
侖：自我檢討之象。感情衝動，是非弗斷，晚運安祥。
卓：高超見識之象。聰明智巧，辛勤微阻，晚景吉祥。
周：思慮周密之象。智慧超凡，無往弗利，吉祥皆備。
坦：心地光明之象。廉潔成家，平步青雲，子孫興旺。
妮：得寵婦女之象。體態艷麗，中年招祥，晚歲吉慶。
季：回歸自然之象。器量宏寬，貴者攜護，晚歲吉慶。
居：生活無憂之象。衣祿無缺，妻賢子貴，門楣溫馨。
岱：聳直高山之象。品格高貴，仁慈為懷，美滿自在。
枝：樹木小幹之象。聰明伶俐，智謀善變，事業可成。
侑：衣食豐足之象。財富田產，文章秀麗，妻賢子孝。
味：嚐物感覺之象。樂觀活潑，貴者相輔，門庭昌盛。
岳：高聳秀山之象。氣量宏寬，慈悲為懷，樹立偉業。
昂：精神奮發之象。超然主見，氣度軒昂，諸事如意。
炎：明亮火光之象。功名日昇，事業宏達，家內愜意。

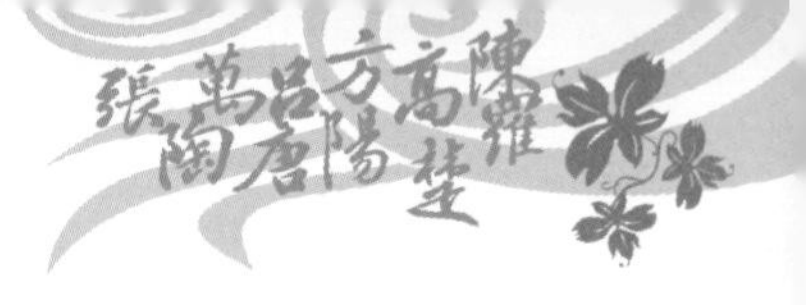

雨：雲水遮天之象。勞苦弗安，難逢光明，家道中落。

垂：上下位階之象。貴介明現，駿業成功，子孫興旺。

拓：擴張田產之象。偉業向榮，廣進田產，門庭幸福。

政：領導眾人之象。才智兼備，謙謙君子，眾望所歸。

## 九劃

泳：水中浮動之象。身體力健，心平氣和，事業發達。

衫：衣服總稱之象。衣祿豐足，文質彬彬，門庭隆昌。

法：善解人意之象。聰明萬全，事業成功，庭內溫馨。

厚：舉足端莊之象。君子德風，富貴榮華，晚來享福。

相：彼此交往之象。貴者鼎助，為人仁慈，觀察敏銳。

頁：書籍張數之象。飽學五車，文成七步，氣質高貴。

品：官階等級之象。前程非凡，顏容常開，妻賢子孝。

眉：膚秀貌美之象。聰明活潑，廣結善緣，門庭溫馨。

羿：聖賢流芳之象。詩禮傳家，文武兼備，智慧齊備。

奕：精力充沛之象。身體康健，精神飽滿，駿業騰達。

昱：光明正大之象。駿業向榮，功名顯著，無往不利。

昶：舒暢持續之象。熱情活潑，正大光明，家庭和睦。

首：吾輩頭顱之象。領導奇才，喜出鋒頭，事業向榮。

玥：玉環神珠之象。氣宇高雅，顏尊膚艷，喜樂幸福。

玫：美好紅玉之象。氣質高貴，才德兼備，家居溫馨。

玨：美玉相輔之象。夫榮子貴，氣質高雅，貴如王妃。

冠：高貴顯達之象。應對自如，宏業有成，獲人仰重。

彥：飽學五車之象。才智兼備，斐然成章，金榜題名。

咸：上下和睦之象。貴者資輔，諸事如意，晚歲享福。

南：風和日麗之象。溫馨情懷，事業日蒸，成就非凡。

炫：成就非凡之象。光耀門風，眾曹景仰，安逸無慮。

科：成就非凡之象。金榜題名，譽揚四方，職任樞使。

風：流動氣體之象。五穀豐收，氣質高貴，平安順利。

建：自強不息之象。奮勵精進，意志堅強，樹立駿業。

彖：卦象義理之象。先知先覺，洞悉玄機，名聲好評。

柬：學識過人之象。文質彬彬，知書達禮，駿業成功。

柳：比喻美貌之象。容貌秀麗，善解人意，事成功就。

柯：大樹成材之象。身心健全，樂觀奮發，事業有成。

柚：果樹結果之象。企業成功，貴者鼎助，庭內溫馨。

柑：果實甘美之象。身體力壯，駿業亨達，門庭和悅。

表：外觀總稱之象。顏尊體健，愛惜名聲，勤儉持家。

注：意志堅定之象。精神集中，學習甚強，功名可期。

泊：水注湖澤之象。起居安康，駿業亨達，家庭和祥。

柱：體健力壯之象。任重道遠，無畏困難，工作順暢。

柏：聰明溫淑之象。品性高超，黠慧俊達，事成業就。

泉：錢財滾進之象。平地發福，金碧輝煌，庭內和諧。

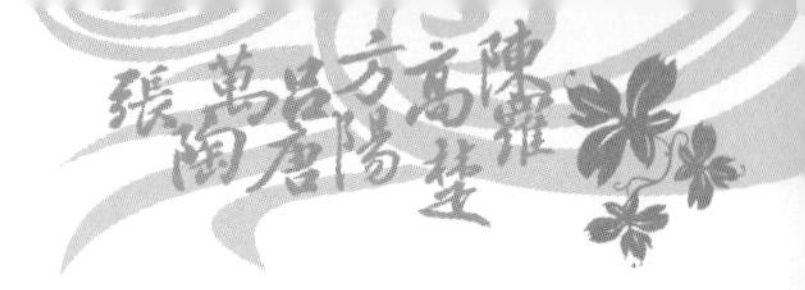

柄：職掌重權之象。才智齊備，膽識超群，無往不利。
帥：領袖人物之象。文武全才，名聲遠威，家道興隆。
紀：事情記載之象。公正廉明，文章秀麗，歷史留芳。
宥：器量寬宏之象。金碧輝煌，財丁雙美，名播四方。
玟：美麗玉石之象。文質彬彬，氣質高貴，前程無量。
廼：廣佈功德之象。前人種樹，後輩乘涼，慈悲為懷。
省：自我檢討之象。努力不懈，事業向榮，廣結善緣。
祉：福壽雙美之象。貴介裨助，衣祿豐厚，家庭暢然。
宣：人氣沸騰之象。事業如蒸，交友廣達，名播四方。
芋：美味爽口之象。衣食無缺，廣結善緣，起居安康。
盈：五穀滿倉之象。萬事如願，家庭溫馨，身體力健。
芊：草木青碧之象。青春活潑，欣欣向榮，婚姻美滿。
治：能力超群之象。才智兼備，意志堅定，諸事如意。
玠：玉石碩大之象。田產廣置，交友廣達，駿業向榮。
泓：水流深廣之象。祖產豐碩，膽識過眾，無求得利。
河：比喻水流之象。智慧齊備，毅力堅強，諸事稱心。
怡：胸中和樂之象。添丁進財，夫榮子貴，家門隆昌。
信：互通心聲之象。清雅英傑，做事務實，家族榮耀。
咨：意思表達之象。文質彬彬，成就超群，聲譽好評。
姿：容貌動作之象。起落難判，意志不堅，晚年亨祥。
香：芬芳美味之象。眾儕寵愛，夫榮子貴，忠貞亮潔。

重：相疊再次之象。積極奮發，無畏艱難，和藹溫順。
思：心中考量之象。聰明智巧，心願合一，諸事如意。
春：氣象萬千之象。金榜題名，萬事如意，鳥語花香。
星：宇宙光體之象。品格高超，氣度非凡，名聲遠播。
柔：溫和謙讓之象。聰明活潑，文質彬彬，家門溫馨。
祈：心願表露之象。理想抱負，自強奮勵，事業吉祥。
秋：穀物成熟之象。先甘後苦，利於中歲，晚景必孤。
奎：學博識廣之象。金榜題名，富貴榮華，名播四方。
保：貴仕明現之象。做事負責，身體健康，妻賢子孝。
匍：手足伏地之象。勞心費神，朝夕上進，老運吉亨。
封：金雞獻瑞之象。金榜題名，居官受祿，享福愜意。
昴：日落月出之象。晦暗迷惑，成敗無常，奔波勞碌。
炳：豐功偉業之象。功名顯著，宏業顯達，光耀門庭。
虹：空中彩帶之象。君臣相鬥，家犬難寧，徒勞無功。
皇：豐功偉業之象。威德顯明，君王公卿，人間福報。
美：完善無缺之象。姿態豐盈，成就非凡，家庭幸福。
飛：離地舞動之象。天性活潑，情緒浮動，成敗無常。
亮：品性清高之象。操守名節，誠實篤行，家道隆昌。
亭：矮小建物之象。忍辱精進，辛勤亨祥，晚歲昌盛。
俊：才智過人之象。功名顯達，恩德遠播，門庭幸福。
侶：彼此相伴之象。誠實溫和，貴仕明現，妻賢子孝。

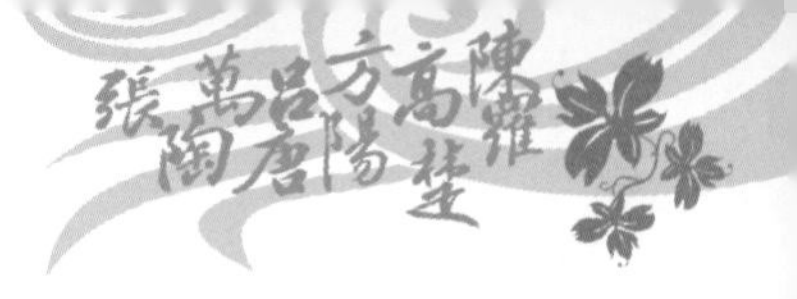


貞：女子守節之象。堅守本位，三從四德，夫榮子貴。
軍：部隊兵士之象。身體力壯，精神飽足，田財廣進。
帝：德高望重之象。官祿顯彰，田財廣進，家譽好評。
律：規範約束之象。謙虛有禮，樂觀奮發，老運吉慶。
昭：光明顯著之象。信譽良好，心地光明，功名顯著。
泰：名滿天下之象。飽學五車，譽冠天下，眾曹景仰。
界：利害分明之象。器量未足，自私心重，田財可豐。
俞：精神爽朗之象。清雅英敏，生活安康，衣祿無慮。
勇：膽識高超之象。身體力健，富判斷力，駿業成功。
威：權勢聲望之象。公正廉明，飽學五車，聲譽遠播。
映：陽光反照之象。逾午陽光，家業漸衰，晚景苦楚。
為：忠於自己之象。盡忠職守，義利分明，天真活潑。
爰：立定決心之象。先貧後富，負責任感，企業成功。
韋：柔軟皮革之象。思考周詳，才智兼備，駿業有成。
音：感情傳達之象。善解眾意，貴者裨助，功名早至。
衍：水流暢通之象。青春活潑，後裔興旺，廣進田財。

## 十劃

祖：親等倫理之象。公正威名，眾儕敬仰，詩禮傳家。
恪：謹慎勤奮之象。思慮周全，嚴守分寸，事成業就。
恬：安然自得之象。天賜厚祿，衣食豐足，生活如意。

洲：水中陸地之象。風和日麗，心曠神怡，無往弗利。
容：儲存萬物之象。智慧兼備，天庭貴客，人間福報。
津：財大勢壯之象。官祿雙美，受人景仰，氣宇超凡。
家：人物匯聚之象。田產廣進，後裔盛旺，起居安康。
紘：紅色絲帶之象。成就宏偉，朱衣掛袍，威名遠揚。
娟：聰明秀麗之象。才智兼備，食衣豐足，庭內美滿。
圃：培育花木之象。工作穩定，平步青雲，家庭幸福。
洺：名譽美評之象。品性高超，學博識廣，金碧輝煌。
洄：水流迴旋之象。受人景仰，慈悲為懷，名滿四方。
洛：飽學五車之象。文章秀麗，衣食無憂，利亨中年。
格：人品位階之象。謙和有禮，勤儉持家，父慈子孝。
紜：聰明伶俐之象。思考周詳，衣食無缺，貴介器重。
軒：高大車輛之象。廣進田產，恃物傲人，器量寬容。
書：飽學五車之象。學博識廣，品格高超，圓融祥亨。
員：完美如意之象。居官食祿，文學超群，門第團聚。
桐：財智齊備之象。廣進田產，聰明智巧，庭內溫馨。
宸：富麗華堂之象。富貴齊全，如日中天，名揚四方。
庭：田產廣置之象。貴介器重，添丁進財，家聲遠傳。
展：情緒紓放之象。貴者明現，無往不利，興業功成。
訊：信號聯絡之象。生性活潑，善解眾意，反應敏捷。
訓：教誨指導之象。屢敗屢戰，毅力可佩，晚歲吉祥。

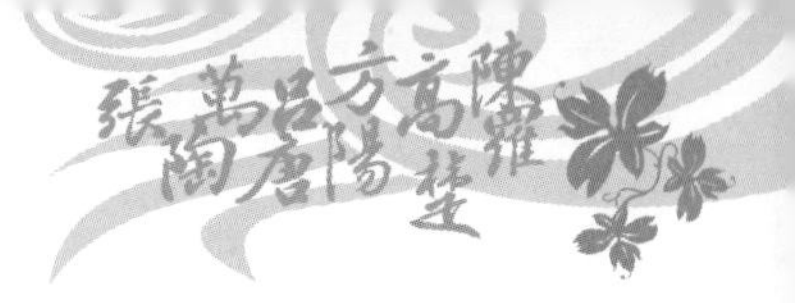

洵：深遠真實之象。默默耕耘，諸事如意，誠實自在。
珍：美玉珠寶之象。積玉如山，氣質高尚，庭內幸福。
玲：聰明伶俐之象。聰慧俊秀，夫榮子貴，家門融洽。
素：心地純潔之象。實事求是，淡泊樸素，自我儉德。
洧：智慧過人之象。斐然成章，田宅豐碩，名揚四方。
晁：太陽高照之象。事業向榮，貴介鼎助，家道興旺。
晃：精神煥發之象。駿業日蒸，功名顯耀，光宗耀祖。
真：正確不假之象。誠信踏實，宏業廣達，田財廣進。
芸：青翠草木之象。其性活潑，聰明伶俐，家庭和順。
芷：草木開花之象。欣欣向榮，永享福祉，吉利隨身。
益：利上加利之象。貴介鼎助，廣置田產，身體健康。
洋：水勢盛大之象。器量寬宏，成就非凡，家庭幸福。
釜：烹飪用鍋之象。詩禮傳家，父嚴子孝，門庭和順。
原：事物起頭之象。樂觀奮發，按部就班，工作平順。
芬：美好香味之象。朝陽東昇，向榮迎新，無往弗利。
芳：名聲好評之象。欣欣向榮，譽揚四方，家道興隆。
芹：蔬菜名號之象。青春活潑，思考周詳，宏業得榮。
馬：任重道遠之象。行動敏捷，體壯無疾，勤奮耐勞。
恭：敬老尊賢之象。詩禮傳家，貴介器重，世第溫馨。
恆：長久不變之象。毅力堅強，自我奮發，事成功就。
恒：長久不變之象。毅力堅強，自我奮發，事成功就。

恩：厚重情義之象。公正嚴明，飲水思源，能樹宏業。

師：博愛位尊之象。學博識廣，崇高受尊，名威遠播。

笈：竹製書箱之象。品行亮潔，飽學詩書，氣質超群。

桓：威武招祥之象。英明有威，能通武藝，威震八方。

起：事情開端之象。誠信務實，實事求是，意志堅強。

迅：行動敏捷之象。身心健全，反應迅速，晚年亨利。

迄：從頭至尾之象。意志堅強，努力無怠，晚歲享福。

洙：金榜題名之象。斐然成章，登科掛袍，名揚四方。

准：貴者相助之象。事業如意，辛勤奮力，晚始享福。

庫：財物儲存之象。積玉如山，行善積德，晚年吉慶。

畔：田邊界限之象。廣置田產，企業向榮，門庭清雅。

酌：考量取捨之象。考量周詳，進退得宜，宏業日榮。

祐：得天護助之象。積德行善，貴介器重，名揚四方。

珈：貴重首飾之象。家財萬貫，氣宇高貴，溫和賢淑。

秤：衡量輕重之象。信守正義，公正廉明，高尚品格。

畛：田間道路之象。誠信務實，努力不懈，大業鴻展。

珅：珍珠玉佩之象。溫文儒雅，學博識廣，功名顯著。

核：事物中心之象。智慧齊備，事業蓬勃，名揚四海。

桄：大樹聳立之象。欣欣向榮，風和日麗，名揚四方。

洸：日照水耀之象。鵬程萬里，財勢浩大，名揚四方。

珀：美好飾物之象。氣宇高雅，聰明智巧，幸福美滿。

| |
|---|
| 財：財富田宅之象。衣祿豐足，才智兼備，家庭隆昌。 |
| 兼：智能超群之象。聰俊賢能，人中豪傑，行善積德。 |
| 城：人氣沸騰之象。居官食祿，貴仕器重，後裔興旺。 |
| 躬：親自力行之象。實事求是，意志堅強，事業始成。 |
| 桔：仁慈招福之象。文章秀麗，行善積德，諸事如意。 |
| 倫：尊卑有序之象。詩禮傳家，威望遠傳，福壽雙全。 |
| 倉：儲藏五穀之象。廣置田產，豐衣足食，高座華堂。 |
| 修：朝夕精進之象。功名可期，財富能求，平步青雲。 |
| 倩：心曠神怡之象。顏容常開，精神飽足，家內隆昌。 |
| 埕：步步青雲之象。田產晉陞，奮發精進，起居安樂。 |
| 夏：風和日麗之象。功名顯彰，宏業成功，後輩興旺。 |
| 孫：香嗣承續之象。後裔傳遞，生機蓬勃，門風溫馨。 |
| 徐：按部就班之象。生活安穩，步步青雲，老運享福。 |
| 恕：器量寬懷之象。推己及人，襟懷光明，名聲遠播。 |
| 朔：月晦無光之象。前程黯淡，痛苦挫敗，六親疏離。 |
| 校：文章秀麗之象。飽學五車，文成七步，詩冠天下。 |
| 桑：音同酸桑之象。身體多病，招凶造禍，孤單無伴。 |
| 秦：富貴榮華之象。朋輩景仰，五穀滿倉，家道興旺。 |
| 純：潔淨不雜之象。忠貞亮潔，胸襟坦然，家內溫暖。 |
| 祠：祭祀場所之象。慈悲為懷，熱好宗教，起居安適。 |
| 剛：堅強固執之象。成敗難測，亂世英雄，多招凶惡。 |

桂：貴者相助之象。誠信務實，田產廣置，夫榮子貴。

耿：正直光明之象。智巧明辨，企業向榮，品格高超。

貢：進獻財寶之象。貴仕裨助，居官受祿，家道隆興。

哲：智慧齊備之象。博學識廣，朝廷上客，名聲遠播。

姫：妓院賣淫之象。不務正業，骨肉相刑，晚景孤寡。

娜：柔順美女之象。青春活潑，樂觀奮發，晚運吉亨。

旅：他鄉作客之象。心曠神怡，熱愛自然，慷慨活潑。

晉：步步青雲之象。貴者相助，偉業向榮，家道興旺。

桃：比喻美艷之象。愛好虛榮，喜穿華服，酒淫敗名。

育：撫養栽培之象。得天賜祿，無憂無慮，起居安康。

芝：枯木再生之象。先貧後富，聰明智巧，亨利中歲。

晏：天晴無雲之象。衣食無缺，駿業通達，起居安適。

耘：除去雜草之象。思慮周全，務實工作，後裔興旺。

## 十一劃

若：如有似無之象。身心失衡，膽小無識，成敗無常。

迎：奉承接待之象。貴介裨助，夫唱婦隨，和諧歡忭。

胥：居官受祿之象。官廳要員，貴氣顯達，文章秀麗。

苙：藥草秘方之象。身體健康，建立事業，功名可期。

研：事物探索之象。智慧齊備，毅力堅強，名播四方。

胤：香嗣旺盛之象。子孫承續，福壽雙全，祖德庇蔭。

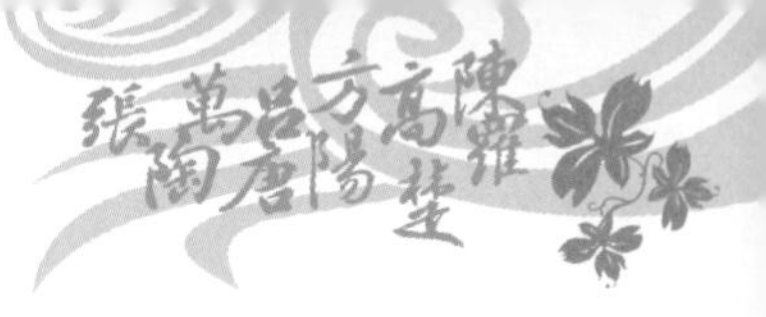

英：才能出眾之象。功成名就，智謀雙全，光宗耀祖。

朗：月圓皓潔之象。萬事如願，功名非凡，駿業榮華。

晟：前程無量之象。工作順暢，功名顯著，無往弗利。

涔：積水難退之象。險惡多端，招凶造禍，家庭破碎。

祟：偽惡小人之象。才智過人，器量狹窄，難獲貴助。

振：振興奮發之象。精神飽足，毅力堅強，無往弗利。

珠：美玉飾物之象。積玉如山，朱衣掛袍，名冠似雷。

悅：心中愉快之象。靈雞報喜，添丁進財，門道隆昌。

浦：觀水流動之象。學博識廣，器量寬宏，領導奇才。

浩：水勢盛大之象。時運相濟，萬事吉祥，名聲遠傳。

祥：吉利有福之象。駿業騰達，金碧輝煌，福壽雙全。

浤：水流廣大之象。智巧聰明，豐功偉業，名聲遠傳。

浡：欣欣向榮之象。事業騰達，家運昌隆，起居安適。

海：廣大水域之象。心曠神怡，貴者鼎助，廣置田產。

浚：水流通暢之象。聰明智巧，萬事如意，名播南北。

涌：水往上冒之象。精神飽足，廣置田產，眾儕景仰。

常：意志堅定之象。精神飽足，思慮周全，功成業就。

涅：水流通暢之象。利上加利，順水行舟，無往不利。

區：眾儕聚結之象。貴人明現，中年吉祥，晚運順慶。

紘：樂器絲線之象。夫唱婦隨，廣結善緣，器量寬懷。

畢：學習結束之象。思想成熟，判斷力強，事業向榮。

商：富貴榮華之象。富貴兼備，溫和誠信，威望遠播。
啟：生機蓬勃之象。精神飽滿，成就超凡，無往不利。
康：生活安樂之象。體健力壯，家庭幸福，名譽好評。
涂：智慧過人之象。飽學五車，金榜題名，起居安逸。
彩：文章秀麗之象。學博識廣，好運不斷，偉業大展。
涓：細小水滴之象。文章秀麗，細心做事，事成業就。
苑：人物薈集之象。文章秀麗，性情活潑，廣結人緣。
戚：家屬親眷之象。貴介明現，親情濃厚，門庭隆昌。
敏：反應迅速之象。思慮周全，行徑敏捷，宏業能展。
紹：人脈居間之象。聰明智巧，衣食豐厚，名聲遠震。
婉：柔順美好之象。美麗活潑，奮勵精進，幸福愜意。
強：意志堅強之象。體健力壯，態度堅決，駿業鴻圖。
專：一心一德之象。自強不息，盡心敬業，晚歲享福。
翊：希望無窮之象。生性活潑，積極奮發，能成偉業。
翌：希望無窮之象。生性活潑，積極奮發，能成偉業。
珮：腰金佩玉之象。紫衣掛袍，富貴可期，人間福報。
翎：官吏貌飾之象。豐功偉業，職掌重權，光宗耀祖。
婧：聰秀才女之象。玲瓏可愛，秀外慧中，相夫教子。
茂：草木昌盛之象。性情活潑，貴仕鼎助，事業騰達。
健：福壽雙收之象。精神充沛，奮力精進，家門福臨。
彪：精神飽足之象。功名顯赫，事業吉祥，名譽佳評。

彬：文采華盛之象。文質兼備，中年順遂，晚運吉慶。

堂：金碧輝煌之象。人氣沸騰，高座華堂，衣祿豐足。

乾：飛龍在天之象。官居極品，掌重權者，人間大福。

偕：彼此合作之象。貴者裨助，事業成功，家庭和順。

參：溝通交錯之象。溫良賢能，學識廣博，家庭隆盛。

從：喪失主見之象。愚笨行事，膽識短缺，眼光拙劣。

笙：竹製樂器之象。氣質非凡，生性活潑，起居安適。

紳：德高望重之象。智慧雙全，行善積德，聲譽遠播。

習：反覆練習之象。精神飽足，毅力堅強，晚歲福臨。

責：應負天職之象。意志堅定，自強弗息，起居安樂。

釧：腕臂手鐲之象。貴介寵愛，氣質高雅，家風鼎盛。

雀：吉祥鳥禽之象。金雞獻瑞，凡事如願，門庭和樂。

雪：潔白明亮之象。心地光明，忠貞亮潔，夫貴子榮。

卿：高官爵位之象。天賜官福，朝廷上客，盛名遠傳。

晨：精神煥發之象。身體健康，工作亨達，生性活潑。

梓：思索念舊之象。誠信務實，慈悲為懷，事成業就。

國：人地組合之象。安居樂業，喜樂幸福，金玉滿堂。

堃：心胸寬大之象。行善積德，居官食祿，後裔祿旺。

崑：高聳山嶺之象。器量宏寬，企業成功，晚景吉慶。

崗：高聳突嶺之象。鶴立雞群，領袖奇才，名傳四方。

曼：朝氣蓬勃之象。事業心重，努力弗懈，晚年吉福。

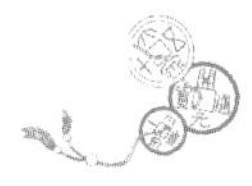

培：未雨綢繆之象。駿業成功，辛勤能成，老運享福。
密：隱藏玄機之象。聰明智巧，細心務實，企業必成。
冕：朱衣掛袍之象。朝廷官職，厚祿爵食，威名遠播。
彗：掃帚星曜之象。好酒好淫，心存狡猾，荒唐此生。
斌：文質彬彬之象。涵養高超，學博識廣，氣宇高尚。
梅：寒冬開花之象。精神飽足，企業宏達，夫榮子貴。
偵：膽識智巧之象。樂觀進取，實事求是，老景吉昌。
基：安居樂業之象。祖產豐盈，妻賢子孝，名聲好評。
堅：意志弗變之象。自我肯定，奮力弗懈，駿業成功。
崙：山勢整潔之象。氣質非凡，膽識超群，能樹偉功。
得：平地發福之象。功名顯彰，財帛廣進，高座華堂。
章：功名早立之象。學博識廣，金榜題名，金玉滿堂。
笠：竹葉編帽之象。高風亮節，諸事祥瑞，家和興旺。
笛：竹製樂器之象。一鳴驚人，宏業吉祥，名聲遠傳。
帷：貞節守分之象。夫榮子貴，溫柔賢淑，家庭和諧。
庸：才智平常之象。刻苦耐勞，無有怨悔，末歲得福。
敖：居傲凌人之象。財旺權重，心毒手辣，禍害子孫。

## 十二劃

迪：啟發引導之象。慧黠有智，貴者裨助，事業向榮。
茜：珍貴草木之象。氣質高雅，器量寬謙，事業完美。

茹：草根相連之象。善解眾意，穎悟慧黠，家庭幸福。

荃：美好草木之象。思考周詳，詩禮傳家，起居安適。

淮：權威招祥之象。廣置田產，膽識過人，名聲好評。

盛：氣勢浩大之象。駿業成功，廣進田財，門庭美滿。

捷：超人智慧之象。諸事如意，金榜題名，家門有慶。

統：綜合事物之象。貴者裨助，精神飽足，宏業騰達。

善：德行良好之象。心地磊落，行善積德，名望好評。

寓：住居房舍之象。住宅安祥，子孫賢孝，駿業必展。

閎：高大門樓之象。廣置田產，詞句富麗，成就宏遠。

閔：勉勵上進之象。貴介鼎助，文章超群，鴻業騰達。

淞：慧黠位尊之象。聰明穎悟，門庭和祥，成就顯彰。

淵：學識高深之象。學博識廣，功名顯彰，家內溫馨。

棕：飲水思源之象。誠信務實，才質非凡，企業如意。

黍：五穀植物之象。五穀滿倉，生性溫和，家道喜樂。

富：田產豐足之象。廣置田產，祖業豐足，名滿四方。

絨：精緻布匹之象。紫衣華服，氣宇高尚，家中溫暖。

程：理想順序之象。衣食無缺，才智獨見，身心祥和。

幃：安居樂業之象。事業成功，父慈子孝，家道馨芳。

淙：流水聲音之象。忍辱成家，氣質非凡，家庭福旺。

喜：喜樂幸福之象。福壽雙收，金玉滿堂，門庭隆昌。

敦：忠厚老實之象。忠厚篤行，處事平實，家門有慶。

棠：草木繁盛之象。親情濃厚，高座華堂，名吐芬芳。
登：平步青雲之象。五穀滿倉，文章秀麗，起居安適。
淳：敦厚樸素之象。誠信忠厚，做事務實，品格超然。
淇：寒谷向陽之象。如日東昇，駿業向榮，精力充沛。
涵：忍辱修養之象。學博識廣，見地高超，家庭溫馨。
涴：水流曲折之象。聰明智巧，能識時務，事業暢然。
筌：捕魚竹器之象。品性端正，思慮周全，諸事吉祥。
清：潔淨不雜之象。官高爵祿，金玉滿堂，見地卓越。
絲：微細織品之象。謹慎小心，思考周詳，衣祿豐足。
棋：樹木繁茂之象。學博識廣，性喜競智，駿業暢然。
詠：出聲歌唱之象。生性活潑，神采飛揚，起居喜樂。
普：通常事物之象。安分守己，努力事業，生活無慮。
晶：透明精光之象。身強力壯，智慧超群，無往不利。
淑：溫和善良之象。賢妻良母，三從四德，家門溫馨。
廂：生活安適之象。田財廣置，後裔興旺，家門永昌。
植：培育智德之象。聰明智巧，駿業騰達，父慈子孝。
畫：以筆繪圖之象。才藝齊備，淡泊名利，安逸順暢。
淄：清心寡慾之象。智巧慧靈，熱愛宗教，淡泊名利。
策：竹片刻字之象。居官爵祿，學識博通，君王器重。
森：樹木眾多之象。智慧超群，廣置田產，家內和樂。
朝：帝王宮殿之象。高座華堂，財勢均大，名揚天下。

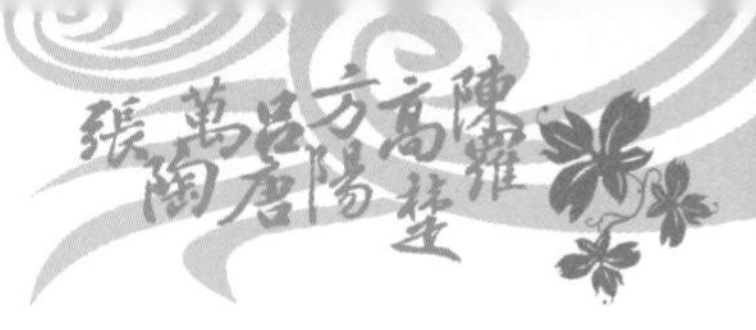


| |
|---|
| 情：喜怒哀樂之象。親情濃厚，貴者相資，事成業就。 |
| 嵾：山勢峻秀之象。體健力壯，事業日蒸，世第順暢。 |
| 崴：山勢高大之象。器量寬宏，名揚四方，樹立功德。 |
| 然：智慧兼備之象。未卜先知，穎悟超群，萬事如意。 |
| 勝：才智超凡之象。智巧玲瓏，官居極品，威望遠播。 |
| 雅：清高不俗之象。氣質高雅，學博識廣，家中溫馨。 |
| 孳：滋生弗息之象。廣進田財，子孫興旺，身心安康。 |
| 鈞：身居上位之象。輔佐君王，智謀超群，名揚四海。 |
| 述：表達心願之象。貴介器重，時運相濟，起居安樂。 |
| 博：學識高深之象。飽學五車，文成七步，名聲遠播。 |
| 雄：才能超群之象。才智俱足，果斷敏捷，眾儕景仰。 |
| 勛：豐功偉業之象。官居一品，朝廷卿客，名播四方。 |
| 喬：繁榮高大之象。居官爵祿，中年吉祥，晚年享福。 |
| 尊：位高長輩之象。器量宏大，廣積陰騭，名威遠播。 |
| 巽：謙虛有禮之象。文質彬彬，器量宏寬，名列前茅。 |
| 晴：天際無雲之象。萬事如意，心曠神怡，起居喜樂。 |
| 欽：得人敬仰之象。氣質高雅，聲名顯赫，樹立功德。 |
| 翔：吉祥高升之象。高雅氣宇，步步高陞，名播四方。 |
| 舒：生活愉快之象。身心健全，駿業向榮，家中喜樂。 |
| 舜：天下太平之象。聖哲當道，風調雨順，萬事如意。 |
| 詞：出口成章之象。生性溫和，善解眾意，學識淵博。 |

象：大型動物之象。性情溫和，體壯耐勞，宏業向榮。

順：稱心如意之象。順水行舟，順風揚帆，吉祥亨通。

凱：勝利喜樂之象。萬事如意，名聲遠播，世第隆昌。

貴：對人尊稱之象。詩禮傳家，地位崇高，光宗耀祖。

軻：車行顛簸之象。諸事坎坷，耗損田財，憂慮難安。

媚：嬌美悅人之象。秀外慧中，富貴榮華，家門溫馨。

寒：房屋破舊之象。貧賤受凍，親情疏遠，淒涼今生。

弼：居官受祿之象。貴仕器重，官貴祿厚，家內溫馨。

惠：天賜厚福之象。平地發福，貴介器重，門庭隆昌。

斐：文章秀麗之象。學問淵博，氣質高雅，金榜題名。

淼：水勢廣大之象。意志堅守，廣置田產，家道興旺。

皓：光明潔白之象。氣質超群，名播四方，公正威名。

評：判定是非之象。智慧超群，公平公正，眾儕景仰。

賀：喜氣洋洋之象。金碧輝煌，添丁進財，萬事如意。

傑：才智過人之象。穎悟俊秀，能解眾意，樹立偉業。

婷：體艷美好之象。慈眉善目，福星高照，享盡榮華。

嵐：山風霧氣之象。金榜題名，夫榮子貴，賢淑謙和。

智：智能超群之象。先知先覺，才謀兼備，萬事順遂。

景：風光明媚之象。風和日麗，鳥語花香，諸事稱意。

童：智識幼稚之象。無是非觀，思想幼稚，難立事業。

筊：竹製占具之象。品格高尚，是非分明，廣結人緣。

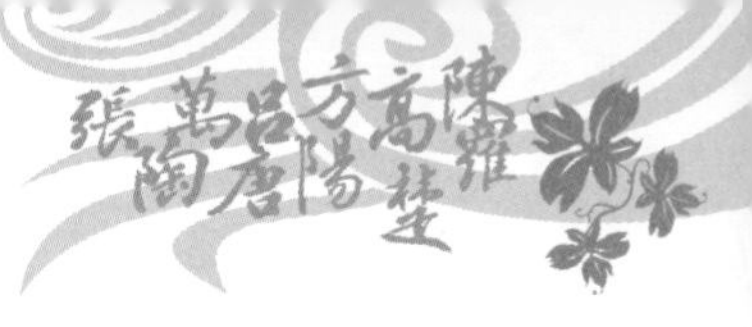

筑：用竹擊絃之象。氣質高貴，生性活潑，起居安康。

集：會聚處所之象。廣通人脈，衣食無缺，家庭團聚。

喻：聰明有智之象。文質儒雅，知書達禮，家道芳馨。

媛：貞節美女之象。相夫教子，才德雙美，庭室溫馨。

雲：漫遊四處之象。生性活潑，榮享富貴，愜意吉祥。

雁：居無定所之象。兄弟分離，身心憂慮，情緒無定。

## 十三劃

郁：美好香味之象。氣宇優雅，夫榮子貴，家庭溫馨。

楷：無功受祿之象。才智兼備，食祿千鐘，名重四方。

湖：積水大澤之象。器量宏寬，衣食無缺，慈悲為懷。

愉：喜悅幸福之象。起居愜意，感情美滿，子女孝順。

揚：獲得稱讚之象。名聲遠播，官高祿重，終生幸福。

廉：德行亮潔之象。公正嚴明，品性高超，門庭安寧。

湛：水流澄清之象。神志清靜，智慧齊全，善解人意。

勤：自我努力之象。節儉持家，步步青雲，晚年有慶。

畹：當官受俸之象。富貴雙全，家庭溫馨，聲譽廣傳。

彙：事物聚集之象。智慧淵博，學博識廣，家門和順。

湄：水邊岸地之象。心曠神怡，交友通達，財源廣進。

湘：相貌堂堂之象。穎悟俊秀，溫和賢淑，容顏尊貴。

渼：泉水流動之象。廣進田財，工作亨達，家安溫馨。

| |
|---|
| 渲：貴仕輔助之象。朱衣掛袍，名聲遠播，門庭興旺。 |
| 棺：智巧伶俐之象。學識博廣，名播四方，起居安適。 |
| 楠：堅實木材之象。家業興旺，如日中天，萬事如意。 |
| 敬：尊重仰慕之象。敬老尊賢，知書達禮，家內和順。 |
| 睫：眼皮邊毛之象。聰明俊秀，反應迅速，起居安適。 |
| 絹：手帕織品之象。衣祿無缺，麗衣華服，安和喜樂。 |
| 莆：祥瑞草扇之象。衣食無憂，貴介裨助，門庭溫馨。 |
| 港：停船海灣之象。居住安康，衣食無憂，朋儕廣達。 |
| 義：公理正道之象。親情深濃，光明磊落，品性高貴。 |
| 裕：家財萬貫之象。廣置田產，五穀滿倉，地位崇高。 |
| 迺：廣佈功德之象。前人種樹，後輩乘涼，慈悲為懷。 |
| 稚：思想單純之象。天真無憂，生活喜樂，慾望無高。 |
| 鈿：珠寶飾物之象。廣置田產，廣積珠寶，富比陶朱。 |
| 莛：房屋大樑之象。氣象萬千，眾儕景仰，名揚四海。 |
| 業：廣智田產之象。自強不息，意志堅定，功名早至。 |
| 琛：珍貴美玉之象。儒雅氣宇，學博識廣，聲譽卓著。 |
| 靖：安定平和之象。步步青雲，樹立勳業，起居安適。 |
| 馴：和順服從之象。任重道遠，努力不懈，善解人意。 |
| 楚：品格高超之象。氣質高雅，衣食無缺，生活安康。 |
| 煌：光明有節之象。天賜官祿，宏業如意，名滿鄉里。 |
| 煒：光彩輝煌之象。名揚四方，豐功偉業，家門溫馨。 |

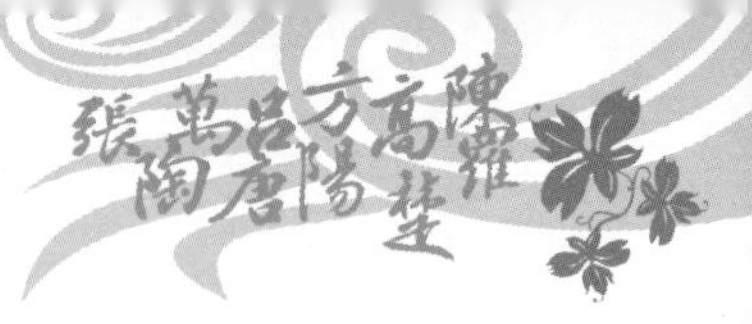

煜：火光盛大之象。功名早就，田產廣置，譽冠南北。
瑑：珍貴美玉之象。居官受祿，金榜題名，天真無愁。
意：心中思索之象。學博識廣，能解人意，宏業稱心。
愛：彼此親密之象。貴仕裨助，順水行舟，無往不利。
筱：細小竹子之象。玲瓏智巧，文質彬彬，貴仕提拔。
僅：自我檢束之象。守分達理，善解人意，生活喜樂。
筠：竹製籠子之象。誠信務實，思慮周全，交友廣達。
琴：互通心聲之象。夫婦和鳴，器量宏寬，聲譽南北。
琦：珍貴美玉之象。氣質冠群，榮夫益子，溫和賢淑。
琳：積玉如山之象。富貴齊備，聰明穎悟，文章秀麗。
渝：聰明愉悅之象。聰明俊彥，生活安適，名聲遠傳。
想：回憶過去之象。智巧聰明，知恩圖報，成功在望。
渠：水流通道之象。聰明智巧，安份守己，起居安然。
詳：精細周全之象。精於探索，明察秋毫，成就非凡。
詩：學問超群之象。出口成章，文成七步，詩禮傳家。
園：花木旺盛之象。事功極高，欣欣向榮，晚年吉慶。
傳：輾轉流佈之象。福壽齊全，功成名就，晚運如意。
嗣：子孫興旺之象。行善積德，廣進田產，兒孫成群。
馳：迅速奔跑之象。先甘後苦，暗耗元神，弗利晚年。
頎：身材修長之象。身心健全，樂觀進取，起居安逸。
頌：讚美樂舞之象。德高望重，親族敬仰，金玉滿堂。

嵩：山嶺高大之象。器量宏寬，駿業必展，名播四方。

祺：吉祥安樂之象。聰明有智，事業亨達，家道安樂。

軾：車前橫木之象。多招凶厄，耗損田財，前途坎坷。

輇：車輪失控之象。奔波弗停，愚笨無智，難有事業。

新：換舊去腐之象。才智兼備，奮勵精進，事業日蒸。

暄：貴介鼎助之象。交友廣達，駿業向榮，名聲好評。

椿：福壽雙全之象。萬象更新，三陽開泰，獨佔鰲頭。

楮：田產廣置之象。朱衣掛袍，金碧輝煌，福德雙美。

群：眾儕聚處之象。貴介裨助，交友廣達，安然無憂。

聖：完美無缺之象。學識淵博，品行完備，精通人事。

感：情緒反應之象。反應迅速，學習力強，文章秀麗。

戠：刺殺異己之象。冷酷無情，目中無人，違背道德。

資：房屋田地之象。家財萬貫，聰明穎悟，名揚四方。

詢：徵求意見之象。積極客觀，智慧超群，無往弗利。

暉：日光普照之象。祖產豐盛，詩禮傳家，行善積德。

盟：志同道合之象。貴介鼎助，廣置田產，交友廣達。

照：光彩耀目之象。恩澤廣佈，德高望重，金玉滿堂。

睛：眼珠明亮之象。精神集中，意志堅強，工作向榮。

督：上下官階之象。職掌重權，地位崇高，名播四方。

經：恆久常道之象。積極奮發，財帛日增，晚歲吉祥。

鈴：金屬鐘聲之象。名聞四方，成就非凡，積金如山。

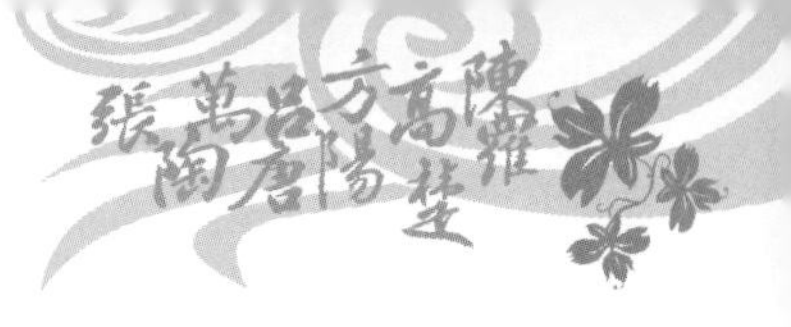


鼎：烹飪用器之象。衣食無慮，子孫興旺，庭內溫馨。
筧：導水竹器之象。交友廣達，智慧超群，企業向榮。
圓：政通人和之象。居官食祿，貴介相資，家庭美滿。
暐：陽光高照之象。如日中天，無往弗利，聲威遠播。
暘：太陽東昇之象。日出扶桑，欣欣向榮，名聞遐邇。
毓：山明水秀之象。聰明智巧，器量宏寬，事業成功。
莉：茉莉香花之象。青春活潑，口齒伶俐，無往不利。
虞：憂慮難安之象。情緒弗穩，憂慮多愁，難成駿業。
詣：豐功偉業之象。穎悟俊秀，成就非凡，聲譽遠傳。
裔：子孫興旺之象。添丁進財，親情濃厚，光宗耀祖。
鈺：堅硬玉石之象。富貴榮華，積玉如山，家門有慶。
筵：宴客場所之象。三教九流，智勇雙全，清雅富貴。
詰：詢問責備之象。自誇其實，眾儕唾棄，品格卑賤。
雍：處事和順之象。穎悟慧黠，貴介鼎助，駿業騰達。

## 十四劃

鳳：聰明秀慧之象。溫和賢淑，富貴榮華，家庭隆昌。
萃：人才薈聚之象。金榜題名，智慧超群，聲譽遠傳。
萍：漂泊無定之象。生性弗定，四海為家，晚歲平安。
華：光彩美麗之象。金玉滿堂，名傳四方，光宗耀祖。
菲：矮小蔬菜之象。聰明智巧，是非弗斷，得失難定。

菩：智慧齊全之象。洞明先機，詩禮傳家，行善積德。
菁：草木茂盛之象。光彩明華，廣積田財，步步青雲。
瑞：吉祥如意之象。富貴榮華，身體健康，無往弗利。
瑟：伉儷相隨之象。夫妻恩愛，家庭和順，父慈子孝。
誠：實實在在之象。信用可靠，心志堅固，事業成功。
禎：吉祥安康之象。事業如意，門庭幸福，名揚四方。
源：水泉起點之象。命根雄厚，功名漸陞，事業亨達。
瑜：美好玉石之象。聰明穎悟，萬事如意，庭內幸福。
瑛：玉石生輝之象。才智超群，思索力強，無往弗利。
通：順利無阻之象。文章秀麗，政通人和，大發利市。
連：互相結合之象。貴者裨助，田財廣進，生活安定。
壽：年齡大小之象。身體力壯，駿業欣榮，闔家安康。
實：豐足無虛之象。五穀滿倉，行善積德，後裔興旺。
匱：五穀滿倉之象。財源廣進，平地發福，家風昌隆。
誥：長官訓話之象。公正威明，堅守職位，起居安定。
鳴：慈祥悅聲之象。功名顯赫，成就超凡，高座華堂。
賓：以禮迎客之象。誠信務實，事業日榮，謙虛有禮。
嘉：美好懿行之象。居官美祿，威望好評，家門溫馨。
圖：智慧結晶之象。聰明智巧，學博識廣，子孫興旺。
寧：願望理想之象。自強不息，辛勤奔波，老年行暢。
綸：未雨綢繆之象。智謀兼備，人中豪傑，無往不利。

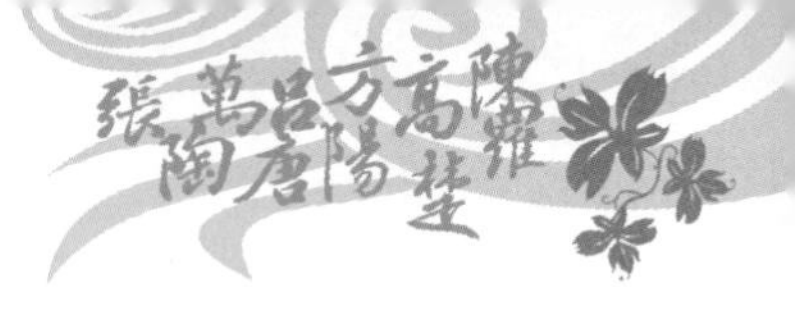

誌：文字記事之象。文章秀麗，志氣過人，諸事順利。
維：命基雄厚之象。富貴中人，下屬成群，闔家安康。
語：心聲表達之象。穎悟伶俐，自我肯定，貴介裨助。
榮：得人讚譽之象。金榜題名，朱衣掛袍，名聲遠播。
慎：思慮周全之象。才智齊備，無往不利，事成功就。
榕：聰明俊秀之象。聰明智巧，貌美顏尊，家庭和順。
團：親情濃厚之象。領袖奇才，功成名就，家庭隆昌。
甄：提拔人才之象。貴仕器重，衣食無缺，門庭溫馨。
銀：華貴金飾之象。家財萬貫，婚姻幸福，金玉滿堂。
荃：豔麗花木之象。貌美顏尊，貴仕寵愛，家順馨香。
菀：草木茂盛之象。神采奕奕，文章俊秀，宏業日榮。
魁：文星高照之象。文冠天下，體貌雄偉，群倫領袖。
慈：行善積德之象。器量寬懷，急公好義，德澤廣被。
福：吉祥如意之象。居官受祿，活潑可愛，遠離凶禍。
閩：福建地名之象。富貴榮華，添丁進財，金碧輝煌。
閣：家庭和樂之象。詩禮傳家，父慈子孝，金玉滿堂。
準：得人景仰之象。財勢雄偉，廣交朋儕，風流慷慨。
僑：旅居他鄉之象。自立奮強，勞碌傷神，桑榆吉慶。
嫦：嬌艷美麗之象。國色天香，幸福安逸，金碧輝煌。
暢：通達無阻之象。順風揚帆，利益能獲，積玉如山。
熙：光明和樂之象。功成名就，家庭喜樂，朝廷貴客。

| |
|---|
| 睿：穎悟智巧之象。智慧雙全，明辨是非，金榜題名。 |
| 碩：堅固結石之象。才學博識，成就超群，門庭溫暖。 |
| 綺：織品麗文之象。衣食豐厚，紫衣掛袍，朝氣活潑。 |
| 緒：思慮周全之象。穎悟彥秀，地位崇高，萬事如意。 |
| 綽：財富廣大之象。廣置田產，名聲遠震，氣質高雅。 |
| 綬：官俸榮享之象。名列前茅，職掌樞使，人間福報。 |
| 綵：絲綢麗服之象。喜氣洋洋，添丁進財，幸福美滿。 |
| 翠：多貴玉石之象。顏尊貌美，紫衣掛袍，安享夫榮。 |
| 誓：相互約定之象。貴者裨助，信用誠篤，婚姻幸福。 |
| 銓：衡量輕重之象。才智兼備，貴介器重，文章俊秀。 |
| 銜：官階高低之象。職任樞使，永享厚祿，眾朋仰慕。 |
| 韶：美好樂曲之象。身心健全，感情濃厚，家內溫馨。 |
| 齊：一致相同之象。夫妻恩愛，大公無私，實事求是。 |
| 僕：低賤無貴之象。勞神費力，自我檢束，平庸終生。 |
| 夢：理想幻滅之象。挫敗喪志，家庭重責，淒涼無依。 |
| 嫚：輕視侮辱之象。高傲不恭，品格庸俗，晚年淒苦。 |
| 碧：金玉輝煌之象。氣質高貴，門第溫馨，人間福報。 |
| 綿：連續不斷之象。保守懷舊，情意濃厚，晚歲吉亨。 |
| 翡：蒼翠玉石之象。成就超群，顏尊貌美，安享榮華。 |
| 蜜：蜂液甜汁之象。親情濃厚，安份儉德，起居安定。 |
| 豪：智慧出眾之象。生性爽直，智謀兼備，無往不利。 |

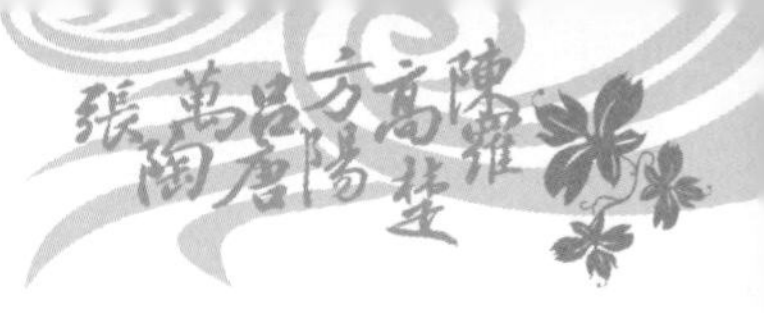

輔：協助引導之象。廣進田財，行善佈施，晚年享福。
銘：永懷恩澤之象。貴介提拔，名揚四方，有情有義。
僮：年幼無知之象。學識淺薄，無人生觀，平凡終生。
兢：精神飽足之象。誠信務實，事成名就，老漸慶安。
境：所處情況之象。才智雙全，應變力強，駿業成功。
彰：成就宏大之象。金榜題名，事業稱心，聲譽遠播。
精：意志力量之象。身體強壯，駿業蓬勃，安暢無慮。
綾：細緻織品之象。紫衣華服，氣質高尚，夫榮子貴。
綠：草木向榮之象。衣祿豐厚，生機蓬勃，活潑可愛。
聚：集合眾人之象。駿業日榮，交友廣達，朋儕成群。
肇：事物開端之象。粗心大意，智謀不足，成敗無常。
臺：根基旺強之象。祖產豐碩，貴仕裨助，金玉滿堂。
銅：珍貴金屬之象。貴介寵愛，廣置田產，步步青雲。
墉：城垣高牆之象。公正威名，功名非凡，世第榮昌。
聞：傾聽消息之象。耳輕無智，井底之蛙，一事難成。

## 十五劃

陞：步步高昇之象。貴仕器重，居官爵祿，順風揚帆。
逸：逸樂自得之象。衣食可足，精神喜悅，起居安定。
萱：金針花菜之象。聰明穎悟，名播四方，貴者寵愛。
獅：禽獸發威之象。其性凶猛，領袖奇才，駿業可展。

萬：數目眾多之象。貴介裨助，廣積田財，壽命長久。

慷：用錢豪爽之象。樂觀爽直，交友廣達，名聲遠傳。

漉：水流清淨之象。起居安康，貴介裨助，平地發福。

慧：聰明智巧之象。才智齊備，功名顯彰，家門隆昌。

漢：添丁進財之象。家庭興旺，偉業通達，毅力堅強。

瑪：名貴玉石之象。高貴氣質，努力不懈，闔家祥悅。

瑤：珍貴美玉之象。氣質非凡，顏尊貌美，安享富貴。

黎：天將亮時之象。精神飽足，毅力堅強，順風揚帆。

興：喜樂向榮之象。後裔旺盛，駿事向榮，金玉滿堂。

稼：農事耕作之象。務實工作，篤行誠懇，庭內美滿。

嫺：嫺淑恬靜之象。嫺雅美麗，生活雅致，家門融洽。

鋐：錢財宏大之象。事業蓬勃，財源廣進，名聲遠傳。

鋪：門面盛大之象。財勢雄厚，名揚四方，眾儕景仰。

鋒：兵刃銳利之象。文武雙全，才智兼備，家道旺盛。

銳：進財喜悅之象。錢財廣進，心曠神怡，諸事如願。

週：固定循環之象。自強不息，生活安定，思慮周全。

進：向前增長之象。步步青雲，廣置田宅，家庭興隆。

毅：意志堅決之象。堅忍困敢，精神飽足，無往不利。

緣：情感機遇之象。慈悲為懷，器量宏寬，交友廣達。

樂：歌曲音調之象。歌揚快樂，心曠神怡，活潑幸福。

諒：寬恕信實之象。口齒清晰，襟懷光明，能立功德。

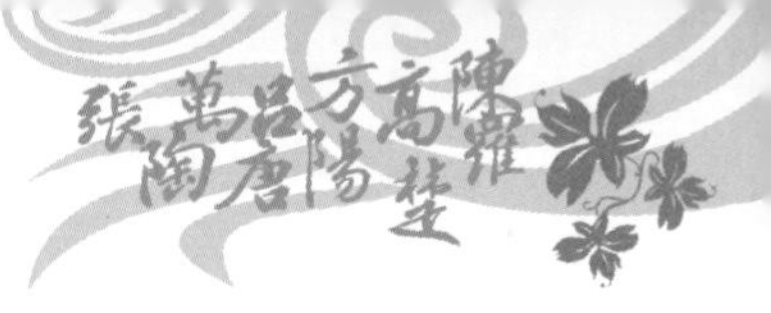


樓：高大建築之象。廣置田產，名譽佳評，世第隆昌。

賞：獎勵讚美之象。貴仕薦拔，空手得財，無憂無慮。

誼：彼此交情之象。言語誠信，貴者裨助，家庭幸福。

增：錦上添花之象。財源廣進，功名晉陞，後裔興旺。

徹：學博識廣之象。文章秀麗，膽識超群，成就先登。

慶：喜氣洋洋之象。官居一品，食祿千鐘，金玉滿堂。

頡：向上晉陞之象。宏業吉祥，財富日增，諸事如意。

賢：才德兼備之象。學問超群，品德優良，名聞遐邇。

賜：獎勵施惠之象。貴者提拔，平地發福，庭內安祥。

寬：屋大心舒之象。田產廣置，行善積德，世第隆昌。

廣：器量宏大之象。行善佈施，諸事如意，安適暢然。

慕：思念敬仰之象。努力奮發，意志堅強，老運暢然。

範：學習榜樣之象。為人師表，氣宇儒雅，家庭溫馨。

賦：解繳國稅之象。駿業龐大，廣積田宅，名揚四方。

輝：華麗耀目之象。廣進田財，光宗耀祖，金玉滿堂。

霈：久旱降霖之象。廣佈恩澤，萬民同歡，朝氣蓬勃。

德：品格操守之象。福壽齊美，仁慈行善，豐功偉業。

摯：為人誠懇之象。正人君子，襟懷光明，諸事如意。

樟：文章秀麗之象。聰明智巧，學問淵博，名震八方。

槿：貴人相輔之象。聰明穎悟，做事細心，室中和樂。

箴：繡物器具之象。學識淵博，標竿典範，家道興旺。

篆：書寫文字之象。學富五車，為人師表，起居安適。

緻：美好精細之象。氣質高貴，奮發上進，宏業日陞。

緹：實事求是之象。綢緞絲服，高貴氣質，家內溫暖。

諄：誠懇教人之象。性情溫和，氣質高雅，為人師表。

調：為人解釋之象。智謀雙全，善解人意，庶眾信賴。

震：發抖害怕之象。命運坎坷，險惡困難，無福乏壽。

儀：氣質高貴之象。容貌俊秀，知書達禮，功名顯彰。

億：意志堅定之象。認真盡責，功成名就，世第隆昌。

瑩：光潔玉石之象。襟懷光明，平地發福，駿業騰達。

緯：豐功偉業之象。智慧齊全，功名顯著，詩禮傳家。

衛：生活清潔之象。身心健全，品格高貴，宏業必就。

## 十六劃

鄉：人口聚居之象。貴仕鼎助，感情濃厚，起居安逸。

運：活動筋骨之象。身心健全，含苞待放，成功可期。

蒨：鮮明草木之象。青春活潑，婚姻美滿，宏業日榮。

蒞：到達現場之象。實事求是，眾儕景仰，身分高貴。

潤：生機煥發之象。欣欣向榮，貴介鼎助，樹立偉業。

機：時運相濟之象。貴仕鼎助，順水行舟，駿業稱意。

潔：不貪不忮之象。品行端正，奉守自愛，和融幸福。

學：研究事物之象。斐然成章，見識廣豐，誠信務實。

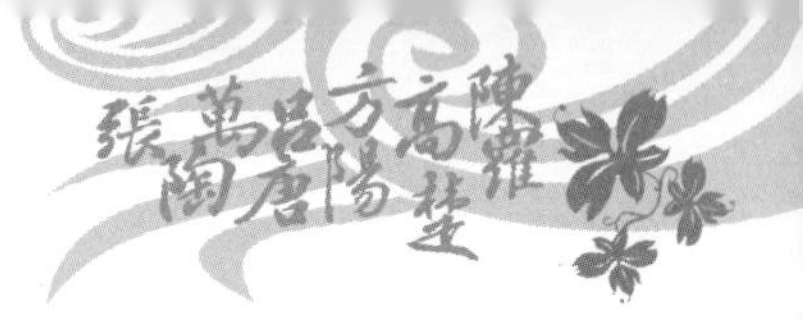


瑾：美麗玉石之象。氣質高雅，貴介裨助，起居安適。

潭：積水深塘之象。器量寬懷，功名早至，名揚四海。

縝：細緻周密之象。心思細密，計畫周全，家庭和樂。

道：義理公德之象。品德廉潔，社會和諧，起居安康。

澄：水清見底之象。智慧齊備，氣質高雅，成就遠瞻。

歷：以前事蹟之象。循序漸進，品性高超，飲水思源。

遊：四處走動之象。性情活潑，廣結人緣，起居愉悅。

橙：智巧美好之象。事成業就，誠信務實，門庭隆昌。

橝：功名早至之象。學博識廣，金榜題名，凡事如意。

錞：鼓樂相合之象。金碧輝煌，享受富貴，世間福者。

冀：富裕樂趣之象。財源豐盈，起居喜樂，企業成功。

錠：元寶幣值之象。財帛坐擁，生活安定，地位崇高。

燈：發光照明之象。胸懷坦然，知書達禮，名聲好評。

築：建造厝宅之象。起居安康，家族旺盛，諸事如意。

篤：忠厚老實之象。不貪不忮，堅守職責，生活安康。

蓉：貌美婦女之象。膚白體艷，貴介鼎助，庭中喜悅。

璉：美麗玉石之象。氣質高雅，貴介裨助，起居安適。

蓓：含苞待放之象。清純可人，氣質高雅，欣欣向榮。

澂：水清且靜之象。聰明俊秀，成就先登，貴仕相輔。

憑：依附根據之象。文章秀麗，誠實可靠，家門和樂。

樸：無虛無偽之象。篤行誠懇，處事務實，儉德持家。

憲：居官受祿之象。聰明智巧，時運相濟，無往不利。
璋：珍貴玉品之象。文質彬彬，金榜提名，財祿豐厚。
翰：文章超群之象。氣宇軒昂，詩禮傳家，眾儕仰重。
曄：天色艷麗之象。風和日麗，萬事俱興，福壽齊全。
達：名播四方之象。學博識廣，精通事理，顯貴騰達。
儒：學識超群之象。文章秀麗，貴仕資佐，門第溫馨。
積：相沿成習之象。意志堅強，任重道遠，駿業騰達。
諺：說話流利之象。應對自如，智謀超群，起居安定。
霖：久旱降雨之象。廣施恩澤，豐功偉業，名播四方。
穎：才華出眾之象。才智兼備，思慮周全，凡事如意。
霓：雨後彩虹之象。紫衣掛袍，才藝兼備，工作愜意。
頻：屢敗屢戰之象。意志堅強，目標正確，晚歲吉利。
儕：彼此尊敬之象。貴介提拔，企業得成，妻賢子孝。
儔：福祿雙美之象。天賜福祿，金玉滿堂，威望遠傳。
勳：豐功偉業之象。文武齊備，膽識非凡，英雄豪傑。
曉：晨光初露之象。朝氣蓬勃，憂慮咸無，諸事稱心。
橋：感情互通之象。人脈廣達，任重道遠，豐功偉業。
樵：徒勞無功之象。憂躁難安，身心憔悴，痛苦終生。
融：變化氣質之象。善解人意，事業日榮，生活和樂。
親：血統相連之象。後裔興旺，婚姻美滿，駿業向榮。
諧：和睦相處之象。說話有禮，肯定讚譽，婚姻美滿。

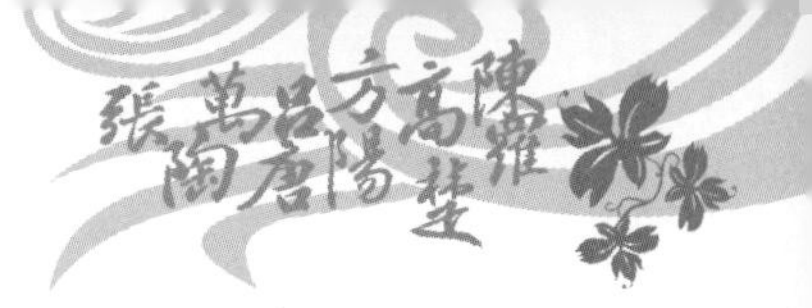


諮：詢問商量之象。其性溫和，智慧超群，排解眾難。

諠：聲音喧嘩之象。生性活潑，廣結友緣，企業可成。

誠：誠心誠意之象。知書達禮，襟懷光明，家庭和順。

錡：烹煮鍋具之象。衣食豐足，企業可成，無慮安逸。

錫：得財容易之象。天賜福德，婚姻永固，平地發福。

鋼：精緻鐵器之象。金玉滿櫃，毅力堅強，人中豪傑。

樺：智巧富貴之象。妙筆生花，富貴榮華，高座華堂。

衡：測度事理之象。聰明穎悟，善權得失，諸事吉祥。

諱：尊敬長輩之象。言語謹慎，敬老尊賢，地位崇高。

霏：雨雪綿綿之象。心亂如麻，理無頭緒，一事難就。

默：沉靜無聲之象。冤枉無伸，膽識不足，難有成就。

戰：彼此相鬥之象。智勇雙全，大利中歲，無益晚年。

曇：雲氣蔽天之象。先苦後甘，中年奔波，終歲安順。

曆：歲時節氣之象。田財漸積，功名日陞，晚運吉慶。

臻：步步青雲之象。精神飽足，毅力堅強，諸事完美。

錦：文采織物之象。紫衣腰金，財帛藏庫，諸事順暢。

靜：安定無聲之象。溫和賢淑，忠貞亮節，夫榮子貴。

龍：登天興雨之象。豪傑才俊，豐功偉業，廣佈恩澤。

燕：自由安樂之象。適應力強，駿業成功，家庭安和。

燁：火光鮮明之象。榮華富貴，金玉滿堂，門風顯耀。

縈：纏綿眷戀之象。利中能獲，成就非凡，無往不利。

螢：發光小蟲之象。勞苦奔波，難求功名，老恐孤單。

謁：求見貴人之象。口齒清晰，能識時務，企業可成。

諭：皇帝聖旨之象。權威招祥，光宗耀祖，名揚四方。

豫：預先準備之象。未雨綢繆，智能出眾，諸事如意。

頤：顏容常開之象。福壽雙全，金玉滿堂，威震八方。

## 十七劃

蔚：草木茂盛之象。穎悟慧黠，正人君子，廣通和善。

蔭：祖德庇護之象。獲天賜福，衣食富足，起居安適。

璞：玉未雕琢之象。根基雄厚，誠信務實，利亨中年。

澤：匯聚水流之象。廣進田財，器量寬宏，恩德廣施。

禧：吉利福慶之象。金雞報喜，財源廣進，萬事吉興。

禪：君位讓人之象。清靜無為，才智高超，品格上等。

羲：奉獻心力之象。仁慈寬懷，名聲遠播，生活無憂。

濃：親情深厚之象。添丁進財，金榜題名，豐功偉業。

澧：水質甘甜之象。氣質高雅，廣置田財，交友廣達。

璟：美玉耀眼之象。家財萬貫，時運相濟，福祿盈盈。

憶：回想過去之象。聰明智巧，諸事如意，家道祥樂。

闈：宮廷內室之象。金榜題名，婚姻美滿，金碧輝煌。

償：鼓勵嘉許之象。駿業成功，文章秀麗，中歲亨暢。

燦：鮮明光彩之象。品格高尚，駿業成功，名聲遠振。

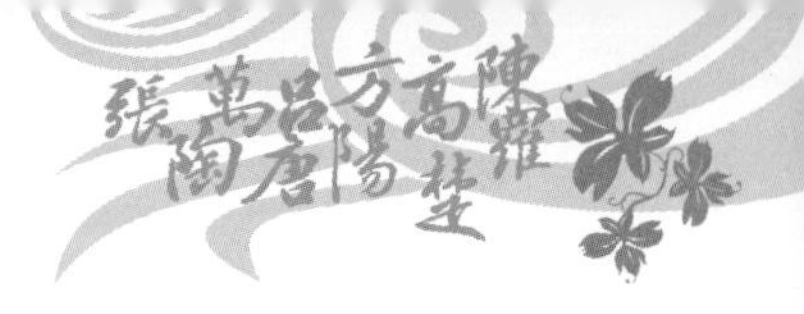


穗：植物花果之象。成就超群，富貴雙全，恩澤廣佈。
總：統括一切之象。紫衣掛袍，聰明智巧，眾輩師表。
聰：天資過人之象。智慧齊全，領悟力強，無往不利。
聲：語言傳達之象。聰明穎悟，是非明辨，名聲遠傳。
襄：輔佐君王之象。智慧超群，反應迅速，氣質高雅。
謙：溫和禮讓之象。詩禮傳家，謙卑賢能，名播四方。
壕：藏身溝道之象。高座華堂，萬事如意，名揚天下。
徽：旌旗標識之象。豐功偉業，德行美善，名威遠播。
懋：欣欣向榮之象。文章秀麗，時運相濟，諸事亨通。
鴻：豐功偉業之象。毅力超群，智謀兼全，駿業宏大。
瞳：雙目光澤之象。富觀察力，企業日榮，居住安適。
績：所得成果之象。衣祿可足，自我儉德，積極奮發。
聯：專心致志之象。意志堅強，聰明俊秀，品格高貴。
臨：實地詳察之象。實事求是，衣食可足，品性高尚。
輿：大眾言論之象。進退失宜，成敗無常，英雄氣短。

## 十八劃

適：舒服恰當之象。貴介裨助，駿業有成，起居安定。
膳：進用美食之象。衣祿豐足，行善積德，名揚四方。
蕙：美好芳潔之象。高雅氣質，夫榮子貴，起居融洽。
濱：比喻水邊之象。心曠神怡，交友廣達，事成業就。

濠：水勢如虹之象。其性爽直，豐功偉業，名揚四方。

環：圓形玉物之象。高雅氣質，廣置田產，家庭美滿。

濬：智慧過人之象。順風揚帆，智慧雙全，無往不利。

濤：波浪頗大之象。膽識超群，福壽雙美，名揚四方。

禮：誠懇待人之象。學博識廣，信守仁義，節己高雅。

檽：屋樑支柱之象。貴仕裨助，努力不懈，企業亨達。

繕：重新抄寫之象。學習力強，循序漸進，晚歲吉祥。

繡：織布花彩之象。性情灑脫，高貴氣質，夫榮子貴。

繐：華麗飾品之象。紫衣艷服，顏尊貌美，人間福報。

雙：一對偶數之象。貴仕相資，夫唱婦隨，幸福喜樂。

曙：東方黎明之象。朝氣蓬勃，順風揚帆，門庭溫馨。

歸：返回原點之象。徒勞無功，情緒浮華，晚歲可安。

簣：盛泥器具之象。任重道遠，努力不懈，晚運暢然。

豐：盛大充足之象。五穀豐收，廣增田園，起居安穩。

馥：香氣濃郁之象。青春活潑，婚姻美滿，眾儕欽羨。

檳：聳直果樹之象。誠正信實，其性爽直，起居安康。

穠：花木茂盛之象。生機蓬勃，衣食豐盈，後裔興旺。

爵：官祿雙美之象。居官一品，食祿廣豐，朝廷上客。

瞻：向前直視之象。膽識超群，不拘小節，駿業成功。

覲：君臣倫理之象。詩禮傳家，父慈子孝，名聲遠傳。

謹：小心謹慎之象。溫和有禮，思慮周全，宏業晉陞。

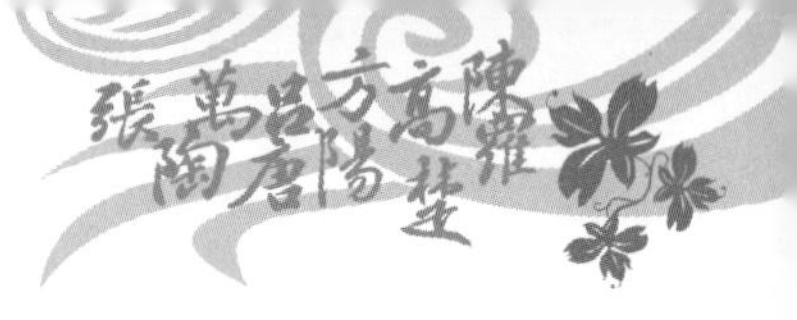

蹟：行蹤足印之象。勞苦難堪，眾儕責難，潦倒挫敗。

鎮：情緒穩定之象。膽識獨特，善解人意，領袖奇才。

題：飽學五車之象。金榜題名，文成七步，詩禮傳家。

曜：星辰高照之象。朝廷上客，前程非凡，聲譽顯赫。

燿：如日中天之象。一世榮耀，名利雙全，顯祖光宗。

翼：鳥類翅膀之象。貴者輔助，積極奮發，駿業騰達。

醫：為人治病之象。行善積德，學博識廣，起居愜意。

## 十九劃

薪：辦事酬勞之象。金榜題名，才謀雙全，起居安祥。

薌：稻穀香氣之象。廣置田產，五穀滿倉，富比陶朱。

璿：精美玉石之象。智慧齊備，功名臨身，朝廷上客。

瓀：美好玉石之象。文章俊秀，功利早至，終生福祿。

櫚：常綠喬木之象。安分守己，衣食無缺，家庭祥和。

禱：祝告求福之象。跪拜虔誠，充滿希望，心性善良。

薦：德高望重之象。明察秋毫，官高祿厚，名播四方。

瀅：水流清澈之象。心曠神怡，積玉如山，諸事如意。

疇：廣置田地之象。家財萬貫，福壽雙全，金碧輝煌。

寵：受人喜愛之象。人中富豪，金玉滿堂，吉利皆備。

贊：嘉許讚美之象。順水行舟，諸事如願，眾民仰重。

壟：高起丘地之象。權威招祥，功名顯著，駿業有成。

疆：土地界線之象。廣置田產，自立威德，智巧多能。
證：事實憑據之象。公平正直，磊落光明，信用可靠。
願：心中希望之象。理想遠瞻，積極奮發，宏業可成。
選：挑揀所言之象。時運相濟，事業亨達，起居安適。
遴：謹慎選擇之象。思考周詳，處事平實，居住安適。
璽：玉石印章之象。富比陶朱，壽如彭祖，終生福祿。
識：學問能力之象。出口成章，文成七步，氣質高超。
麒：聰穎靈獸之象。貴仕提拔，前程遠瞻，智慧超群。
繪：織布彩繡之象。善解人意，聰明靈巧，心性活潑。
譜：標準模式之象。豐功偉業，留名後世，歌功頌德。
謥：有智多謀之象。智慧圓融，廣施功德，名播四方。
簾：公正廉明之象。品性高潔，清廉為政，世道敬仰。
鏡：照明自己之象。審慎樂觀，明辨是非，駿業始成。
麗：美好事物之象。稱心遂意，幸福美滿，諸事如願。
嬿：窈窕淑女之象。高貴氣質，夫榮子貴，起居安康。
穩：生活無憂之象。企業向榮，廣置田宅，庭內溫馨。
繹：明察秋毫之象。智慧齊備，一目十行，無往不利。
鏞：大型圓鐘之象。名震四方，金榜題名，喜氣洋溢。
韻：文雅音潤之象。文章超群，氣宇高雅，師表勘欽。

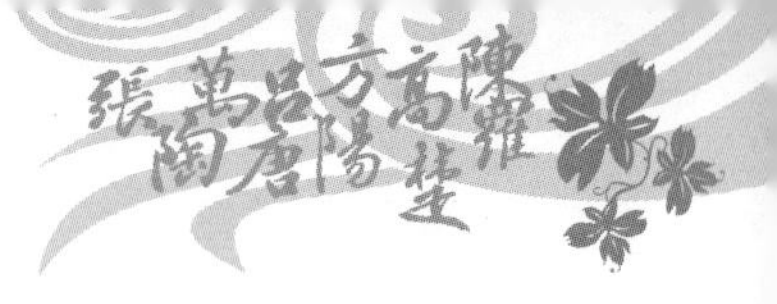


## 二十劃

藍：青色植物之象。穎悟慧黠，欣欣向榮，前程無量。
瓊：珍貴玉石之象。高貴氣宇，顏尊貌美，家庭幸福。
闡：詳細說明之象。學博識廣，口齒伶俐，宏業有成。
懷：思念過去之象。親情濃厚，飲水思源，家門和樂。
瀚：比喻廣大之象。功名早就，事業騰達，氣質非凡。
瀝：水流聲音之象。風和日麗，家庭溫馨，歷史留名。
瀧：水流飛奔之象。才藝齊備，呼風喚雨，名揚四方。
瀠：水流迴旋之象。貴仕眷顧，眾儕景仰，駿業騰達。
馨：香氣遠聞之象。德高望重，家庭幸福，心曠神怡。
耀：太陽高照之象。成就非凡，廣佈恩澤，光宗耀祖。
騰：良馬跳躍之象。生性活潑，企業日昌，居住安適。
齡：年歲數增之象。智謀兼全，駿業向榮，金玉滿堂。
籍：世居鄉里之象。生性活潑，文質彬彬，廣結善緣。
繼：承續權益之象。出生望族，家財萬貫，行善積德。
曦：清晨陽光之象。朝氣蓬勃，企業向榮，功名早就。
纂：蒐集資料之象。博學廣識，譽振十方，起居安適。
釋：明晰清楚之象。學博識廣，慈悲為懷，廣施功德。
騫：馬腹低陷之象。衣食欠缺，徒勞無功，固執頑童。
寶：珍貴物品之象。貴介器重，富貴榮華，地位崇高。
競：彼此比賽之象。意志堅強，專心事業，起居安適。

覺：領悟事理之象。穎悟慧黠，奮發上進，駿業騰達。

鐘：報時鼎食之象。富貴榮華，親朋成群，名揚遐邇。

醴：甘美甜酒之象。貴仕相輔，衣祿豐厚，心胸寬懷。

議：解釋文字之象。飽學五車，文章滿腹，氣宇軒昂。

露：霧氣凝結之象。富裕積德，奮力可得，末歲隆昌。

響：聲音宏大之象。體壯魁梧，精力充沛，生活安適。

## 廿一劃

藤：蔓生植物之象。廣結善緣，子孫興旺，駿業可祥。

藝：才能技術之象。智慧圓融，才藝齊備，生活安逸。

藕：蓮花根莖之象。貞潔賢淑，夫榮子貴，衣食無缺。

瀅：水流聲響之象。財富豐盈，口齒伶俐，家門和樂。

續：接連下去之象。祖產豐厚，妻賢子孝，光宗耀祖。

驃：快速勇進之象。身體強壯，精力充沛，威武勇猛。

儷：夫婦情篤之象。貴介相資，誠信務實，門庭隆昌。

籐：蔓生植物之象。性善端正，後裔成器，事業宏偉。

覽：四處觀望之象。精神飽足，文章秀麗，情緒穩定。

鐵：強硬剛直之象。正義合理，高風亮潔，身體強壯。

鐲：手環玉石之象。高雅姿儀，家庭旺昌，財源廣進。

譽：稱譽讚美之象。聰明智巧，積極奮發，名揚八方。

躍：跳躍前進之象。輕率倫理，屢敗屢戰，晚年孤寂。

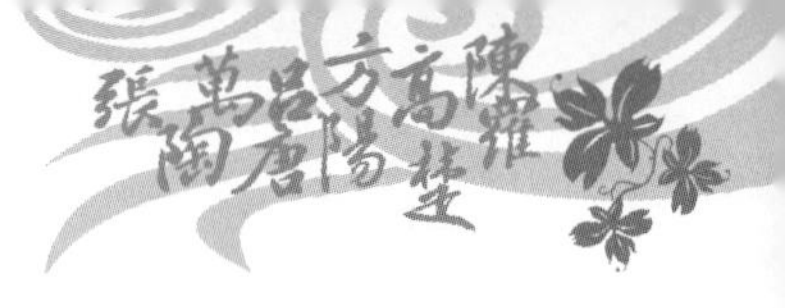

鶯：艷麗黃鳥之象。塗脂粉飾，熱愛酒淫，桑榆淒涼。

櫻：比喻美女之象。溫柔賢淑，膚艷顏尊，起居福至。

## 廿二劃

歡：高興喜悅之象。金榜題名，駿業成功，添丁進財。

蘋：香甜果實之象。處事圓通，笑顏常開，夫榮子貴。

藹：性情溫順之象。笑容可掬，知書達禮，貴仕器重。

饗：美好酒菜之象。心曠神怡，衣食無憂，金玉滿堂。

權：地位崇高之象。貴仕器重，職掌樞使，盛名廣傳。

穰：五穀豐收之象。國泰民安，自強不息，居住安然。

襲：照舊而做之象。安分守己，勤儉持家，平安順利。

龕：供佛櫥櫃之象。熱愛神仙，喜捨善良，生活平靜。

囊：智慧聰明之象。文章秀麗，膽識高超，功成名就。

孋：受寵美女之象。貴仕器重，才德雙美，門庭福至。

孿：雙生胞胎之象。後裔旺盛，衣祿無缺，庭內隆昌。

巒：山脈重疊之象。眷戀有情，仁慈妙智，家道興旺。

疊：廣置田產之象。財帛豐厚，福祿無窮，處世逍遙。

鑒：明察事理之象。檢討過去，策劃未來，聰明智巧。

儼：面貌莊重之象。威權招祥，中歲始吉，耄耋享福。

彎：曲折不直之象。身體多病，事業困難，平淡終生。

懿：完美無缺之象。行善積德，成就非凡，吉亨隆昌。

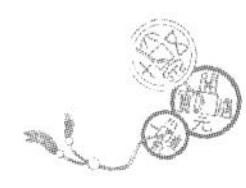

## 廿三劃

蘭：美好芳潔之象。世德流芳，詩禮傳家，名播四方。
纕：衣裳佩玉之象。富貴兼備，名揚四方，禮讓有德。
纖：精細織品之象。成就非凡，獲眾好評，起居安適。
顯：明白露出之象。德高望重，文成七步，金玉滿堂。
戀：男女愛慕之象。貴仕明現，夫唱婦隨，家庭喜樂。
欒：貴仕相輔之象。事業向榮，人脈廣達，居住安適。
麟：避邪靈獸之象。起居平安，諸事如意，貴者攜助。
巖：山高嚴正之象。知書達禮，父慈子孝，家道興旺。
驛：人車往來之象。任重道遠，吃苦耐勞，晚年吉利。
驗：探索過去之象。三省吾身，策劃未來，事成業就。

## 廿四劃

隴：高平田地之象。田財廣進，步步青雲，家運隆昌。
矗：直立高聳之象。身體高健，宏業興隆，眾儕景仰。
鑫：錢財積山之象。富比陶朱，事業廣大，聲譽四海。
艷：華麗光彩之象。大利婦女，容貌美麗，文詞優雅。
靂：雷聲發作之象。君子得道，小人退縮，成敗參半。

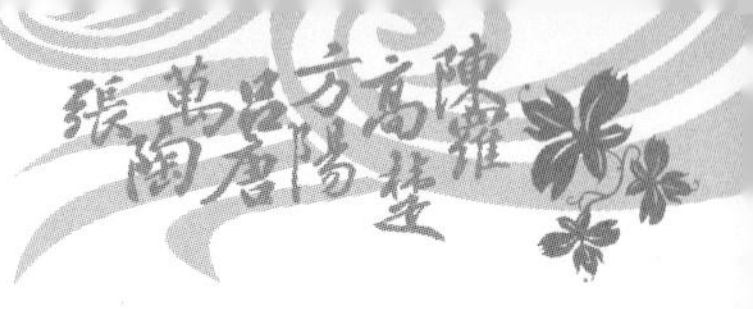


| 廿五劃 |
| --- |
| 廳：堂屋正室之象。人脈廣達，溫和清雅，家庭興盛。 |
| 灝：水勢廣大之象。其性平直，眾曹景仰，宏業騰達。 |
| 觀：親自察看之象。智慧齊備，學博識廣，思考周詳。 |
| 鑲：金屬嵌合之象。富貴俱足，金碧輝煌，名聲遠播。 |
| 鑰：開鎖用具之象。職掌樞使，能識時務，諸事吉祥。 |

| 廿六劃 |
| --- |
| 灣：水流曲折之象。起伏不定，意志猶豫，常招是非。 |
| 讚：歌功頌德之象。偉業騰達，富比陶朱，喜樂無極。 |
| 矚：目光遠大之象。膽識過人，領導奇才，宏業祥瑞。 |

| 廿七劃 |
| --- |
| 驥：高亢良馬之象。成就超群，處事敏捷，抱負能展。 |
| 鑽：金剛寶石之象。富貴榮華，品德高超，眾儕讚揚。 |
| 纜：觀察詳實之象。生性活潑，時運相濟，襟懷坦然。 |
| 鑼：銅質樂器之象。敲鑼打鼓，喜氣洋溢，順風揚帆。 |
| 鑾：帝王坐車之象。高官達貴，世人仰重，金玉滿堂。 |

# 第二節　各姓氏最佳筆劃組合一覽表

以下各種姓氏均有十二種最佳組合，最佳組合就是五格全是吉數，天格、人格、地格、外格、總格之筆劃數都是吉數。所以在命名時如能選五格都是吉數最好。但有一些姓氏並沒有辦法選到五格全吉。那就能選四格吉，或三格吉，但至少人格及總格一定要吉。

八十一數選定後再用生肖姓名學的喜用字，搭配適合的字那就很完美了，如果要加用字義，當然可以參考本單元第一節之各文字（字義）那會更完美。

但……如果要考慮生辰八字的話，當然就需要再考慮八字喜用神，這方面就必須找老師來探討，如果不考慮八字就用前兩種學派也夠用了……

<table>
<tr><td>劃數</td><td colspan="3">二劃</td></tr>
<tr><td>姓氏</td><td colspan="3">丁、卜、刀、力、刁</td></tr>
<tr><td rowspan="4">姓名吉數的配合</td><td>13 ｜（1）<br>2<br>4<br>12 ｜ 3<br>6<br>16<br>———<br>18</td><td>13 ｜（1）<br>2<br>3<br>12 ｜ 3<br>5<br>15<br>———<br>17</td><td>11 ｜（1）<br>2<br>3<br>10 ｜ 3<br>5<br>13<br>———<br>15</td></tr>
<tr><td>15 ｜（1）<br>2<br>9<br>14 ｜ 3<br>11<br>23<br>———<br>25</td><td>7 ｜（1）<br>2<br>9<br>6 ｜ 3<br>11<br>15<br>———<br>17</td><td>5 ｜（1）<br>2<br>9<br>4 ｜ 3<br>11<br>13<br>———<br>15</td></tr>
<tr><td>13 ｜（1）<br>2<br>9<br>12 ｜ 3<br>11<br>21<br>———<br>23</td><td>5 ｜（1）<br>2<br>19<br>4 ｜ 3<br>21<br>23<br>———<br>25</td><td>8 ｜（1）<br>2<br>9<br>7 ｜ 3<br>11<br>16<br>———<br>18</td></tr>
<tr><td>13 ｜（1）<br>2<br>19<br>12 ｜ 3<br>21<br>31<br>———<br>33</td><td>11 ｜（1）<br>2<br>11<br>10 ｜ 3<br>13<br>21<br>———<br>23</td><td>15 ｜（1）<br>2<br>19<br>14 ｜ 3<br>21<br>33<br>———<br>35</td></tr>
</table>

| 劃數 | 三劃 | | | | | | | | |
|---|---|---|---|---|---|---|---|---|---|
| 姓氏 | 于、上、山、干、士、子、千、弓、万、小 | | | | | | | | |
| 姓名吉數的配合 | 6 | （1）<br>3<br>8<br>5 | 4<br>11<br>13 | 11 | （1）<br>3<br>3<br>10 | 4<br>6<br>13 | 8 | （1）<br>3<br>8<br>7 | 4<br>11<br>15 |
| | | 16 | | | 16 | | | 18 | |
| | 13 | （1）<br>3<br>3<br>12 | 4<br>6<br>15 | 16 | （1）<br>3<br>3<br>15 | 4<br>6<br>18 | 23 | （1）<br>3<br>10<br>22 | 4<br>13<br>32 |
| | | 18 | | | 21 | | | 35 | |
| | 7 | （1）<br>3<br>12<br>6 | 4<br>15<br>18 | 6 | （1）<br>3<br>13<br>5 | 4<br>16<br>18 | 15 | （1）<br>3<br>18<br>14 | 4<br>21<br>32 |
| | | 21 | | | 21 | | | 35 | |
| | 11 | （1）<br>3<br>8<br>10 | 4<br>11<br>18 | 13 | （1）<br>3<br>20<br>12 | 4<br>23<br>32 | 6 | （1）<br>3<br>10<br>5 | 4<br>13<br>15 |
| | | 21 | | | 35 | | | 18 | |

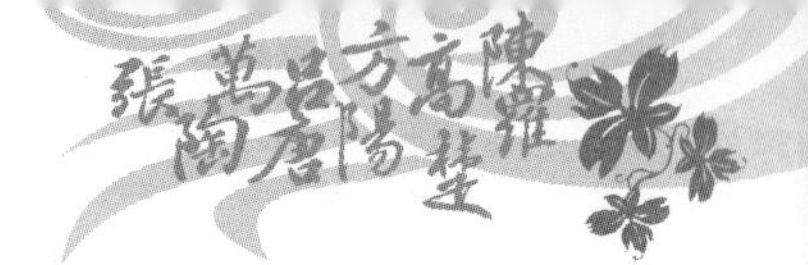


| 劃數 | 四劃 | | |
|---|---|---|---|
| 姓氏 | 孔、毛、王、文、方、尤、牛、尹、元、卞、支、巴、仇、戈、公、勾、木、水、火、井、太 | | |
| 姓名吉數的配合 | 3<br>(1) 4 9 2<br>5 13 11<br>15 | 5<br>(1) 4 9 4<br>5 13 13<br>17 | 17<br>(1) 4 9 16<br>5 13 25<br>29 |
| | 17<br>(1) 4 9 16<br>5 13 25<br>29 | 6<br>(1) 4 12 5<br>5 16 17<br>21 | 13<br>(1) 4 13 12<br>5 17 25<br>29 |
| | 13<br>(1) 4 19 12<br>5 23 31<br>35 | 7<br>(1) 4 11 6<br>5 15 17<br>21 | 15<br>(1) 4 19 14<br>5 23 33<br>37 |
| | 16<br>(1) 4 20 15<br>5 24 35<br>39 | 23<br>(1) 4 3 22<br>5 7 25<br>29 | 23<br>(1) 4 9 22<br>5 13 31<br>35 |

<table>
<tr><td>劃數</td><td colspan="3">五劃</td></tr>
<tr><td>姓氏</td><td colspan="3">石、央、甘、田、白、申、包、丘、皮、平、令、左、古、冉、史、世、可、由、正、句、以、丙、玉、布、目、仙、市、巨、司、召、代、弘</td></tr>
<tr><td rowspan="4">姓名吉數的配合</td><td>5<br>(1) 5 12 4<br>6 17 16<br>21</td><td>25<br>(1) 5 8 24<br>6 13 32<br>37</td><td>5<br>(1) 5 2 4<br>6 7 6<br>11</td></tr>
<tr><td>6<br>(1) 5 3 5<br>6 8 8<br>13</td><td>7<br>(1) 5 18 6<br>6 23 24<br>29</td><td>15<br>(1) 5 10 14<br>6 15 24<br>29</td></tr>
<tr><td>15<br>(1) 5 2 14<br>6 7 16<br>21</td><td>15<br>(1) 5 18 14<br>6 23 32<br>37</td><td>8<br>(1) 5 11 7<br>6 16 18<br>23</td></tr>
<tr><td>6<br>(1) 5 8 5<br>6 13 13<br>18</td><td>7<br>(1) 5 10 6<br>6 15 16<br>21</td><td>17<br>(1) 5 8 16<br>6 13 24<br>29</td></tr>
</table>

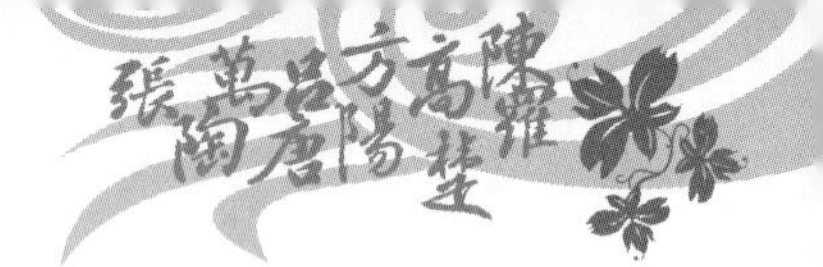


<table>
<tr><td>劃數</td><td colspan="9">六劃</td></tr>
<tr><td>姓氏</td><td colspan="9">朱、牟、伊、任、伍、米、安、羊、全、伏、戎、后、百、吉、年、向、同、匡、有、仲、仰、光、自、列、老、多、羽、守、州、印、共、危</td></tr>
<tr><td rowspan="8">姓名吉數的配合</td>
<td>7</td><td>(1)<br>6<br>9<br>6</td><td>7<br>15<br>15</td>
<td>15</td><td>(1)<br>6<br>9<br>14</td><td>7<br>15<br>23</td>
<td>17</td><td>(1)<br>6<br>9<br>16</td><td>7<br>15<br>25</td></tr>
<tr><td colspan="3">21</td><td colspan="3">29</td><td colspan="3">31</td></tr>
<tr>
<td>6</td><td>(1)<br>6<br>10<br>5</td><td>7<br>16<br>15</td>
<td>8</td><td>(1)<br>6<br>10<br>7</td><td>7<br>16<br>17</td>
<td>16</td><td>(1)<br>6<br>10<br>15</td><td>7<br>16<br>25</td></tr>
<tr><td colspan="3">21</td><td colspan="3">23</td><td colspan="3">31</td></tr>
<tr>
<td>24</td><td>(1)<br>6<br>10<br>23</td><td>7<br>16<br>33</td>
<td>7</td><td>(1)<br>6<br>11<br>6</td><td>7<br>17<br>17</td>
<td>15</td><td>(1)<br>6<br>11<br>14</td><td>7<br>17<br>25</td></tr>
<tr><td colspan="3">39</td><td colspan="3">23</td><td colspan="3">31</td></tr>
<tr>
<td>18</td><td>(1)<br>6<br>12<br>17</td><td>7<br>18<br>29</td>
<td>15</td><td>(1)<br>6<br>19<br>14</td><td>7<br>25<br>33</td>
<td>17</td><td>(1)<br>6<br>19<br>16</td><td>7<br>25<br>35</td></tr>
<tr><td colspan="3">35</td><td colspan="3">39</td><td colspan="3">41</td></tr>
</table>

| 劃數 | 七劃 | | | | | | | | |
|---|---|---|---|---|---|---|---|---|---|
| 姓氏 | 李、吳、宋、杜、江、何、呂、余、佘、辛、谷、巫、車、成、利、甫、池、岑、系、杞、良、我、伯、言、吾、汝、束、里、豆、希、貝、冷、別、步 | | | | | | | | |
| 姓名吉數的配合 | 7 | (1)<br>7<br>18<br>6 | 8<br>25<br>24 | 8 | (1)<br>7<br>9<br>7 | 8<br>16<br>16 | 11 | (1)<br>7<br>8<br>10 | 8<br>15<br>18 |
| | | 31 | | | 23 | | | 25 | |
| | 8 | (1)<br>7<br>18<br>7 | 8<br>25<br>25 | 16 | (1)<br>7<br>9<br>15 | 8<br>16<br>24 | 17 | (1)<br>7<br>8<br>16 | 8<br>15<br>24 |
| | | 32 | | | 31 | | | 31 | |
| | 11 | (1)<br>7<br>22<br>10 | 8<br>29<br>32 | 17 | (1)<br>7<br>9<br>16 | 8<br>16<br>25 | 18 | (1)<br>7<br>8<br>17 | 8<br>15<br>25 |
| | | 39 | | | 32 | | | 32 | |
| | 11 | (1)<br>7<br>6<br>10 | 8<br>13<br>16 | 7 | (1)<br>7<br>10<br>6 | 8<br>17<br>16 | 8 | (1)<br>7<br>10<br>7 | 8<br>17<br>17 |
| | | 23 | | | 23 | | | 24 | |

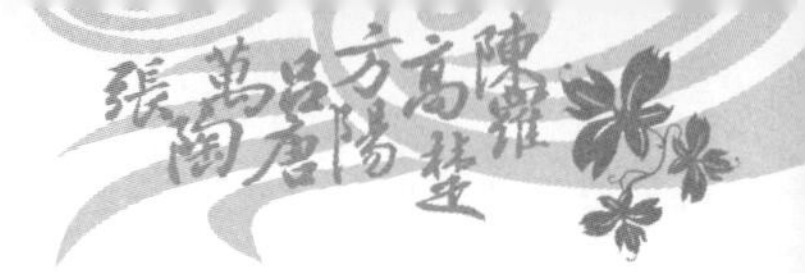

| 劃數 | 八劃 | | |
|---|---|---|---|
| 姓氏 | 岳、宗、沈、卓、狄、屆、杭、牧、居、武、幸、宓、尚、明、始、長、昌、兒、征、析、庚、沙、東、汲、沓、帛、虎、知、京、念、來、委、金、孟、季、林、易、官、扶、和、汪、竺、沃、松、艾、於、房、祁、周 | | |
| 姓名吉數的配合 | 13　(1)<br>8<br>3<br>12　9<br>11<br>15<br>23 | 7　(1)<br>8<br>9<br>6　9<br>17<br>15<br>23 | 8　(1)<br>8<br>9<br>7　9<br>17<br>16<br>24 |
| | 17　(1)<br>8<br>9<br>16　9<br>17<br>25<br>33 | 6　(1)<br>8<br>10<br>5　9<br>18<br>15<br>23 | 7　(1)<br>8<br>10<br>6　9<br>18<br>16<br>24 |
| | 16　(1)<br>8<br>10<br>15　9<br>18<br>25<br>33 | 13　(1)<br>8<br>13<br>12　9<br>21<br>25<br>33 | 17　(1)<br>8<br>13<br>16　9<br>21<br>29<br>37 |
| | 8　(1)<br>8<br>10<br>7　9<br>18<br>17<br>25 | 11　(1)<br>8<br>13<br>10　9<br>21<br>23<br>31 | 11　(1)<br>8<br>3<br>10　9<br>11<br>13<br>21 |

| 劃數 | 九劃 | | | | | | | | |
|---|---|---|---|---|---|---|---|---|---|
| 姓氏 | 俞、施、柯、段、姚、姜、柴、紀、韋、查、侯、柳、風、封、秋、咸、皇、柏、羿、禹、南、約、勇、河、法、革、眉、後、計、冠、泰、宦、昭、宣、相、紅 | | | | | | | | |
| 姓名吉數的配合 | 21 | (1)<br>9<br>12<br>20 | 10<br>21<br>32 | 7 | (1)<br>9<br>9<br>6 | 10<br>18<br>15 | 13 | (1)<br>9<br>4<br>12 | 10<br>13<br>16 |
| | | 41 | | | 24 | | | 25 | |
| | 13 | (1)<br>9<br>20<br>12 | 10<br>29<br>32 | 8 | (1)<br>9<br>9<br>7 | 10<br>18<br>16 | 15 | (1)<br>9<br>2<br>14 | 10<br>11<br>16 |
| | | 41 | | | 25 | | | 25 | |
| | 11 | (1)<br>9<br>22<br>10 | 10<br>31<br>32 | 5 | (1)<br>9<br>12<br>4 | 10<br>21<br>16 | 8 | (1)<br>9<br>8<br>7 | 10<br>17<br>15 |
| | | 41 | | | 25 | | | 24 | |
| | 18 | (1)<br>9<br>6<br>17 | 10<br>15<br>23 | 17 | (1)<br>9<br>7<br>16 | 10<br>16<br>23 | 13 | (1)<br>9<br>12<br>12 | 10<br>21<br>24 |
| | | 32 | | | 32 | | | 33 | |

| 劃數 | 十劃 | | | | | | | | |
|---|---|---|---|---|---|---|---|---|---|
| 姓氏 | 花、徐、孫、祖、凌、席、班、烏、貢、宮、家、祝、桂、唐、真、師、宰、起、修、留、馬、恭、軒、容、秘、索、桀、桓、倉、桃、展、桐、原、肥、洛、袁、秦、奚、倪、時、高、夏、洪、翁、益、桑、耿、殷、晁 | | | | | | | | |
| 姓名吉數的配合 | 11 | (1)<br>10<br>11<br>10 | 11<br>21<br>21 | 13 | (1)<br>10<br>11<br>12 | 11<br>21<br>23 | 11 | (1)<br>10<br>3<br>10 | 11<br>13<br>13 |
| | | 31 | | | 33 | | | 23 | |
| | 15 | (1)<br>10<br>11<br>14 | 11<br>21<br>25 | 5 | (1)<br>10<br>11<br>4 | 11<br>21<br>15 | 13 | (1)<br>10<br>3<br>12 | 11<br>13<br>15 |
| | | 35 | | | 25 | | | 25 | |
| | 13 | (1)<br>10<br>13<br>12 | 11<br>23<br>25 | 21 | (1)<br>10<br>11<br>20 | 11<br>21<br>31 | 13 | (1)<br>10<br>19<br>12 | 11<br>29<br>31 |
| | | 35 | | | 41 | | | 41 | |
| | 8 | (1)<br>10<br>14<br>7 | 11<br>24<br>21 | 18 | (1)<br>10<br>14<br>17 | 11<br>24<br>31 | 11 | (1)<br>10<br>13<br>10 | 11<br>23<br>23 |
| | | 31 | | | 41 | | | 33 | |

<table>
<tr><td>劃數</td><td colspan="3">十一劃</td></tr>
<tr><td>姓氏</td><td colspan="3">張、許、梅、章、胡、梁、康、范、曹、麥、從、崖、那、崔、邢、商、寇、苗、尉、英、習、鹿、常、崇、國、庸、堅、密、涂、假、宿、魚、符、茅、麻、苟、浦、終、巢</td></tr>
<tr><td rowspan="4">姓名吉數的配合</td><td>5<br>(1)<br>11<br>2<br>4<br>12<br>13<br>6<br>17</td><td>23<br>(1)<br>11<br>2<br>22<br>12<br>13<br>24<br>35</td><td>15<br>(1)<br>11<br>10<br>14<br>12<br>21<br>24<br>35</td></tr>
<tr><td>13<br>(1)<br>11<br>12<br>12<br>12<br>23<br>24<br>35</td><td>5<br>(1)<br>11<br>20<br>4<br>12<br>31<br>24<br>35</td><td>21<br>(1)<br>11<br>21<br>20<br>12<br>32<br>41<br>52</td></tr>
<tr><td>15<br>(1)<br>11<br>4<br>14<br>12<br>15<br>18<br>29</td><td>21<br>(1)<br>11<br>4<br>20<br>12<br>15<br>24<br>35</td><td>21<br>(1)<br>11<br>12<br>20<br>12<br>23<br>32<br>43</td></tr>
<tr><td>17<br>(1)<br>11<br>5<br>16<br>12<br>16<br>21<br>32</td><td>11<br>(1)<br>11<br>14<br>10<br>12<br>25<br>24<br>35</td><td>24<br>(1)<br>11<br>14<br>23<br>12<br>25<br>37<br>48</td></tr>
</table>

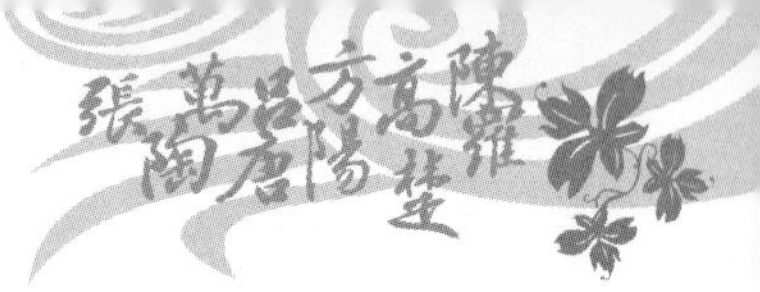

| 劃數 | 十二劃 | | | | | | | | |
|---|---|---|---|---|---|---|---|---|---|
| 姓氏 | 黃、曾、邵、邱、彭、傅、程、阮、項、童、賀、喬、富、荊、堵、盛、景、荀、閔、喻、雲、費、焦、舒、理、堯、舜、雄、甯、淵、惠、貴、敦、朝、開、馮、單、能、強、越、嵇、須、郤、茹、鈕 | | | | | | | | |
| 姓名吉數的配合 | 11 | (1)<br>12<br>3<br>10 | 13<br>15<br>13 | 15 | (1)<br>12<br>3<br>14 | 13<br>15<br>17 | 13 | (1)<br>12<br>9<br>12 | 13<br>21<br>21 |
| | | 25 | | | 29 | | | 33 | |
| | 15 | (1)<br>12<br>9<br>14 | 13<br>21<br>23 | 17 | (1)<br>12<br>9<br>16 | 13<br>21<br>25 | 11 | (1)<br>12<br>11<br>10 | 13<br>23<br>21 |
| | | 35 | | | 37 | | | 33 | |
| | 11 | (1)<br>12<br>13<br>10 | 13<br>25<br>23 | 13 | (1)<br>12<br>13<br>12 | 13<br>25<br>25 | 21 | (1)<br>12<br>13<br>20 | 13<br>25<br>33 |
| | | 35 | | | 37 | | | 45 | |
| | 5 | (1)<br>12<br>19<br>4 | 13<br>31<br>23 | 15 | (1)<br>12<br>19<br>14 | 13<br>31<br>33 | 13 | (1)<br>12<br>11<br>12 | 13<br>23<br>23 |
| | | 35 | | | 45 | | | 35 | |

| 劃數 | 十三劃 | | |
|---|---|---|---|
| 姓氏 | 楊、莊、詹、游、雍、賈、雷、莫、虞、楚、湯、路、裘、衙、督、睦、義、新、祿、幹、郁、嵩、琴、鈕、塗、稠、椿、農、經、解、湛 | | |
| 姓名吉數的配合 | 6<br>(1)<br>13<br>3<br>5<br>14<br>16<br>8<br>21 | 16<br>(1)<br>13<br>3<br>15<br>14<br>16<br>18<br>31 | 17<br>(1)<br>13<br>8<br>16<br>14<br>21<br>24<br>37 |
| | 13<br>(1)<br>13<br>4<br>12<br>14<br>17<br>16<br>29 | 7<br>(1)<br>13<br>12<br>6<br>14<br>25<br>18<br>31 | 13<br>(1)<br>13<br>12<br>12<br>14<br>25<br>24<br>37 |
| | 15<br>(1)<br>13<br>10<br>14<br>14<br>23<br>24<br>37 | 7<br>(1)<br>13<br>18<br>6<br>14<br>31<br>24<br>37 | 15<br>(1)<br>13<br>18<br>14<br>14<br>31<br>32<br>45 |
| | 11<br>(1)<br>13<br>8<br>10<br>14<br>21<br>18<br>31 | 6<br>(1)<br>13<br>11<br>5<br>14<br>24<br>16<br>29 | 18<br>(1)<br>13<br>18<br>17<br>14<br>31<br>35<br>48 |

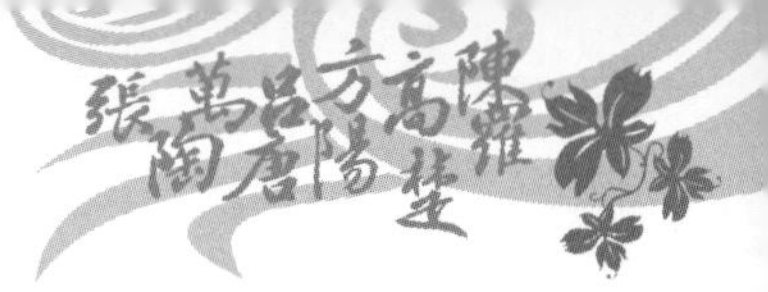

<table>
<tr><td>劃數</td><td colspan="3">十四劃</td></tr>
<tr><td>姓氏</td><td colspan="3">溫、連、廖、熊、華、赫、郤、郗、管、趙、裴、齊、壽、榮、臺、逢、造、端、輔、通、翟、僮、源、聞、韶、鳳、慎、郝、郜、臧、甄</td></tr>
<tr><td rowspan="4">姓名吉數的配合</td><td>7<br>(1) 14 9 6<br>15 23 15<br>29</td><td>13<br>(1) 14 9 12<br>15 23 21<br>35</td><td>13<br>(1) 14 11 12<br>15 25 23<br>37</td></tr>
<tr><td>15<br>(1) 14 9 14<br>15 23 23<br>37</td><td>17<br>(1) 14 9 16<br>15 23 25<br>39</td><td>23<br>(1) 14 9 22<br>15 23 31<br>45</td></tr>
<tr><td>8<br>(1) 14 11 7<br>15 25 18<br>32</td><td>16<br>(1) 14 10 15<br>15 24 25<br>39</td><td>7<br>(1) 14 11 6<br>15 25 17<br>31</td></tr>
<tr><td>13<br>(1) 14 19 12<br>15 33 31<br>45</td><td>25<br>(1) 14 9 24<br>15 23 33<br>47</td><td>17<br>(1) 14 2 16<br>15 16 18<br>32</td></tr>
</table>

<table>
<tr><td>劃數</td><td colspan="9">十五劃</td></tr>
<tr><td>姓氏</td><td colspan="9">劉、郭、葉、歐、董、葛、萬、樂、談、厲、黎、滿、魯、賢、閭、養、樊、墨、陜、頡、諒、廣、審、摯、褚</td></tr>
<tr><td rowspan="8">姓名吉數的配合</td><td>15</td><td>(1)<br>15<br>2<br>14</td><td>16<br>17<br>16</td><td>17</td><td>(1)<br>15<br>8<br>16</td><td>16<br>23<br>24</td><td>15</td><td>(1)<br>15<br>18<br>14</td><td>16<br>33<br>32</td></tr>
<tr><td colspan="3">31</td><td colspan="3">39</td><td colspan="3">47</td></tr>
<tr><td>8</td><td>(1)<br>15<br>9<br>7</td><td>16<br>24<br>16</td><td>16</td><td>(1)<br>15<br>9<br>15</td><td>16<br>24<br>24</td><td>24</td><td>(1)<br>15<br>9<br>23</td><td>16<br>24<br>32</td></tr>
<tr><td colspan="3">31</td><td colspan="3">39</td><td colspan="3">47</td></tr>
<tr><td>8</td><td>(1)<br>15<br>10<br>7</td><td>16<br>25<br>17</td><td>15</td><td>(1)<br>15<br>10<br>14</td><td>16<br>25<br>24</td><td>24</td><td>(1)<br>15<br>10<br>23</td><td>16<br>25<br>33</td></tr>
<tr><td colspan="3">32</td><td colspan="3">39</td><td colspan="3">48</td></tr>
<tr><td>16</td><td>(1)<br>15<br>18<br>15</td><td>16<br>33<br>33</td><td>7</td><td>(1)<br>15<br>10<br>6</td><td>16<br>25<br>16</td><td>25</td><td>(1)<br>15<br>8<br>24</td><td>16<br>23<br>32</td></tr>
<tr><td colspan="3">48</td><td colspan="3">31</td><td colspan="3">47</td></tr>
</table>

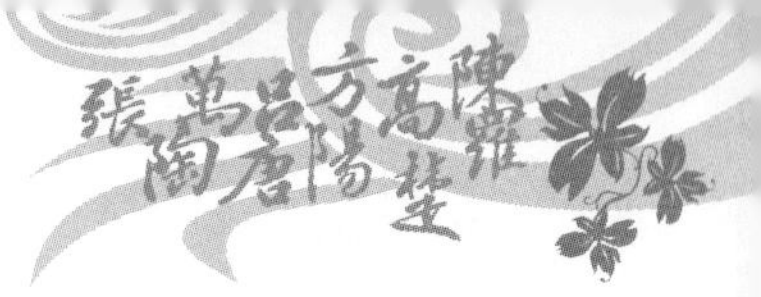

| 劃數 | 十六劃 | | |
|---|---|---|---|
| 姓氏 | 陳、陶、陸、潘、蒲、盧、賴、諸、閻、鮑、駱、錢、龍、運、錫、都、衡、穎、橋、鄂、燕、融、穆、衛 | | |
| 姓名吉數的配合 | 5<br>(1) 16 9 4<br>17 25 13<br>29 | 7<br>(1) 16 9 6<br>17 25 15<br>31 | 8<br>(1) 16 9 7<br>17 25 16<br>32 |
| | 15<br>(1) 16 9 14<br>17 25 23<br>39 | 17<br>(1) 16 9 16<br>17 25 25<br>41 | 5<br>(1) 16 13 4<br>17 29 17<br>33 |
| | 11<br>(1) 16 7 10<br>17 23 17<br>33 | 7<br>(1) 16 19 6<br>17 35 25<br>41 | 13<br>(1) 16 9 12<br>17 25 21<br>37 |
| | 16<br>(1) 16 8 15<br>17 24 23<br>39 | 17<br>(1) 16 7 16<br>17 23 23<br>39 | 17<br>(1) 16 13 16<br>17 29 29<br>45 |

| 劃數 | 十七劃 | | |
|---|---|---|---|
| 姓氏 | 蔡、蔣、蔚、鄒、謝、韓、陽、應、隆、鍾、臨、勵、賽、營、襄、優、鴻、轅、鄔 | | |
| 姓名吉數的配合 | 8<br>(1)<br>17 18<br>8 25<br>7 15<br>32 | 11<br>(1)<br>17 18<br>8 25<br>10 18<br>35 | 17<br>(1)<br>17 18<br>8 25<br>16 24<br>41 |
| | 7<br>(1)<br>17 18<br>12 29<br>6 18<br>35 | 7<br>(1)<br>17 18<br>18 35<br>6 24<br>41 | 18<br>(1)<br>17 18<br>18 35<br>17 35<br>52 |
| | 18<br>(1)<br>17 18<br>7 24<br>17 24<br>41 | 6<br>(1)<br>17 18<br>20 37<br>5 25<br>42 | 31<br>(1)<br>17 18<br>18 35<br>30 48<br>65 |
| | 13<br>(1)<br>17 18<br>6 23<br>12 18<br>35 | 16<br>(1)<br>17 18<br>20 37<br>15 35<br>52 | 11<br>(1)<br>17 18<br>6 23<br>10 16<br>33 |

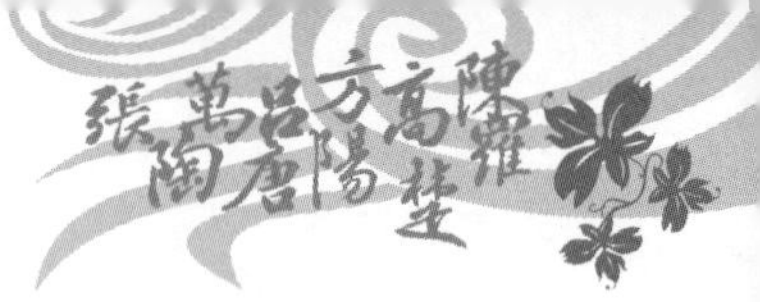

<table>
<tr><td>劃數</td><td colspan="3">十八劃</td></tr>
<tr><td>姓氏</td><td colspan="3">顏、魏、簡、闕、聶、豐、儲、戴、禮、環、繞、濟、瞿、隗、蕭</td></tr>
<tr><td rowspan="4">姓名吉數的配合</td><td>13<br>(1) 18 11 12<br>19 29 23<br>41</td><td>13<br>(1) 18 3 12<br>19 21 15<br>33</td><td>7<br>(1) 18 11 6<br>19 29 17<br>35</td></tr>
<tr><td>11<br>(1) 18 11 10<br>19 29 21<br>39</td><td>13<br>(1) 18 5 12<br>19 23 17<br>35</td><td>17<br>(1) 18 13 16<br>19 31 29<br>47</td></tr>
<tr><td>8<br>(1) 18 14 7<br>19 32 21<br>39</td><td>18<br>(1) 18 14 17<br>19 32 31<br>49</td><td>21<br>(1) 18 19 20<br>19 37 39<br>57</td></tr>
<tr><td>7<br>(1) 18 7 6<br>19 25 13<br>31</td><td>11<br>(1) 18 7 10<br>19 25 17<br>35</td><td>16<br>(1) 18 14 15<br>19 32 29<br>47</td></tr>
</table>

<table>
<tr><td>劃數</td><td colspan="3">十九劃</td></tr>
<tr><td>姓氏</td><td colspan="3">龐、鄭、鄧、薛、關、譚、薄</td></tr>
<tr><td rowspan="4">姓名吉數的配合</td><td>18<br>(1) 19 12 17<br>20 31 29<br>48</td><td>11<br>(1) 19 6 10<br>20 25 16<br>35</td><td>17<br>(1) 19 13 16<br>20 32 29<br>48</td></tr>
<tr><td>15<br>(1) 19 2 14<br>20 21 16<br>35</td><td>5<br>(1) 19 12 4<br>20 31 16<br>35</td><td>21<br>(1) 19 12 20<br>20 31 32<br>51</td></tr>
<tr><td>8<br>(1) 19 6 7<br>20 25 13<br>32</td><td>23<br>(1) 19 10 22<br>20 29 32<br>51</td><td>18<br>(1) 19 16 17<br>20 35 33<br>52</td></tr>
<tr><td>21<br>(1) 19 13 20<br>20 32 33<br>52</td><td>13<br>(1) 19 6 12<br>20 25 18<br>37</td><td>8<br>(1) 19 22 7<br>20 41 29<br>48</td></tr>
</table>

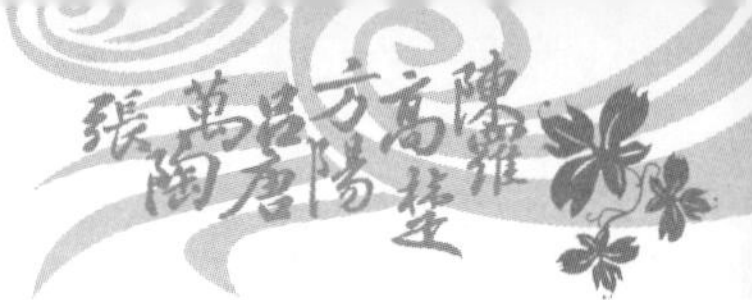

<table>
<tr><td>劃數</td><td colspan="9">二十劃</td></tr>
<tr><td>姓氏</td><td colspan="9">羅、嚴、鐘、釋、藍、黨、寶、懷、籍</td></tr>
<tr><td rowspan="8">姓名吉數的配合</td><td>11</td><td>(1)<br>20<br>3<br>10</td><td>21<br>23<br>13</td><td>13</td><td>(1)<br>20<br>3<br>12</td><td>21<br>23<br>15</td><td>23</td><td>(1)<br>20<br>3<br>22</td><td>21<br>23<br>25</td></tr>
<tr><td></td><td>33</td><td></td><td></td><td>35</td><td></td><td></td><td>45</td><td></td></tr>
<tr><td>8</td><td>(1)<br>20<br>4<br>7</td><td>21<br>24<br>11</td><td>18</td><td>(1)<br>20<br>4<br>17</td><td>21<br>24<br>21</td><td>13</td><td>(1)<br>20<br>9<br>12</td><td>21<br>29<br>21</td></tr>
<tr><td></td><td>31</td><td></td><td></td><td>41</td><td></td><td></td><td>41</td><td></td></tr>
<tr><td>24</td><td>(1)<br>20<br>9<br>23</td><td>21<br>29<br>32</td><td>17</td><td>(1)<br>20<br>9<br>16</td><td>21<br>29<br>25</td><td>15</td><td>(1)<br>20<br>11<br>14</td><td>21<br>31<br>25</td></tr>
<tr><td></td><td>52</td><td></td><td></td><td>45</td><td></td><td></td><td>45</td><td></td></tr>
<tr><td>21</td><td>(1)<br>20<br>12<br>20</td><td>21<br>32<br>32</td><td>13</td><td>(1)<br>20<br>13<br>12</td><td>21<br>33<br>25</td><td>13</td><td>(1)<br>20<br>5<br>12</td><td>21<br>25<br>17</td></tr>
<tr><td></td><td>52</td><td></td><td></td><td>45</td><td></td><td></td><td>37</td><td></td></tr>
</table>

<table>
<tr><td>劃數</td><td colspan="3">二十一劃</td></tr>
<tr><td>姓氏</td><td colspan="3">顧、巍、瓏、饒、鐵</td></tr>
<tr><td rowspan="8">姓名吉數的配合</td><td>15 (1) 22<br>21<br>2 23<br>14 16</td><td>11 (1) 22<br>21<br>8 29<br>10 18</td><td>24 (1) 22<br>21<br>8 29<br>23 31</td></tr>
<tr><td>37</td><td>39</td><td>52</td></tr>
<tr><td>7 (1) 22<br>21<br>10 31<br>6 16</td><td>15 (1) 22<br>21<br>10 31<br>14 24</td><td>6 (1) 22<br>21<br>11 32<br>5 16</td></tr>
<tr><td>37</td><td>45</td><td>37</td></tr>
<tr><td>21 (1) 22<br>21<br>11 32<br>20 31</td><td>7 (1) 22<br>21<br>12 33<br>6 18</td><td>13 (1) 22<br>21<br>12 33<br>12 24</td></tr>
<tr><td>52</td><td>39</td><td>45</td></tr>
<tr><td>15 (1) 22<br>21<br>4 25<br>14 18</td><td>17 (1) 22<br>21<br>8 29<br>16 24</td><td>5 (1) 22<br>21<br>12 33<br>4 16</td></tr>
<tr><td>39</td><td>45</td><td>37</td></tr>
</table>

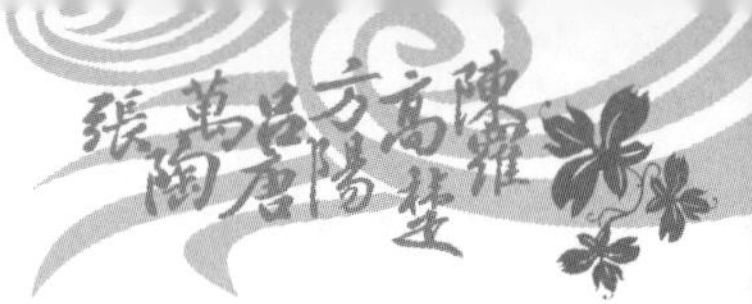


| 劃數 | 二十二劃 | | |
|---|---|---|---|
| 姓氏 | 蘇、龔、權、藺 | | |
| 姓名吉數的配合 | 11<br>(1) 22 3 10<br>23 25 13<br>35 | 13<br>(1) 22 3 12<br>23 25 15<br>37 | 15<br>(1) 22 3 14<br>23 25 17<br>39 |
| | 5<br>(1) 22 9 4<br>23 31 13<br>35 | 7<br>(1) 22 9 6<br>23 31 15<br>37 | 15<br>(1) 22 9 14<br>23 31 23<br>45 |
| | 17<br>(1) 22 9 16<br>23 31 25<br>47 | 6<br>(1) 22 10 5<br>23 32 15<br>37 | 16<br>(1) 22 10 15<br>23 32 25<br>47 |
| | 5<br>(1) 22 13 4<br>23 35 17<br>39 | 11<br>(1) 22 13 10<br>23 35 23<br>45 | 13<br>(1) 22 13 12<br>23 35 25<br>47 |

| 劃數 | 二十三劃 | | |
|---|---|---|---|
| 姓氏 | 巖、欒、蘭、驗、顯 | | |
| 姓名吉數的配合 | 17<br>(1) 23 8 16<br>24 31 24<br>47 | 18<br>(1) 23 8 17<br>24 31 25<br>48 | 8<br>(1) 23 9 7<br>24 32 16<br>39 |
| | 17<br>(1) 23 9 16<br>24 32 25<br>48 | 7<br>(1) 23 12 6<br>24 35 18<br>41 | 13<br>(1) 23 12 12<br>24 35 24<br>47 |
| | 7<br>(1) 23 18 6<br>24 41 24<br>47 | 8<br>(1) 23 18 7<br>24 41 25<br>48 | 16<br>(1) 23 10 15<br>24 33 25<br>48 |
| | 15<br>(1) 23 10 14<br>24 33 24<br>47 | 15<br>(1) 23 2 14<br>24 25 16<br>39 | 16<br>(1) 23 9 15<br>24 32 24<br>47 |

# 第三節　命名、改名原則

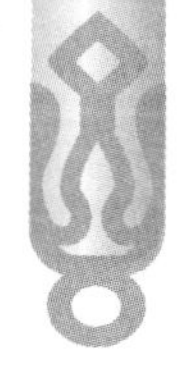

## 本書提供之姓名學資料可供命名方式參考

1、先選熊崎氏八十一數理姓名學筆劃（總格）吉數來命名

（在本書中已將各姓氏筆劃之最佳組合格局完整整理出）

2、五格全部是八十一數之吉數

（在本書中已將八十一數吉或凶之數之字庫完整整理出）

3、除天格外四格是吉數

4、至少總格及人格必須是吉數

5、以人格為基準，地、外、總格來生人格

或以人格為基準，天、地、總格來生人格

或以人格為基準，總、外格來生人格

6、再用十二生肖姓名學喜用字來搭配命名

（在本書中已將各生肖喜用及忌用之字庫完整整理出）

再參考第八章第一節；姓名學單字釋義真傳選出完美之字

以總合上述之排序自然能命出一組好名字。

吉祥坊有開發一套軟體以總合學派方式來命名（可多選）

□以熊崎氏八十一數理姓名學來命名
□以三才五格姓名學來命名
□以天運五行派姓名學來命名
□以十二生肖姓名學吉凶來命名
□以補八字喜用姓名學派來命名
□以四柱姓名學派來命名
□以總合上述六種姓名學派方式來命名
□公司行號、工廠自動命名

以上打勾時電腦就會以上述方式一一剔除不可用之字，然後按最佳格局排列出多種組合，接著再由命名者挑出最適合的組別及字庫。歡迎選購！

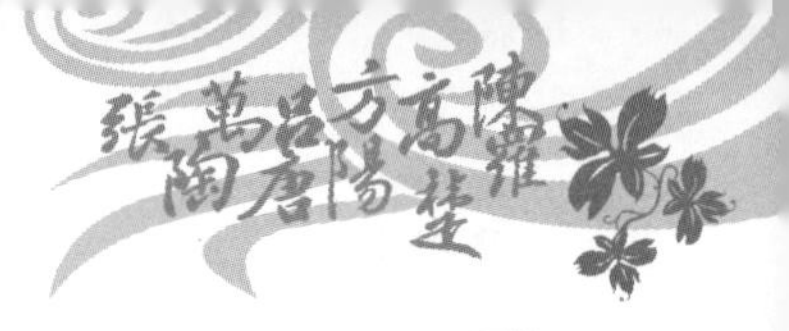


# 第四節　開運改名上表疏文

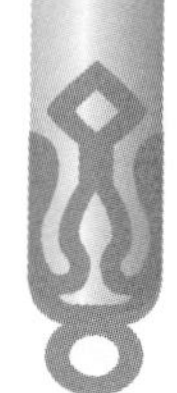

## 改名須知

很多人因本名不雅或是不合適，便將名字做了更改，除了依法更改外，亦應稟告法界，可於改後每月的初一或十五，準備水果、金紙，到天公廟或當地廟宇、土地公廟稟告眾神聖。文疏如下：

## 改名疏文

天地萬物本無物，今既有名父母賜，

父母恩德天地大，於此感謝父母恩。

今為南瞻部洲台灣（地址）人民，庶姓○名○○，

原承父母恩賜，德澤猶如天地，因逢庶名（改名事由），故決定修改庶名為

○○○，

嗣後塵世人間呼名均以新名為主，凡有稟報天界庶名，亦如新名。
今後當以新名文字意，做為修行實踐佛法之依據，
並依字意時時行善積德，今擇○○年○月○日○時，
誠心準備花果焚香禮拜稟報。
天界眾神聖大如來轉知虛空法界執事神明眷屬等賜福，
今特造文疏叩稟。
玉皇大帝
三官大帝
三寶佛暨諸大如來共鑒！
弟子原庶名為：○○○
於○○年○月○日○時出生
今更改庶名為：○○○

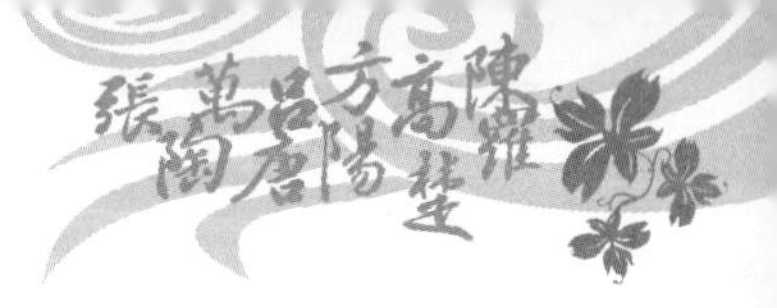

# 吉謙坊命理開運中心服務項目

| | |
| --- | --- |
| 一、綜合姓名、面相、陰陽宅、八字命理諮詢 | 2000元 |
| 二、綜合姓名學命書一本 | 1200元 |
| 三、八字流年命書一本 | 1800元 |
| 四、奇門遁甲求財、考試、旅遊、合夥、婚姻、購屋、訴訟、盜賊、疾病等等吉凶用事方位 | 1200元 |
| 五、逢凶化吉，趨吉避凶轉運金牌（附八字流年命書） | 5000元 |
| 六、命名、改名（附八字流年命書，改名上表疏文） | 3600元 |
| 七、公司命名（附八字流年命書） | 5000元 |
| 八、擇日、起攢（撿骨）、火化、進塔 | 6000元起 |
| 九、一般開市、搬家、動土擇日（附八字流年命書） | 2000元 |
| 十、嫁娶合婚擇日（附新郎、新娘八字流年命書） | 3600元 |
| 十一、剖腹生產擇日（必須醫生證明需要剖腹生產） | 3600元 |
| 十二、陽宅鑑定 | 6000元 |
| 十三、陽宅規劃佈局（附男、女八字流年命書） | 16000元起 |
| 十四、入宅安香、安神、安公媽 | 10000元起 |

| | |
|---|---|
| 十五、開運印鑑（附八字流年命書）（紅壇木、琥珀、赤牛角等，印鑑擇日開光） | 9000元 |
| 十六、開運名片（附八字流年命書，名片擇日開光） | 3600元 |
| 十七、數字論吉凶（找尋最適合自己的幸運數字，包括先天與後天數字） | 500元 |
| 十八、專題講座、喪禮服務 | 電洽或面洽 |
| 十九、生基造福（此地產權與使用權清楚，達到催官、增壽、進祿、招財、保命、啟智之效，請參考www.3478.com.tw） | 電洽或面洽 |
| 二十、各類開運化煞物品（請參考www.3478.com.tw） | 電洽或面洽 |
| 廿一、賣屋動竅妙、訴訟必勝法、無法入睡、收驚尋人、考試投標助運等 | 電洽或面洽 |
| 廿二、八字（初中高階）、姓名學（多學派）、陰陽宅（多派）、開運名片、開運印鑑、面相、擇日教學、安神公媽、避煞制煞妙法、國家丙級技術士禮儀師考證 | 電洽或面洽 |

服務處：高雄市茄萣區茄萣路二段187號

電話：07-6922600　**李羽宸老師**　行動：0930-867707

網址：http://www.3478.com.tw　傳真：07-6922509

網址：http://3478.kk131.com　E-mail：chominli@yahoo.com.tw

感謝各位讀者，購買本書，上網有免費線上即時論命、姓名、數字等吉凶。

# 吉祥坊易經開運中心服務項目

| | |
|---|---|
| 一、命理諮詢附八字詳批或紫微詳批 | 2000元 |
| 二、命名、改名（用多種學派），附八字命書一本 | 3600元 |
| 三、一般開市、搬家、動土、擇日，附奇門遁甲擇日 | 1200元 |
| 四、嫁娶合婚擇日附新郎、新娘八字命書一本 | 3600元 |
| 五、剖腹生產擇日附36張時辰命盤優先順序 | 3600元 |
| 六、陽宅鑑定及規劃佈局附男、女主人八字命書一本 | 12000元 |
| 七、開運印鑑附八字流年命書一本 | 9000元 |
| 八、吉祥印鑑 | 1800元 |
| 九、開運名片附八字流年命書一本 | 3600元 |
| 十、八字命理、陽宅規劃、姓名學初階班招生 | 電洽 |

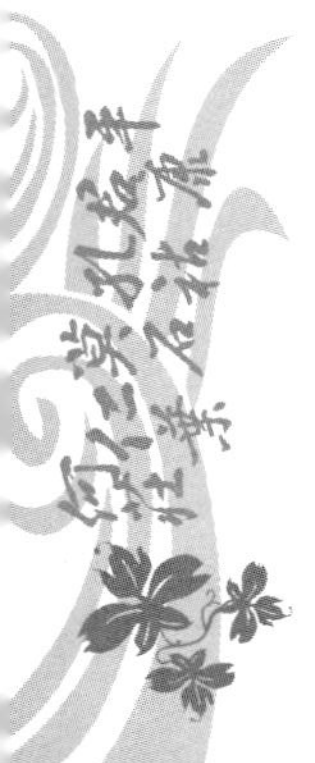

| | |
|---|---|
| 十一、多種教學VCD、DVD，請上網瀏覽 | 電洽 |
| 十二、姓名學、八字、奇門遁甲、紫微、擇日軟體，請上網瀏覽 | 好用軟體特價 |
| 十三、各類開運物品或制煞物品，請上網查閱 | 電洽 |

**特別優惠專案：歡迎網路加盟，可邊學命理，邊經營網路商城**

PS：凡購買本書者，舉凡上列所有服務項目及本中心所有開運吉品一律9折優惠

服務處：台中市西屯區西屯路二段297之8巷78號（逢甲公園旁）

電話：04-24521393　**黃恆堉老師**　行動：0936-286531

網址：http://www.abab.com.tw　E-mail：w257@yahoo.com.tw

網址：http://www.131.com.tw　E-mail：abab257@yahoo.com.tw

網址：http://www.kk131.com（本網站可在線上學命理，經濟又實惠）

國家圖書館出版品預行編目資料

| 嬰兒命名，就用這一本／黃恆堉、李羽宸著.<br>——第一版——臺北市：知青頻道出版；<br>紅螞蟻圖書發行，2012.6<br>面；公分——(Easy Quick；122)<br>ISBN 978-986-6030-27-7（平裝附光碟） |
|---|
| 293.3　　　　　　　　101009721 |

Easy Quick 122

# 嬰兒命名，就用這一本

作　者／黃恆堉、李羽宸
美術構成／Chris' office
校　對／楊安妮、黃恆堉、李羽宸
發 行 人／賴秀珍
總 編 輯／何南輝
出　版／知青頻道出版有限公司
發　行／紅螞蟻圖書有限公司
地　址／台北市內湖區舊宗路二段121巷19號（紅螞蟻資訊大樓）
網　站／www.e-redant.com
郵撥帳號／1604621-1　紅螞蟻圖書有限公司
電　話／(02)2795-3656（代表號）
傳　真／(02)2795-4100
登 記 證／局版北市業字第796號
法律顧問／許晏賓律師
印 刷 廠／卡樂彩色製版印刷有限公司
出版日期／2012年6月　第一版第一刷
　　　　　2023年10月　　第十刷（500本）

**定價 320 元　港幣 107 元**



**ISBN 978-986-6030-27-7　　Printed in Taiwan**